云冈石窟的营造工程

彭明浩／著

文物出版社

图书在版编目（CIP）数据

云冈石窟的营造工程 / 彭明浩著. —北京：文物出版社，2017. 5

（考古新视野）

ISBN 978 - 7 - 5010 - 5084 - 0

Ⅰ. ①云…　Ⅱ. ①彭…　Ⅲ. ①云冈石窟 - 研究
Ⅳ. ①K879. 224

中国版本图书馆 CIP 数据核字（2017）第 060236 号

云冈石窟的营造工程

著　　者：彭明浩

责任编辑：王　伟　周燕林
装帧设计：肖　晓
责任校对：孙　蕾　李　薇
责任印制：张　丽

出版发行：文物出版社
社　　址：北京市东直门内北小街 2 号楼
邮　　编：100007
网　　址：http：//www. wenwu. com
邮　　箱：web@ wenwu. com
经　　销：新华书店
印　　刷：北京京都六环印刷厂
开　　本：710mm × 1000mm　1/16
印　　张：20. 25
版　　次：2017 年 5 月第 1 版
印　　次：2017 年 5 月第 1 次印刷
书　　号：ISBN 978 - 7 - 5010 - 5084 - 0
定　　价：80. 00 元

内容提要

北魏云冈石窟规模宏大，气势雄浑，这样的大型工程在当时如何规划设计，又如何施工开凿，是一个值得探讨的问题。本书通过考察石窟外部的山体崖面、斩山遗迹，石窟内部的空间层次、壁面龛像，分析各类工程遗迹的空间关系，探讨云冈石窟的营造工程。

研究表明，云冈石窟所在的武州山南麓，原为两级阶地地貌，阶地后缘分布有自然断崖，石窟工程利用了山体上部的自然断崖，并向下斩山局部改造了山形。进入到洞窟开凿阶段，第一期工程主要为大像窟，依就大像头、身、腿的设计高度，从上往下分层施工，对大像以外的壁面控制力度较弱，允许民间势力进入开龛造像。而第二期工程逐渐采用了室窟设计，强调洞窟室内空间，壁面平直，多无凸出石壁的大像，逐渐流行统一施工，加强了壁面控制力度，分栏开龛造像，营造出规整完善的洞窟空间。可以说，云冈石窟的营造工程，从一期到二期有一个大的转变，规划设计、施工模式、工程组织都在逐渐进步。

本书从营造工程的视角，考察云冈石窟各类工事活动的关系，注重空间层次及打破、避让等遗迹现象，可视为考古层位学在石窟研究中的具体应用，与考古类型学结合，或有助于更为全面完整地考察石窟。

本书研究得到教育部文科基地重大项目“云冈石窟补凿遗迹的考古调查与研究”（编号：2009JJD780001）资助。

作者简介

彭明浩，1986 年生。本硕博均就读于北京大学考古文博学院，师从杭侃教授，2015 年博士毕业。现为中国社会科学院考古研究所博士后，研究方向古代建筑、佛教考古。

专家推荐意见（一）

彭明浩的博士学位论文《云冈石窟的营造工程》即将出版，值得祝贺。

彭明浩在北京大学考古文博学院研读博士学位期间，导师是杭侃教授。杭侃原师从宿季庚师。季庚师创建了中国石窟寺考古学，彭明浩的学位论文也应属中国石窟寺考古学学科范畴。

对于季庚师创建的中国石窟寺考古学，苹芳师兄曾作论述，将季庚师阐述的中国石窟寺考古学的内容和方法，解析成四个研究程序，即（一）考古学的清理和纪录；（二）洞窟、造像和壁画的类型组合与题材的研究；（三）分期分区的研究；（四）关于社会历史的、佛教史的和艺术史的综合研究。第一个和第二个研究程序，是进行第三个和第四研究程序的基础工作，在石窟寺考古进程中具有重要作用。在第二个研究程序中，要对洞窟和造像、壁画进行全面的综合研究。此前，主要集中在现存的石窟寺遗存的研究，又由于现存造像的风格和技法的细部变化，最具时代特征，是石窟寺考古类型学的重要部分，从宏观到微观，都受到学者的重视，例如微观的研究，有人专注于佛像服饰的分析，那也是显示造像风格变化的一项重要表现。但是在第二个研究程序中，对于佛教石窟寺创建历史的全面概括，除了石窟寺的现存遗迹外，还有在石窟寺建成并进行宗教活动前，从发愿创意、设计到施工的漫长过程，认识这一历史过程，对我们深入认识目前尚保存下来呈现在我们面前的石窟寺遗迹，具有重要价值。但是对于这方面的探研，还缺乏全面深入的工作。这主要有以下原因：一是在中国古代史籍中对石窟具体营建的记述极为缺乏，如在《魏书·释老志》中只有对北魏迁洛以后于洛阳伊阙山开石窟时斩山和用功的简略记载。这对考据石窟开窟营造造成极大困难；二是随着石窟的施工营建，不断改变着原有地貌，石窟建成后，有关施工过程的痕迹，已随着工程的进程消失，就是留有些许遗迹，今日想观察到也困难重重，要进行艰苦细致的辨析工作；三是各石窟研究单位的研究力量仅进行现存遗址的科学记录和完成正式科学报告已感吃力，以敦煌莫高窟为例，迄今仅完成了《敦煌石窟全集》的第一卷，内容是莫高窟 266～275 窟考古报告，按此速度，待全部洞窟报告完成，应是何年？至于云冈、龙门、响堂山、麦积山、炳灵寺……还未见有科学的正式考古报告。所以也就更没有时间和精力去考虑有关石窟施工营建等课题了。

杭侃教授在师从季庚师研修期间，已曾仔细观察云冈石窟有关修建和整补的遗痕，进行过对“昙曜五窟”中第 20 窟的古代塌毁和修整的遗痕的论述。在他的指导下，彭明浩确定以石窟寺的营建为博士论文选题，选取云冈石窟为重点，从宏观到微观对云冈石窟进行了细致的实地观察，用新的视角，完成了论文的撰著。在准备论文撰著的过程中，还尝试进行实验考古，模拟古代开龛的过程。力图通过分析各类工程遗迹的空间关系，探讨石窟的开凿过程及其背后的规划设计思想。在论文通过毕业答辩后，他又进行必要的修润，终于撰著成《云冈石窟的营造工程》一书。在书中用主要章节，依次论述云冈石窟的选址、云冈石窟外部现状及开凿过程分析和云冈石窟内部空间，从而进行云冈石窟营造工程综述，在工程施工方面，分析了施工工事、施工模式、施工组织、施工工量和施工用时，也解析了云冈石窟的工程设计，如窟群设计、尺度设计、空间形式和空间同构。最后从营造工程视角探讨云冈石窟的分期问题。因此，彭明浩所进行的探索和分析，值得今后进行佛教石窟寺考古勘察和编撰报告时重视，也为石窟寺考古研究的第二个研究程序增添了新的不应缺少的内容。

记得童蒙时读《劝学篇》，其中名句：“青出于蓝，而胜于蓝；冰水为之，而寒于水。”期望彭明浩在今后的学术旅程中，不断取得新的更大的成绩。

2017 年 3 月

专家推荐意见（二）

真容巨壮、气势雄浑的云冈石窟，在中国佛教艺术发展过程中有着十分重要的地位。宿白先生在论述云冈石窟的重要性时说：“云冈石窟是新疆以东最早出现的大型石窟群，又是当时统治北中国的北魏皇室集中全国技艺和人力、物力所兴造……它所创造和不断发展的新模式，很自然地成为魏国领域内兴造石窟所参考的典型。所以，东自辽宁义县万佛堂石窟，西迄陕、甘、宁各地的北魏石窟，无不有云冈模式的踪迹，甚至远处河西走廊、开窟历史早于云冈的敦煌莫高窟亦不例外”，“云冈石窟影响范围之广和影响延续时间之长，都是任何其他石窟所不能比拟的。这种情况，恰好给我们石窟研究者提供了对我国淮河以北的早期石窟（5世纪后半叶到7世纪前叶）进行排年分期的标准尺度。因此，云冈石窟就在东方早期石窟中占有极重要的地位，对它的研究在很大程度上成了研究东方早期石窟的关键；对它研究的深入与否，直接影响一大批石窟的研究工作”。

正因为云冈石窟所具有的价值，自20世纪初云冈石窟重新被发现以来，学术界对于云冈石窟做了大量基础性的调查、发掘和学术性的研究工作，在洞窟的分期、造像的内涵与雕塑艺术的成就等方面取得了许多重要的成果。如何在前人工作的基础上，将云冈石窟的研究再深入一步，则是我们需要认真加以思考的问题。具体而言，每一个石窟群由于地理位置、气候条件、地质情况、信奉群体等等的不同，需要我们用不同的方法去区别对待，加以研究。如龙门石窟，由于石质条件比较好，保存了大量的题记，这些题记成为我们研究龙门石窟时的重要依据；敦煌石窟的壁画和榜题，为敦煌石窟的研究提供了丰富的材料。云冈石窟历史上也存在不少碑刻和题铭，但是，随着岁月的侵蚀，这些碑刻和题铭大多已经消失了，所以，我们在研究云冈石窟的时候，就需要根据遗迹现象，找到进一步研究的方法。

大型石窟需要耗费大量的人力、物力和财力，尤其是云冈石窟这样的皇家工程，整体的设计和具体的施工都是有组织地进行的，而石窟开凿过程是以前学术界探讨得比较少的一个问题。彭明浩在多次实地考察的基础上，对石窟外部的山体崖面、不同时期的斩山遗迹，石窟内部的开凿遗迹、壁面龛像的打破以及避让关系，和许多未完成窟龛的情况进行了细致的记录，在此基础上，从宏观、中观与微观三个层面，提出了自己对于云冈石窟开凿过程的一些看法。在宏观层面上，他认为云冈石窟前临平城和盛京交通的道路，窟前没有过多的空间建造寺院，北魏时期的许多寺院建造在窟顶的山上，近年来已经不断有重要的发现，龙门石窟其实也有类似的情况；在中观层面上，他基于对石窟的外部崖面，包括斩山遗迹的考察，认为石窟开凿利用了河流下切形成的阶地断崖，这样可以减少石窟开凿的工程量；在微观层面上，他根据每座洞窟残存的开凿遗迹，和龛像之间的组合、打破、避让、依附关系，梳理各种营造活动的先后次序，进而探讨整个石窟的开凿过程及其背后的规划设计思想。提出第一期的大像窟施工依就大像头、身、腿每一部分的设计高度，从上往下分层开凿，同时在不同高程的空余壁面开凿小龛；二期洞窟强化了外部立面形象的设计，多模仿木构建筑空间设计前室，并以竖向的塔、碑分隔各窟崖面。云冈一期至二期，石窟总体虽按组群整体规划，但各洞窟的空间形式却由马蹄形的大像窟向长方形、多具前后室的洞窟形式转变，开凿工程也渐由分层施工过渡到统一施工，对工程的控制力度逐渐加强，这些变化都影响到洞窟的施工结果。基于此，他还对洞窟的排年提出了自己的看法。

本书从石窟营造工程的角度，分析不同遗迹之间的关系，考察洞窟空间、形式的历时性变化，阐释各种变化的产生原因，可视为考古层位学和类型学在石窟研究中的具体应用。新的研究视角所得出的新观点，深化着我们对于云冈石窟的认识。

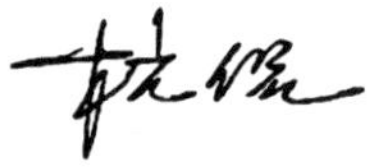

2017 年 3 月

目录

插图目录

一　引言

（一）研究背景与目的

北魏王朝由鲜卑拓跋氏建立，他们曾居于内蒙古大兴安岭附近，后经多次迁徙，在中国北方政权前秦瓦解之际，于386年在河套地区建国，定都盛乐（今内蒙古和林格尔）。此后十余年开疆拓土，于398年迁都平城（今山西大同），并逐渐统一了中原北方地区，与南朝政权对峙，开启了中国南北朝时期。至公元534年分裂为东、西魏，北魏王朝前后延续近一个半世纪。

在这一割据分裂、长期战乱的时代，佛教广泛传播。北魏时期，由于皇家的支持，在其统治的区域既经营前代的旧石窟寺，又大力创建新的石窟寺，现存于北方地区的重要石窟，如大同云冈、洛阳龙门、巩义大力山、敦煌莫高窟、天水麦积山、义县万佛堂等石窟，都有北魏开窟造像的遗迹（图1.1）。

而云冈石窟，则“是新疆以东最早出现的大型石窟群，又是当时统治北中国的北魏皇室集中全国技艺和人力、物力所兴造……影响范围之广和影响延续时间之长，都是其他石窟所不能比拟的”①。石窟于和平元年（460年）由皇家创建，选址于首都平城西三十里的武州川北岸、武州山南麓，东西连延约一千米。现存石窟被自然沟谷分隔为东、中、西三区，自东向西共编号45个主要洞窟，东区为第1至4窟，中区为第5至13窟，西区为第14至45窟（21～45窟称为西端窟群），其他窟龛按

---

① 宿白：《平城实力的集聚和“云冈模式”的形成与发展》，《中国石窟寺研究》，北京，文物出版社，1996年。

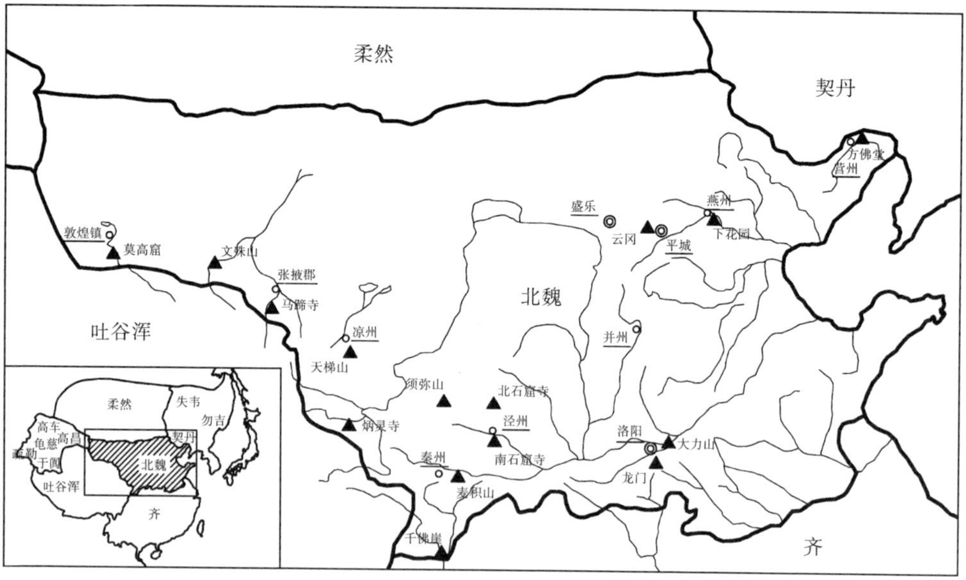

图 1.1　北魏疆域（齐魏时期）及重要石窟分布图

所在位置就近编为各主要洞窟的附属窟龛，共 209 个①。这些石窟的绝大部分都开凿于北魏中后期，前后延续约 60 余年（图 1.2、1.3）。

云冈洞窟栉比相连，规模宏伟，其“龛之大者，举高二十余丈，可受三千许人，面别镌像，穷诸巧丽，龛别异状，骇动人神”②，这样的大型石窟的开凿，是一项长时间、大规模、多工种参与的营造工程。石窟工程直接在自然山体中施工，开山凿石的过程又不可逆，因此，在施工前需要对洞窟空间位置、规模、形式等进行详细的规划设计，开凿过程中也需要遵照一定的次序对众多工事进行安排。规划设计和开凿过程这两方面，可合称为“营造”，是石窟工程长期施工经验积累的结果，代表了当时主持者和工匠杰出的创造才能。

然而，对于今人而言，这段营造历史毕竟过于久远，而其留下的石窟造像和装饰又如此辉煌华丽，以至于人们更容易将其视为一座艺术品，将目光更多聚焦在造

① 本书采用云冈石窟文物研究所洞窟编号标准，参见山西云冈石窟文物保管所：《新编云冈石窟窟号的说明》，《文物》1988 年 4 期；山西云冈石窟文物研究所：《关于云冈石窟新编窟号的补充说明》，《文物》2001 年 5 期。

② 道宣：《续高僧传》卷一《昙曜传》，郭绍林点校，北京，中华书局，2014 年，12 页。

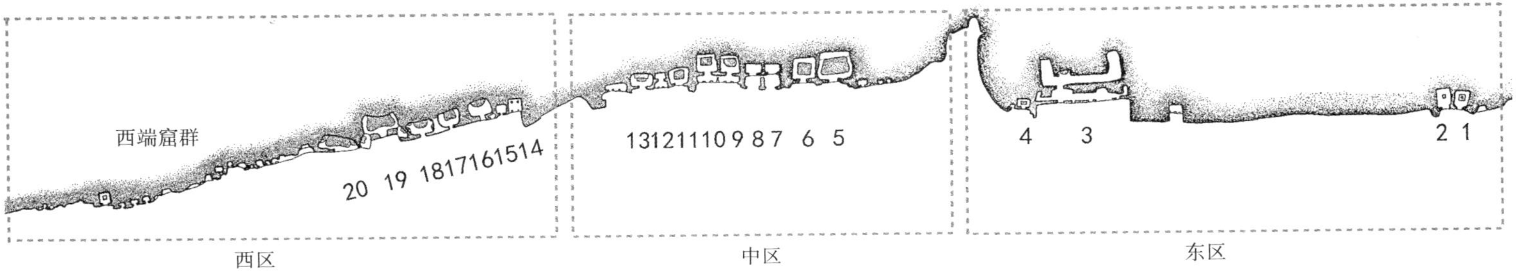

图 1.2 云冈石窟平面示意图(云冈石窟文物保管所编《中国石窟·云冈石窟(一)》)

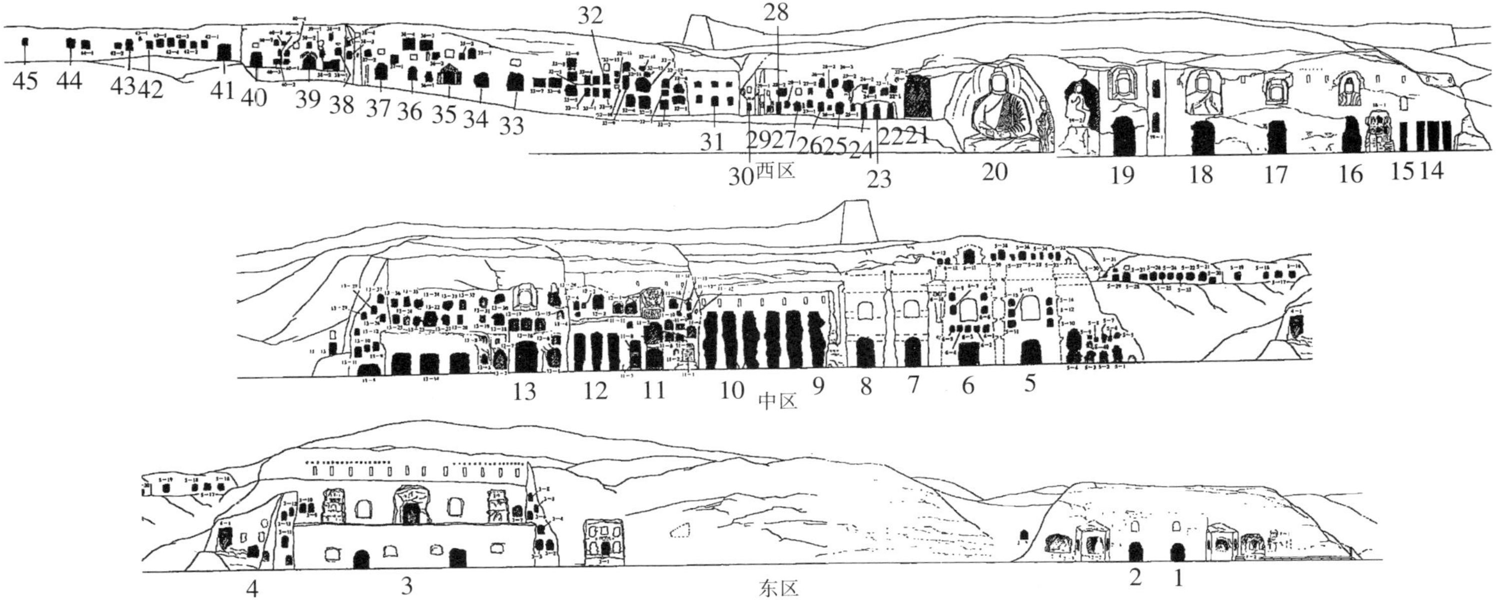

图 1.3 云冈石窟立面示意图(李雪芹《关于云冈石窟新编窟号的补充说明》)

像雕饰上，而对形象外的其他工程遗迹关注较少。在调查过程中，容易把原来立体的洞窟空间分解为多块平面化的图像，而忽略了各图像之间原有的空间关系。

因此，本书试图从营造工程的角度重新审视云冈石窟，重视各项工事劳作所遗留的痕迹，考察它们之间的空间关系，在此基础上，探索石窟空间如何规划设计，又如何施工开凿，以尽可能地还原石窟工程本来的空间范畴和营造历程。

（二）研究综述

1. 云冈石窟基础研究工作

云冈石窟逾百年的研究史，牵涉考古、艺术、宗教、建筑等多方面内容，限于篇幅，这里主要介绍与本书关系紧密的石窟考古相关的基础研究工作，以日本学者水野清一、长广敏雄两先生和我国学者宿白先生的研究最为重要，他们虽诸多观点不同，但都是系统、整体的研究工作，共同构建了云冈石窟研究的基本框架，我们今天讨论云冈的任何问题，都不可能绕开他们所做的基础研究工作。而与本书讨论的具体问题相关的研究工作，将在相应的章节中再作详细说明。

（1）全面的基础调查、测绘工作

以水野清一、长广敏雄先生为首组成的团队于1938年至1944年间，每年春秋工作3～6个月，对云冈主要洞窟1～20窟进行了全面的调查测绘，并涉及西端小窟群和云冈周边鲁班窑、吴官屯等石窟。除洞窟内容外，其对云冈所处的地理、历史背景，包括北魏平城、方山遗址及相关金石、历史文献进行了考察和梳理，并在云冈窟前和窟顶进行了局部试掘。1951～1956年陆续出版了《云冈石窟》调查报告（16卷32册），全文英译①。1975年补出了《〈云冈石窟〉续补第十八窟

---

① 水野清一、長廣敏雄：《雲岡石窟：西暦五世紀における中國北部佛教窟院の考古學的調查報告》，東方文化研究所調查，昭和十三年——昭和二十年，卷一～卷十六，京都大學人文科學研究所，1951～1956年。本书后文引用该报告文字、测图和照片，均简记为［日］《云冈石窟》。

实测图》单行本，2006 年续出了当年调查发掘所得遗物资料《云冈石窟——遗物篇》。

《云冈石窟》报告对洞窟的记录包括文字、图版、实测图、拓片四个方面。其文字描述全面完整，但并不繁琐，宏观地介绍洞窟内外各壁面的形制和龛像设置，最后再总结洞窟特征，而图版中每一张照片均附有说明，对洞窟中的局部细节进行描述，两者结合，以洞窟全貌为纲，再辅以照片、文字说明具体内容，主次分明，使得报告具有很强的可读性。报告的实测图是另一大亮点，当时的测绘仪器非常简陋，只能通过铅垂、水平尺将测绘点投射到水平面和垂直面进行量测，因此需搭建脚手架，每一个测绘点要在图纸中定位都需要多人配合进行，但就是在这样的条件下，其实测图的每一个点、每一根线条都不是随意勾绘，达到了很高的精确度，即使与现代测绘成果对比，也并无大的差别。特别是测图中对洞窟基本信息的把握，非常全面，不仅有不同水平层的窟形，还包括各壁面造像、装饰的准确形态，同时还注意了窟龛轮廓的具体走向、各龛之间相互关系、主要的裂纹线、窟檐建筑遗迹等信息，准确完整地反映了洞窟实况，具有很高的学术价值，本书所使用的大量测绘图也多引用于此。

（2）深入的研究工作

《云冈石窟》报告各卷篇头均安排《序章》，对石窟各方面内容进行专题论述，包括《云冈石窟的序说》、《云冈石窟寺院》、《云冈石窟的历史背景》、《云冈石窟装饰的意义》、《云冈石窟调查概要》、《云冈石窟的源流》、《云冈石窟和佛传雕刻》、《云冈图像学》、《从云冈样式到龙门样式》、《云冈以前的造像》、《云冈雕刻中的西方样式》、《昙曜和云冈石窟》、《中国石窟寺院》、《云冈造窟次第》十四篇论文。

这些论文主要分两大类，一类是对云冈时空背景的研究，另一类是对云冈造像样式的研究，前者属于必要的基础研究工作，而后者则反映出水野、长广先生的研究倾向和基本研究方法，其侧重造像图像学的讨论，关注样式的类型、内涵及其流变。

在上述调查和研究工作的基础上，报告在十六卷《总括》中，对云冈各窟的开凿顺序进行了综合分析，以和平元年（460 年）为始，每隔 15 年为一期，将云冈石窟分为三期[①]。第一期460～475年，主要在文成、献文时期，最先开凿西区16～20窟，并与《魏书·释老志》中记载的“昙曜五窟”对应，其后不久即开凿7、8窟；第二期475～490年，在孝文太和迁都之前，主要开凿了中区诸窟，后有东区1、2、3窟；第三期490～505年，在孝文迁都后，主要开凿了西端20窟以西的窟群（图1.4）。

（3）《大金西京武州山重修大石窟寺碑》的发现与研究

1947年，宿白先生发表了有关《大金西京武州山重修大石窟寺碑》（后文均简称《金碑》）的发现和整理文章[②]，《金碑》录于《永乐大典》，为皇统七年（1147年）曹衍所撰，“碑文二千一百余言，记述详细，征引宏博，所述自唐迄金一段云冈的兴修、设置，正好弥补了云冈历史的空白页，而引用现已佚亡的北魏铭刻和文献记录考订云冈石窟的时代，也正给今天研究云冈各个石窟开凿先后的问题提供了绝好的参考材料”[③]。

《金碑》中所录现已佚亡的铭刻文献史料主要涉及“云冈十寺”中的“护国寺”和“崇教寺”，其中“云冈十寺”指的是以洞窟为主体，在前搭建木构建筑形成的寺院[④]，而“护国寺”和“崇教寺”是《金碑》中记载最详细的两寺，结合其他文献和洞窟调查，可将两寺定位，这无疑对云冈石窟的分期工作提供了可靠的年代坐标。正是以这两寺的讨论为基础，宿白先生结合此后多年的石窟调研工作，对云冈分期及相应的历史背景问题进行了全面系统的研究[⑤]，他与水野清一、长广敏雄分期论的

---

① 水野清一、長廣敏雄：《總括：雲岡造窟次第》，［日］《云冈石窟》第十六卷，1956年；长广敏雄：《云冈石窟第九、第十双窟的特征》，《中国石窟·云冈石窟》第二卷，文物出版社，1994年。

② 宿白：《〈大金西京武州山重修大石窟寺碑〉校注——新发现的大同云冈石窟寺历史材料的初步整理》，载于《中国石窟寺研究》。

③ 宿白：《〈大金西京武州山重修大石窟寺碑〉校注——新发现的大同云冈石窟寺历史材料的初步整理》，载于《中国石窟寺研究》。

④ 宿白：《〈大金西京武州山重修大石窟寺碑〉的发现与研究——与日本长广敏雄教授讨论有关云冈石窟的某些问题》，载于《中国石窟寺研究》。

⑤ 宿白：《云冈石窟分期试论》，《中国石窟寺研究》，文物出版社，1996年；《平城实力的集聚和“云冈模式”的形成与发展》，载于《中国石窟寺研究》。

差异主要集中在云冈一、二期的分界和二期各窟的开凿年代这两方面：

①《金碑》记护国寺“创自孝文”，其特征有三：一是“护国二龛不加力而自开”；二是“东壁有拓国王骑从”；三是有“大而不全无年月可考”的“护国大碑”，宿白先生论证护国寺为7、8双窟，且两窟的组合形式、窟形及壁面龛像布局也都与昙曜五窟有明显差异，将7、8窟的开凿年代推后至孝文初年，这打破了日本学者将7、8窟与昙曜五窟并论的分期体系。

②《金碑》记崇教寺为“安西大将军散骑常侍吏部内行尚书宕昌（公）钳耳庆时镌也岩开寺，其铭曰：承藉□福，遮邀冥庆，仰钟皇家，卜世惟永。盖庆时为国祈福之所建也。末云：大代太和八年建，十三年毕”。宿白先生参考钳耳庆时“穷极巧思”的特点，并结合洞窟造像形制等特征，认为崇教寺为9、10窟，然后以其明确记载的起止纪年，作为了二期各窟排年的参考基点，依靠其他洞窟与9、10窟壁面造像型式的相对早晚关系，排定了二期各窟的开凿次第。

（4）对石窟寺考古方法论的深入探讨

宿白先生对云冈石窟的研究由《金

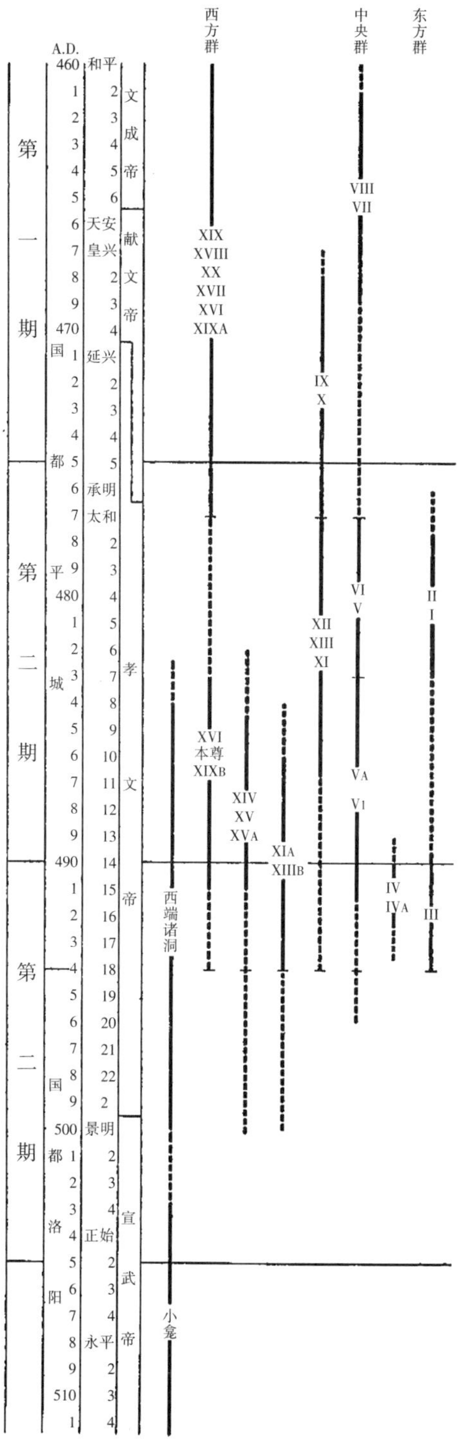

图1.4　云冈造窟次第（［日］《云冈石窟》第十六卷）

碑》的校注引入，再结合考古调查，对云冈石窟进行了科学系统的分期工作。其研究思路、方法、依据的材料及基本结论都与日本学者有明显不同，这也遭到了日本学者的反驳。在宿白先生后来发表的答复论文中①，可以看到他对研究方法的深入思考，这“实际上是涉及中国历史考古学上的两个根本问题，一是中国历史考古学应如何对待历史文献；二是中国历史考古学应如何运用类型学（即样式论）”②。

以长广敏雄先生为代表的日本学者，认为“研究中国石窟的方法，第一，应从石窟构造与佛像及其他一切雕像、彩画的样式出发；第二，弄清造像铭记；第三，参考可靠的历史资料、文献；第四，参照研究史。长广敏雄文章最后更明确地说：议论的根本是雕刻论，即高低、深浅的立体问题，那是基于视觉和触觉的艺术”③。而宿白先生明确指出“作为历史考古学研究对象的云冈雕刻，无论‘样式论’或‘雕刻论’如何重要，但排比它们的年代和解释它们的变化，都有赖于第二、第三两项”，云冈石窟分期的关键问题，如“断定第16～20窟是云冈最早的昙曜五窟，并取得公认，它的重要根据是《魏书·释老志》记载。判断褒衣博带式的服饰晚于通肩和右袒，最直接的证据是云冈有关窟龛所提供的纪年铭记和《魏书》中有关孝文帝改革仪制的记录……考察石窟问题，总是以第二、三两项来探索、解释第一项的”。

而在类型学研究上，宿白先生则认为不能仅限于艺术形象的“样式论”，如7、8窟的分期问题，“我们没有把第7、8双窟和昙曜五窟放在一期，就是因为它们在类型的主要方面差别较大，如第7、8双窟的形制、主要形象和形象组合以及装饰纹样等都与昙曜五窟有明显的不同，而与第9、10双窟等接近。至于造像的艺术处理与昙曜五窟中的第18、19、20等窟相似，我们认为那是次要的了。分期是手段，它的目的不仅是为了解决时间问题，更重要的是它们所反映的社会意义……具有某些社会意义的类型与分期，不是更加强了所要解决的时间问题确切性吗？”日本学者特别重视形象的艺术造型与技法，但宿先生通过新旧服饰的转变为例，说明了造型与技法在几十年期间，需要一个过程，不能截然分开。他明确指出：“研究云冈造像，我们

---

① 宿白：《〈大金西京武州山重修大石窟寺碑〉的发现与研究——与日本长广敏雄教授讨论有关云冈石窟的某些问题》，载于《中国石窟寺研究》。

② 徐苹芳：《中国石窟寺考古学的创建历程——读宿白先生〈中国石窟寺研究〉》，《文物》1998年2期。

③ 以下两段内引号中的内容均引自宿白：《〈大金西京武州山重修大石窟寺碑〉的发现与研究——与日本长广敏雄教授讨论有关云冈石窟的某些问题》，载于《中国石窟寺研究》。

应充分估计当时云冈特定的历史背景，而不宜以‘样式论’或‘雕刻论’的一般情况来作硬性的规范”。宿先生对历史文献的强调及对洞窟类型学整体比较研究的重视，至今仍具有指导意义，其所讨论的基本问题和主要观点一直主导着中华人民共和国成立后的云冈石窟研究工作。

可以看到，日本学者水野清一、长广敏雄先生和中国学者宿白先生的研究工作并非一般意义上的两个时代之分，两者并没有显著的承继关系，各自的研究工作较长时间是平行进行的，出发点和基本研究方法都不一样，侧重的基础信息也不同，这种分野也一定程度影响到现在对云冈石窟的艺术史研究和考古学研究。

2. 以营造工程视角对石窟的研究

这方面研究史的回顾不限于云冈石窟，也包括其他石窟研究中对本书思路和方法有启发的工作。

（1）日本学者的研究工作

水野清一、长广敏雄两先生在20世纪三四十年代考察云冈石窟时，就已开始关注昙曜五窟这样巨大的洞窟在当时如何开凿的问题①，后来长广敏雄先生发表《云冈工程过程的想象》② 一文，对石窟开凿的基本过程进行了推测，并对工人数量、工程时间、基本的工程量进行了估算（图1.5）。

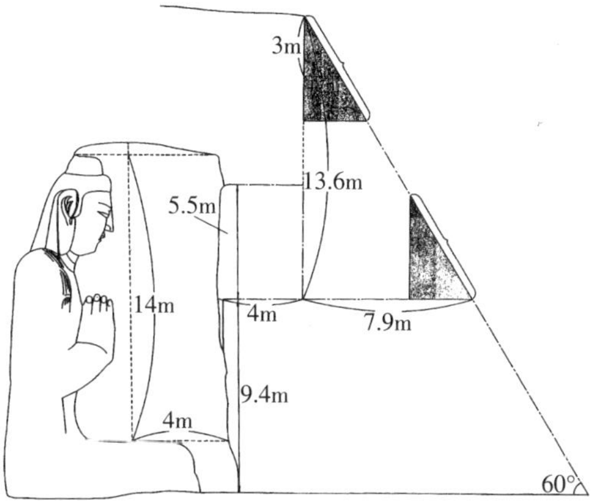

图1.5　凿取石方量示意图（长广敏雄《石窟工程过程的想象》）

① 长广敏雄著，王雁卿译：《云冈日记——战争时期的佛教石窟调查》，北京，文物出版社，2009年。

② 長廣敏雄：《石窟工程過程の想象》，《雲岡石窟　中国文化史蹟》，世界文化社，1976年。

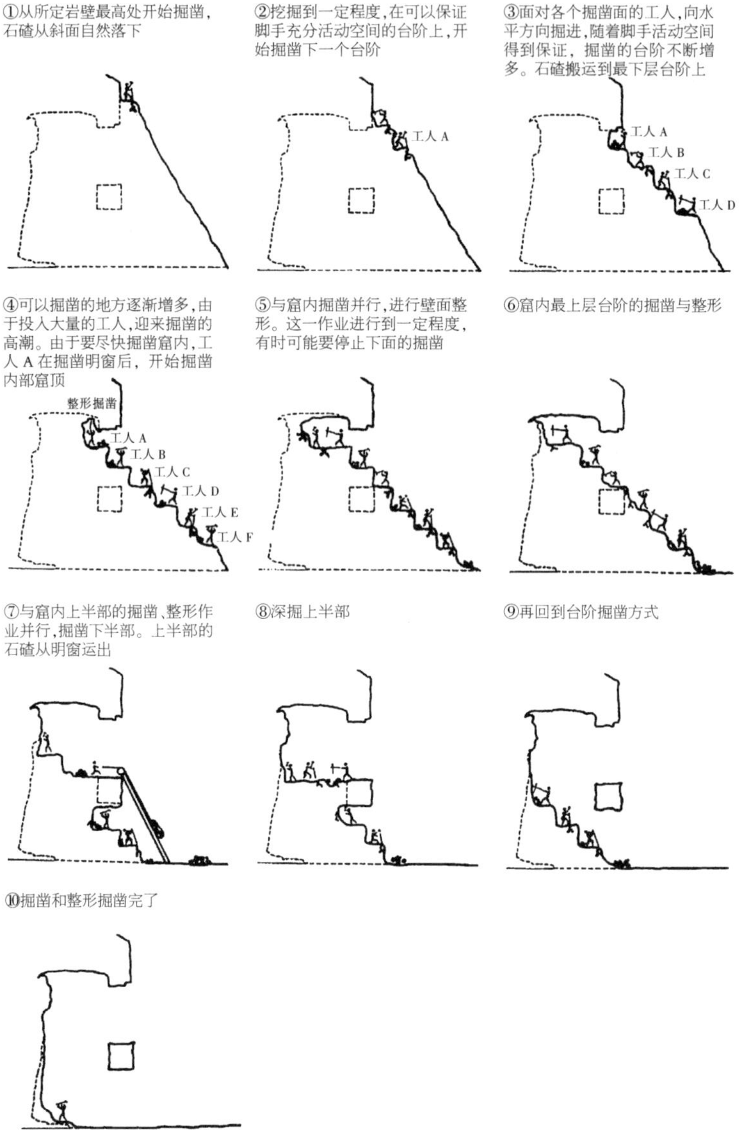

图 1.6　掘凿岩壁顺序想象图（吉村恒等著《昙曜五窟营造工程探讨》）

此后，吉村恒等先生合著《昙曜五窟营造工程探讨》① 一文，将长广敏雄先生这一思路发展完善，他们参考现代工程，对当时的施工组织、具体的工序、工期安排，各工种工程量等有全面周到的推测（图 1.6）。

---

① 佐藤工业株式会社技术本部　吉村恒等：《昙曜五窟营造工程探讨》，吉村怜著：《天人诞生图研究》，上海，上海古籍出版社，2009 年。

日本学者的工作虽以想象为主，但并非凭空猜测，他们以现代工程为参考，科学地对待每一种可能情况，周到地考虑到石窟工事活动的方方面面，其从工程施工角度考虑云冈石窟的视角及研究的细致程度均值得借鉴。

（2）中国考古学者的研究工作

中国石窟寺考古的奠基者宿白先生主张从遗迹现象出发对石窟空间关系进行全面考察，注重石窟基础档案和报告编写，强调现场的观察和记录，通过这些工作，要“把洞窟与邻近窟龛的关系看明白，把洞窟的外立面看明白，把洞窟开凿和雕刻的过程看明白，把洞窟的性质看明白，把洞窟的历史弄明白”①。宿白先生强调石窟全部遗迹的完整调查，注重相邻洞窟之间的空间关系，也正是在这一思想下，他明确提出了洞窟间的组合关系和打破关系，并运用于龟兹石窟的考察与研究之中②。此后，魏正中先生继承并发展了这一研究思路，在洞窟组合之上，提出了石窟寺院整体的功能区段划分，这是从宏观层面对石窟工程规划的总体考量③。

而在微观层面，杭侃先生从云冈20窟龛像打破关系、岩层条件、壁面坍塌等现象入手，对洞窟开凿相关的各类工程遗迹进行整体考虑，并由此扩展至对昙曜五窟原始规划设计的探讨，体现了在整体研究思路下宏观与微观的结合④。

20世纪以来，云冈石窟的考古发掘工作，特别是第3窟这一未完成洞窟的清理发掘，为探讨大型洞窟开窟步骤和具体施工方法提供了重要信息，刘建军等先生对此进行了较为全面的报告和分析⑤。

---

① 宿白：《编写龙门窟龛档案和考古报告应予关注的几个问题》，《石窟寺研究（第一辑）》，北京，文物出版社，2010年。

② 宿白：《新疆拜城克孜尔石窟部分洞窟的类型与年代》，《中国石窟寺研究》。

③ 魏正中：《区段与组合》，上海，上海古籍出版社，2013年。魏正中先生虽为意大利人，但在中国学习佛教考古，研究成果不仅重要，也体现了相关学术思想的传承，为避免行文繁琐，本书将他的研究放在中国考古学者中介绍。

④ 杭侃：《云冈第20窟西壁坍塌的时间与昙曜五窟最初的布局设计》，《文物》1994年10期；杭侃：《云冈石窟的开凿工程》，《中国文化遗产》2007年5期。

⑤ 云冈石窟文物研究所、山西省考古研究所、大同市博物馆：《云冈石窟第3窟遗址发掘简报》，《文物》2004年6期；刘建军、王克林、曹承明：《洞窟开凿技术揭秘——云冈石窟第三窟遗址》，《中国十年百大考古新发现》，北京，文物出版社，2002年；刘建军《北魏洞窟究竟是如何开凿的》，《中国文物报》2006年12月22日。

从方法论角度出发，初师宾先生1983年发表的《石窟外貌与石窟研究之关系——以麦积山石窟为例略谈石窟寺艺术断代的一种辅助方法》① 一文明确指出：

> 洞窟的开创，除了有当时或当地的职业宗教艺术家从事雕塑、绘画活动以外，还应包括为雕塑、绘画服务和创造条件的其他巨量的劳动。具体说，这些劳动，就是劈山斩荒、修路架栈、穿洞凿龛、备材调料、供给运输以及其他杂务劳动等。这些劳动的结果，改变了石窟所在的自然面貌，形成了对我们研究工作具有重大意义的现状外貌……石窟考古需要根据石窟群现存的一切遗迹，首先是古代人民的这种宗教行为的所有活动——不仅有雕塑、绘画，而且包括其他劳动，当成一个完整的整体来研究，然后进一步研究其历史的、思想的、艺术的内容。

文章以麦积山石窟为例讨论了自然条件对石窟分布的影响、洞窟间的打破避让关系、栈道与洞窟分布的关系、山体自然坍塌对洞窟分布的影响，以宏观、整体的视角考虑窟群营造过程中各类工程活动之间的关系，这对本书有很大的启发。2013年，李裕群先生发表《麦积山石窟东崖的崩塌与隋代洞窟判定》② 一文，也是运用这种研究方法对麦积山洞窟的分布和分期进行综合考察所得出的新认识。

（3）中国建筑史学者的研究工作

1963年，陈明达、莫宗江两先生编写《巩县石窟寺》③ 一书，在书中，他们对巩县1号窟立面设计进行了复原，并对洞窟内部空间形式、空间比例关系，造像的比例乃至造像细节的雕凿方法都从设计和施工层面进行了分析，这些内容在此后的石窟寺报告或论著中都较为少见，与二位先生在建筑史研究中长期关注设计原则的背景紧密相关。

1989年，萧默先生《敦煌建筑研究》④ 一书，即认为“敦煌莫高窟各洞窟本身，是一种建筑空间”，并从窟内建筑空间的设计意向出发对不同洞窟形制进行了分析，还探讨了石窟开凿施工的程序和方法。

---

① 初师宾：《石窟外貌与石窟研究之关系——以麦积山石窟为例略谈石窟寺艺术断代的一种辅助方法》，《西北师大学报（社会科学版）》1983年4期。

② 李裕群：《麦积山石窟东崖的崩塌与隋代洞窟判定》，《考古》2013年2期。

③ 河南省文化局文物工作队编：《巩县石窟寺》，北京，文物出版社，1963年。

④ 萧默：《敦煌建筑研究》，北京，文物出版社，1989年。

同样在建筑史研究的背景下，钟晓青先生对克孜尔洞窟内部空间形式的分析、对敦煌早期洞窟坍塌的分析、对南北响堂山整体规划的分析，也都体现了对石窟窟群和单体洞窟空间设计的关注①。

另外，喻维国先生从施工层面对石窟工程进行了专题研究，概述了石窟选址、洞窟开凿、石窟栈道、造像加工等一般的原则②。

通过以上研究工作的回顾，可以看到从营造工程角度来考察石窟的探索已经展开，并提出了可期的研究思路和目的，但还没有深入到大型石窟群全面系统的考察与研究，具体的研究方法和可以达到的研究深度也还需要尝试和探索。"营造"，不仅反映了我国传统的工程观念，也具有现代学术意旨，以此命名的"中国营造学社"，在成立之时就明确指出：营造学社不能称为建筑学社，"若专限于建筑本身，则其于全部文化之关系仍不能彰显"，因此"一切考工之事"乃至"一切无形之思想背景"，都是学社的研究对象③。对于石窟寺的研究也是如此，石窟施工相关的"考工之事"及石窟设计的"思想背景"都值得关注。

（三）研究思路与方法

"营造"一词，含有工程自然的时间顺序，先有"营"再有"造"，即先规划设计再施工开凿。而现在所见多为营造工程遗留的迹象，需要先通过这些迹象反推原始的施工过程，再通过施工的过程回溯，辨明工程主持者和施工者有意完成的部分，以此推测其原始的规划设计。因此，在研究时需将"营造"一词的顺序颠倒，由"造"到"营"进行考察。由于规划设计的研究涉及思想层面，归纳和推测的成分较多，而本书尚是从营造工程角度探讨云冈石窟的初步研究，因此首要是从遗迹现象出发，对石窟的施工过程进行考察。

---

① 钟晓青：《钟晓青中国古代建筑史论文集》，沈阳，辽宁美术出版社，2013 年。

② 喻维国：《石窟工程概述》，《科技史文集（第 7 辑）》，上海，上海科学技术出版社，1981 年；中国科学院自然科学史研究所主编：《中国古代建筑技术史》（第三版）第七章《概说》及《石窟工程》两节，北京，科学出版社，2000 年。

③ 朱启钤：《中国营造学社开会演词》，《中国营造学社汇刊》，1930 年 7 月第 1 卷第 1 册。

在具体的研究过程中，本书分三个空间层次逐级考察石窟营造工程，这也构成了本书的主体章节设置（图1.7）。

首先，宏观考察石窟群的选址环境（第二章）。重点分析石窟与道路交通、山顶寺院的空间关系，并与其他大型石窟群选址进行对比，探讨云冈石窟的选址特点与功能布局。

其次，中观考察窟群的外部崖面（第三章）。通过对云冈东、中、西三区崖面的现状调查，分析现存崖面在山体中的形成条件，反推它的开凿过程，复原原始山体环境，以了解人们最初对原始山体的利用和改造。

然后，微观考察各洞窟的内部空间（第四章）。一般情况下，施工遗迹特别是停工遗迹，最易用于反推当时的施工过程，这主要反映在未完成洞窟中，而云冈的大型洞窟除第3窟外完成程度均较高，并无系统的线索，还需探索其他的研究方法对各主要洞窟进行细化分析。本书尝试通过对洞窟整体空间层次的划分和各壁面龛像的打破、避让等空间关系，来判断洞窟各部分开凿的相对早晚，以此为基础，探讨洞窟的施工过程，具体的研究方法，将在相应章节再具体介绍。当然，洞窟完成程度越高，设计越规整，就越难分析施工过程，而这在另一面却为探讨洞窟空间设计提供了材料。

最后，在以上工作的基础上，结合历史文献、实验考古及其他石窟的材料，按先谈施工后谈设计的研究思路，综合讨论北魏云冈石窟的营造工程。

第五章需要说明的是，云冈石窟在漫长的历史进程中，屡经后期补凿和自然破坏，才形成了今天的面貌。即使是其北魏的营造工程，也可能因为种种工程问题而停工或更改，设计和施工方案都可能发生变化。这些过程少有相关遗迹存留，仅存

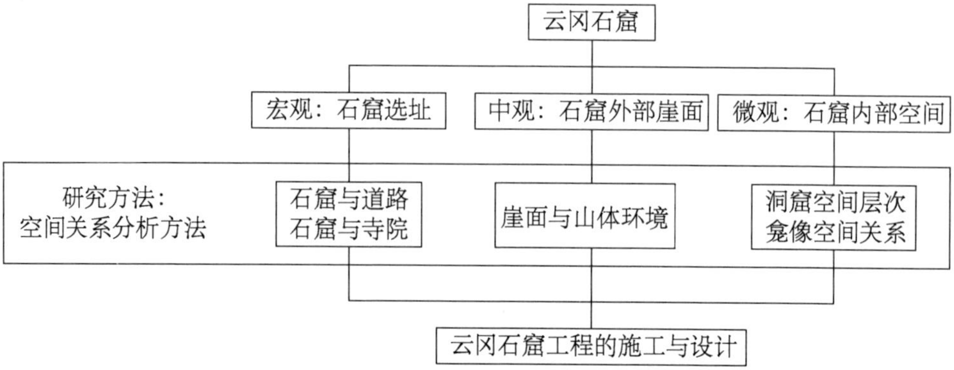

图1.7　研究路线示意图

的遗迹也多不完整，更不可能细致入微。因此本书主要探讨的是洞窟整体的营造过程，重点涉及石窟的主体空间及主要像设的总体布置①，在研究中，以单体洞窟空间为基本单位，将其看作一个整体进行考察。

概而言之，本书是从云冈石窟选址、石窟外部崖面、石窟内部空间三个层面，整体考察石窟内外的各类工程遗迹，分析它们之间的空间关系，探讨石窟工程的施工过程及其背后的规划设计思想。

（四）依据的材料

1. 历史照片

历史照片资料是云冈石窟早期状况的客观记录，而由于新中国成立前后的偷盗、破坏，洞窟内外遗迹有较大程度的破坏，近年的保护修缮工程，也对部分壁面遗迹有一定程度的遮覆，只有将历史照片资料与石窟现状结合，才能较完整地掌握石窟空间的基础信息。

这些历史照片主要由日本和欧美人所摄，其中最为重要的还是日本学者水野清一、长广敏雄先生在20世纪三四十年代长时间调查云冈石窟所摄的照片，这些照片不仅年代早、数量大，而且系统、完整，并可与报告文本、图片说明对应，基本涵盖了石窟内外各方面信息，是本书重要的参考资料。除此之外，还有欧洲人沙畹、喜龙仁，日本大村西崖、山本写真馆、关野贞著录中的照片可做补充，以资料出版的时间顺序列表（表1.1）如下：

表1.1　云冈石窟老照片资料

出版时间	资料来源②	著者	照片拍摄时间
1906年	《中国山西云冈石窟寺》③	［日］伊东忠太	1902年
1913年	《华北考古考察图谱》④	［法］沙畹	1907年

① 也有少数材料支持讨论到单体造像具体营造过程的深度，集中在未完成的小型洞窟中，具有重要的学术价值，本书也做考察分析，并以之为大中型洞窟研究的参考。

② 为阅读方便，表中书文名、著者名均为中文，并脚注原版信息。

③ 伊東忠太：《支那山西雲岡の石仏寺》，《國華》197、198號，1906年。

④ Édouard Chavannes, *Mission archéologique dans la Chine septentrionale*, Paris: Leroux, 1913.

续表

出版时间	资料来源	著者	照片拍摄时间
1915 年	《中国美术史·雕塑篇》①	［日］大村西崖	清末民初
1919 年	《中国佛教遗物》②	［日］松本书三郎	
1920 年	《中国圣城》③	［德］贝尔契斯基	1912 年左右
1921 年	《云冈石窟》④	［日］新海竹太郎、中川忠顺	山本写真馆摄影
1921 年	《大同石佛寺》⑤	［日］木下杢太郎、木村庄八	1918 年
1922 年	《大同石佛写真集》⑥	［日］田中俊逸、小野玄妙	1921 年前后 北平东华照相材料行摄影部外村太治郎摄影
1924 年	《云冈大石窟》⑦	［日］佐藤孝任	
1924 年	《震旦旧迹图汇》第一编《云冈石窟》⑧	［日］山本赞七郎	山本写真馆摄影
1925 年	《五至十四世纪中国雕刻》（四卷本）⑨	［瑞典］奥斯伍尔德·喜龙仁	1920～1921 年
1925 年	《大同石佛大观》⑩	［日］市川啻三	

① 大村西崖：《支那美術史·彫塑篇》，東京，仏書刊行會図像部，1915 年。

② 松本书三郎：《支那仏教遺物》，東京，大鐙閣，1919 年。

③ Perzyński, Friedrich, *Von Chinas Göttern : Reisen in China*, Munchen: Kurt Wolff, 1920.

④ 新海竹太郎，中川忠順：《雲岡石窟》，東京，文求堂書店、山本寫真館，1921 年。

⑤ 木下杢太郎，木村荘八：《大同石佛寺》，東京，日本美術學院，1921 年。

⑥ 田中俊逸、小野玄妙：《大同石佛寫真集》，東京，東洋古美術研究會，1922 年。

⑦ 佐藤孝任：《雲岡大石窟》，北京，華北正報社，1924 年。

⑧ 山本讃七郎：《震旦舊跡圖匯·第一編·雲岡石窟》，山本寫真館，1924 年。

⑨ Sirén, Osvald, *Chinese sculpture from the fifth to the fourteenth century : over 900 specimens in stone, bronze, lacquer and wood, principally from northern China*, London: E. Benn Ltd, 1925.

⑩ 市川啻三：《大同石佛大觀》，京都，原色寫真精版印刷社美術圖書出版部，1925 年。

续表

出版时间	资料来源	著者	照片拍摄时间
1925~1928年	《中国佛教史迹》①	［日］常盘大定、关野贞	1920年前后 山本写真馆负责拍摄照片，部分照片见山本写真馆所出影集
1926年	《佛教美术》②	［日］小野玄妙	
1933年	《云冈石窟中所表现的北魏建筑》③	梁思成、林徽因、刘敦桢	1933年
1935年	《云冈石窟佛教雕塑》④	［美］玛丽·奥古斯塔·马莉金、［苏格兰］安娜·玛丽·霍奇基斯	画册，但非常写实
1939~1941年	《中国文化史迹》⑤	［日］常盘大定、关野贞合著	部分见于山本写真馆单出的图录中
1941年	《大同石佛》⑥	［日］小川晴旸	
1951~1956年	《云冈石窟》（16卷）⑦	［日］水野清一、长广敏雄	1938~1944年 羽馆易摄影

① 常盤大定、關野貞：《支那佛教史蹟》，東京，佛教史跡研究會，1925~1928年。

② 小野玄妙：《佛教美術》，東京，甲子社書房，1926年。

③ 梁思成、林徽因、刘敦桢：《云冈石窟中所表现的北魏建筑》，《中国营造学社汇刊》第4卷3~4期，1933年12月，169~218页。

④ Mary Augusta Mullikin，［苏格兰］Anna M. Hotchkis，*Buddhist sculptures at the Yun kang caves*，Peiping：Henri Vetch，1935.

⑤ 常盤大定、關野貞：《支那文化史蹟》1-12輯，東京，法藏館，1939~1941年。

⑥ 小川晴暘：《大同の石仏》，東京，アルス，1941年。

⑦ 水野清一、長廣敏雄：《雲岡石窟：西暦五世紀における中國北部佛教窟院の考古學的調查報告》，東方文化研究所調查，昭和十三年——昭和二十年，卷1-16，京都，京都大學人文科學研究所，1951~1956年。

续表

出版时间	资料来源	著者	照片拍摄时间
1987 年	《在中国旅行的摄影师（1933—1946）》①	［德］赫达．莫里逊	1933 年
	哈佛大学图书馆藏	［美］兰登・华尔纳（Landon Warner）	1920 年代

2. 现场调查材料

已有基础调查和研究工作为本书提供了坚实的基础，为进一步消化已有材料，并服务于本书的研究目的和思路，笔者在导师的安排和云冈石窟研究院的协助下，从 2011 年至 2015 年每年都在石窟现场进行数周的调查工作，对石窟宏观的山体崖面、微观的壁面遗迹进行整体考察，关注对象除窟内外龛像外，还包括山体地质地貌、道路、施工工作面、脚手架、木构建筑等与石窟工程相关的自然和人为遗迹，并进行了现场记录、摄影和测绘工作。调查内容主要有：武州川流域地理环境调查；武州山顶部及石窟所在的山体南麓崖面调查；编号 1～20 的主要洞窟窟内调查，对照洞窟测绘图及历史照片，进一步明确洞窟内部各壁面遗迹的空间关系；3 窟、4 窟、13－4 窟、13－29 窟、13－30 窟等未完成洞窟补充调查。

值得一提的是，从 2012 年起，云冈中区开始进行窟檐建筑保护修缮工程，工程施工搭建脚手架，也对石窟调查研究提供了有利的条件。借助于此，我们对中区大型洞窟内上部壁面及洞窟外崖面上方较难登临的小型洞窟也进行了较为全面的调查，这其中就包括 13－29、13－30 这两个重要的未完成窟，窟内不同完成程度的造像对于探讨石像的具体雕凿过程提供了难得的材料。

---

① Hedda Morrison, *Travels of a photographer in China*, 1933 - 1946, Hong Kong: Oxford University Press, 1987.

二　宏观——云冈石窟选址

（一）历史背景

石窟寺考古属于历史时期考古，对这个阶段的古代遗迹进行考察，“首先要了解这个时代的历史背景……古代文献记载往往成为这个阶段考古学研究的重要依据”①。而云冈石窟地处北魏首都平城这一文化中心，并由皇家主导兴建，就更是与王朝的更替、新制度的实施息息相关。正因为此，以往对云冈石窟的研究非常强调与历史背景的关联，涉及云冈石窟的起止、分期、性质等关键问题，著述颇丰。在本章开头，有必要参考相关研究成果②，以《魏书·释老志》为纲，对石窟所涉及的政治、宗教等重要的历史事件及相关背景略作介绍。

公元398年，北魏从阴山河套地区进入关内，并定都平城。平城背靠北方草原地带，往南则直指中原腹地，这一迁都事件标志着北魏向汉地的扩张。在随后百年间，平城作为北魏王朝的首都，一直是当时政治、军事和文化的中心。

在北魏开疆拓土的过程中，从其征服的区域迁徙人口，集中到首都平城地区。

---

① 宿白：《汉唐宋元考古——中国考古学（下）》，北京，文物出版社，2010年。

② 这方面的主要研究成果有：陈垣：《记大同武州山石窟寺》，《东方杂志》第16卷第2、3号，1919年，辑录于《陈垣学术论文集（第一集）》，北京，中华书局，1980年；白志谦编：《大同云冈石窟寺记》，北京，中华书局，1936年；宿白：《〈大金西京武州山重修大石窟寺碑〉校注》、《云冈石窟分期试论》、《平城实力的集聚和“云冈模式”的形成与发展》、《恒安镇与恒安石窟》，均收入《中国石窟寺研究》；张焯：《云冈石窟编年史》，北京，文物出版社，2006年。

“道武时收罗后燕人才，明元时容纳姚秦人才，太武时除网罗中原人士外，还征用夏、南燕、北燕、北凉人才，还有献文时内徙青齐人才，孝文时擢举河表人才”①，人才数量之庞大，“最保守的估计，也要在百万人以上”②，这为云冈石窟的兴建提供了充足的人力保障。

北魏在与中原文化的接触中，佛教也随之传入，太祖道武帝拓跋珪本人“好黄老，颇览佛经”③，在征伐中，也敬重沙门，利用佛教加强王朝的统治，当时僧徒也极力迎合，利用皇家势力宣传佛法，时法果任沙门统，尝谓“太祖明睿好道，即是当今如来，沙门宜应尽礼……能鸿道者，人主也，我非拜天子，乃是礼佛耳”④，此与东晋南朝“袈裟非朝宗之服，钵盂非廊庙之器，沙门尘外之人，不应致敬王者”⑤ 的观点，形成了鲜明的对比，是北魏佛教世俗化的反映。在太祖道武帝、太宗明元帝的支持下，北魏佛教逐渐繁荣，都城四方均“建立图像，仍令沙门敷导民俗”⑥。

然而盛极而衰，其后即位的太武帝“锐志武功”⑦，虽统一了黄河流域，但对佛教兴趣不大，又因佛道之争加之僧徒参与叛乱，大规模灭佛，遂开中国佛教史上三武一宗灭法之始。但佛法绵延，至文成帝（452～465 年）嗣位，即重兴佛教，并颁布诏书，认为佛教“助王政之禁律，益仁智之善性，排斥群邪，开演正觉”⑧，规定“诸州郡县，于众居之所，各听建佛图一区，任其财用，不制会限”⑨。这将兴佛纳为维持政权的手段，并将各州县营建寺塔制度化。

佛教与国祚一体，佛与帝王等身，为利用佛教加强自身的权威，文成帝“诏有司为石像，令如帝身。既成，颜上足下各有黑石，冥同帝体上下黑子，论者以

---

① 宿白：《平城实力的集聚和“云冈模式”的形成与发展》，载于《中国石窟寺研究》。

② 宿白：《平城实力的集聚和“云冈模式”的形成与发展》，载于《中国石窟寺研究》。

③ 魏收：《魏书》卷一百一十四《释老志》，点校本，北京，中华书局，1974 年，3030 页。

④ 《魏书》卷一百一十四《释老志》，3031 页。

⑤ ［梁］慧皎：《高僧传》卷六《释慧远传》，汤用彤校注，北京，中华书局，1992 年，220 页。

⑥ 《魏书》卷一百一十四《释老志》：“太祖之业，亦好黄老，又崇佛法，京邑四方，建立图像，仍令沙门敷导民俗”，3030 页。

⑦ 《魏书》卷一百一十四《释老志》，3033 页。

⑧ 《魏书》卷一百一十四《释老志》，3035～3036 页。

⑨ 《魏书》卷一百一十四《释老志》，3036 页。

为纯诚所感。兴光元年（454 年）秋，敕有司于五级大寺内，为太祖已下五帝，铸释迦立像五，各长一丈六尺，都用赤金二万五千斤”①。此类营造活动，可以说是云冈石窟的预演。“和平初（460 年），师贤卒，昙曜代之，更名沙门统……昙曜白帝，于京城西武州塞，凿山石壁，开窟五所，镌建佛像各一。高者七十尺，次六十尺，雕饰奇伟，冠于一世”②。在文成帝的赞助和沙门统昙曜的主持下，云冈石窟开始开凿，所镌建的五尊佛像，很可能也是帝王的象征，这五座洞窟，现编号为 16～20 窟，合称为“昙曜五窟”。这一时期，僧侣们刚经历了太武灭佛，对皇家的威严自然心有余悸，也意识到皇家支持对教义传播的重要性，因此，佛教极力迎合皇家的旨意，将拜天子即礼佛的观念通过石窟的营建进一步具象地表现出来，实现了佛教与政权的捆绑。

此后，献文帝即位，年仅 11 岁，文成帝冯后被尊为太后，临朝辅政。献文时，佛事营建活动仍然不减，范围也有所扩大：其在云冈，“天安元年（466 年）革新造石窟寺”③；其在平城，“高祖诞载（467 年），于时起永宁寺，构七级佛图，高三百余尺，基架博敞，为天下第一。又于天宫寺，造释迦立像。高四十三尺，用赤金十万斤，黄金六百斤。皇兴中（467～471 年），又构三级石佛图。榱栋楣楹，上下重结，大小皆石，高十丈。镇固巧密，为京华壮观”④；其在北苑，“高祖践位（471 年），显祖移御北苑崇光宫，览习玄籍。建鹿野佛图于苑中之西山，去崇光右十里，岩房禅堂，禅僧居其中焉”⑤，此鹿野苑石窟至今尚存。

献文帝后来亲政，但与冯太后的政策有很大冲突，双方势力对抗下，献文帝被迫传位于年仅 5 岁的孝文帝拓跋宏，冯太后遂尊为太皇太后，继续把持朝政。但献

---

① 《魏书》卷一百一十四《释老志》，3036 页。

② 《魏书》卷一百一十四《释老志》，3037 页。

③ 宿白：《〈大金西京武州山重修大石窟寺碑〉校注——新发现的大同云冈石窟寺历史材料的初步整理》，载于《中国石窟寺研究》。

④ 《魏书》卷一百一十四《释老志》，3037～3038 页。

⑤ 《魏书》卷一百一十四《释老志》，3038 页。

文帝势力仍在，直到承明元年献文帝暴崩[①]，冯氏才完全独揽大权。

孝文帝初期，政事出于冯氏，时与孝文帝并称为“二皇”、“二圣”。冯氏祖籍龙城，一家世代崇佛，“又立思燕佛图于龙城”[②]。在冯太皇太后的影响下，孝文帝极重佛教，身体力行地参加法供、听讲、论经、剃发、施助等佛事活动，并建建明寺、思远寺等大型佛寺，“自正光至此，京城内寺新旧且百所，僧尼二千余人，四方诸寺六千四百七十八，僧尼七万七千二百五十八人”[③]。当时云冈石窟的营建活动也进入繁盛时期，以至于唐人记述云冈，或云“魏孝文之所置”[④]，或云“孝文石窟故像”[⑤]，可见孝文时期在云冈进行了大规模的开凿工程。

孝文、冯氏亦锐意改革，为消除鲜卑族相对于汉族在人口与文化等方面的劣势，积极推行汉化政策，包括各项典章律令，其对石窟及其佛教造像工程影响极大的则为服制改革。此项改革倡议较早[⑥]，但由于朝人的争议，至太和“十年（486年）春正月癸亥朔，帝始服衮冕，朝飨万国”[⑦]，才正式施行，“始班赐百官”[⑧]，上行下效，太和十五年（491年），“颁赐刺史已下衣冠”[⑨]，至太和十八年（494年），才“革衣服之制”[⑩]，完成了社会各阶层的服制改革。这一系列的改革对石窟工程影响深远，造像由渊源于西方的通肩、右袒旧式服饰逐渐转变为学习汉人的褒衣博带新式服饰，这也为石窟分期断代提供了一重要的时间参考。

---

① 《魏书》卷十三《皇后传》：“太后行不正，内宠李弈，显祖因事诛之，太后不得意，显祖暴崩，时言太后为之也。”

② 《魏书》卷十三《皇后传》，329页。

③ 《魏书》卷一百一十四《释老志》，3039页。

④ 李昉等：《文苑英华》卷二百三十四宋昱《题石窟寺即魏孝文之所置》，北京，中华书局，影印本，1966年，1181页。

⑤ 《古清凉传》卷上：“俨本朔州人也，……每在恒安修理孝文石窟故像，虽人主之尊，未参玄化，千里以来，莫不闻风而敬矣。”

⑥ 《魏书》卷九十一《蒋少游传》：“及诏尚书李冲与冯诞、游明根、高闾等议定衣冠于禁中，少游巧思，令主其事，亦访于刘昶，二意相乖，时致净竞，积六年乃成，始班赐百官。”1971页。

⑦ 《魏书》卷七《高祖纪》，161页。

⑧ 《魏书》卷九十一《蒋少游传》，1971页。

⑨ 《魏书》卷七《高祖纪》，168～169页。

⑩ 《魏书》卷七《高祖纪》，176页。

太和十四年，冯太皇太后去世，其所推行的汉化改革并没有停止，反而由孝文帝进一步推进深化。为消除守旧阶层的阻挠，孝文帝决意迁都，他认为平城地近北土，为“用武之地，非可文治，移风易俗，信为甚难”①，而迁都的首选为洛阳，其“崤函帝宅，河洛王里，因兹大举，光宅中原”②，此文治之地，才能“制御华夏，辑平九服”③。迁都之事，自然遭到了极大的反对，太和十七年（493 年），孝文帝以南伐之名，率二十万大军南下，借故停兵洛阳，才完成迁都之举。太和迁都，标志着北魏政治、文化中心的转移，平城的衰落至此而始，云冈石窟也不可避免地受此影响，其皇家工程中断、营建规模骤减是历史的必然。

迁洛之后的平城虽降为州府，但仍然相对繁盛，时人多称之为旧都、北都、北京，将洛阳、平城作为南北二都并称。平城仍有都城之实，许多朝中旧贵对“旧都意重”④，“深忌河洛暑热，意每追乐北方”⑤。宣武帝即位，时或有“还北之问”⑥，宣武还一再派遣重臣“抚劳代都、北镇”⑦，这反映了平城当时仍有较高的政治地位，许多达官显贵仍居住或往来于此。云冈石窟虽没有了皇室支持，但由于这些旧贵、官吏和居于此的僧侣、百姓的眷守，工程还得以延续，中小规模洞窟的开凿还有发展趋势。而随着洛阳佛事工程的展开，龙门石窟的兴起，再加上王朝末年的战事，北魏云冈石窟的辉煌已走向尾声。

汉化与反汉化，反映的是北魏统治者的民族倾向和文化选择，围绕于此的改革与反制，一直是北魏后期历史的主题⑧。由于皇室的坚持，汉化一度得势，施行了一系列汉化政策，这必然造成反对势力的利益渐被剥削，其仕途升迁之路被汉化阶层阻隔，积怨不断累积，并最终在一直维持旧文化的边疆六镇地区

---

① 《魏书》卷十九《任城王云传附澄传》，464 页。

② 《魏书》卷十九《任城王云传附澄传》，464 页。

③ 《魏书》卷十九《任城王云传附澄传》，464～465 页。

④ 《魏书》卷十九《乐陵王胡儿传附子思誉传》，516 页。

⑤ 《魏书》卷二十二《废太子恂传》，588 页。

⑥ 《魏书》卷十五《昭成子孙常山王遵传附三世孙晖传》，378 页。

⑦ 《魏书》卷八《世宗纪》，196 页。

⑧ 陈寅恪著、万绳楠整理：《陈寅恪魏晋南北朝史讲演录》，合肥，黄山书社，2000 年。

爆发，迅速席卷整个帝国①。时北方柔然兴起，又时常入塞侵扰②，内忧外患之下，北魏王朝急速崩溃，云冈及所在的平城地近边镇，遭反复劫掠，遂至荒废，“孝昌之际，乱离尤甚。恒代而北，尽为丘墟”③，直到百余年后的唐初才有人注意。

北魏之后，平城改为恒安镇，由于其地理位置极为重要，辽金升为西京，元明以后仍为边防重镇。云冈石窟还得以延续，特别是在辽金时期，借助于京城的地位，改拨窟前河道，增修窟前寺院，修整窟内造像，进行了大规模的改造工程。明清时期在窟顶修建云冈堡，在窟前添建殿阁，在窟内泥塑彩妆，也是大规模的工程。但这些工程，多为石窟附属寺院的兴建与造像的维修，不再有新窟的开凿，云冈开窟建寺的时代已一去不复返了。

（二）选址情况

北魏平城四面环山，处于大同盆地北缘，如浑水（现称御河）沿岸，城西约十里为一道由西南向东北延伸的山脉（现称洪涛山），是吕梁山脉与阴山山脉交界的地带，属阴山支脉，越过这道山脉往西，就进入河套平原，再往北翻过阴山，即进入北方草原。因此这道山脉一线，不仅是农牧分界地带，也是历史上北方少数民族与中原汉族角逐的地带，长城走向也与此大体一致。穿过这道山脉的主要道路，东接平城，西连盛乐，顺山脉中的武州川而行。此河发源于武州（今左云），河水中游流经武州山南麓，即是云冈石窟的选址所在（图2.1）。

---

① 《魏书》卷五十八《杨播传附杨津传》：“孝昌初（525年）……既而近镇扰乱，侵逼旧京”，1297页。

② 李延寿《北史》卷九十八《蠕蠕传》：“（正光）四年（523年），阿那瑰众大饥，入塞寇抄，明帝诏尚书左丞元孚兼行台尚书持节喻之。孚见阿那瑰，为其所执，以孚自随，驱掠良口二千，公私驿马牛羊数十万北遁，谢孚放还”。点校本，北京，中华书局，1974年，3262～3263页。

③ 《魏书》卷一百六《地形志》，2455页。

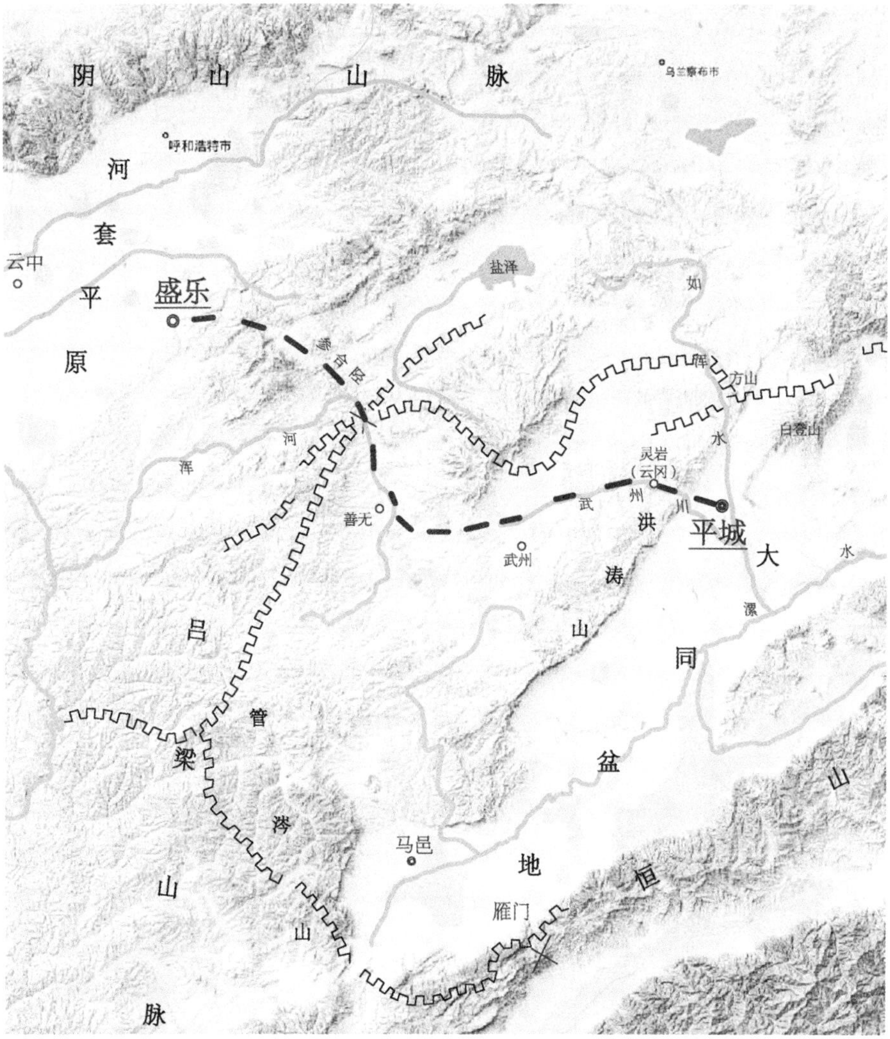

图 2. 1　平城地区地图（以 google 地形图为底图绘制，虚线为北魏两京道路）

1. 山形

武州川流域的山形，总体可分为两个地理单元。在武州川流入大同盆地的出山口区域，山势高耸；而进入山谷后，特别是武州山附近区域，地势较低，形成了被四周高山环绕的低山丘陵地势。在这一低山丘陵地带，只有武州山山顶宽广平坦，而其周边山体均沟壑密布（图 2. 2，另见彩版一）。

这种类似“方山”的山形地势，是武州山最为独特的地方，在兴建石窟前，武州山顶就有经营开拓，并作为北魏皇族祈福天地神祇之地：

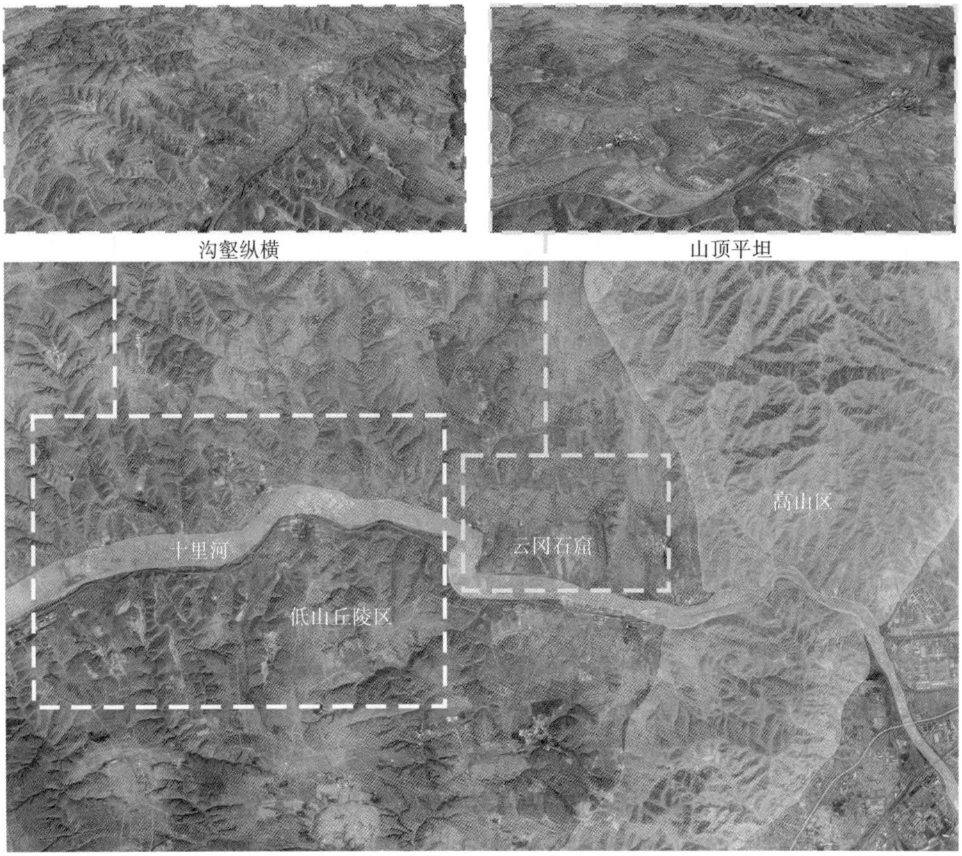

图 2.2　十里河流域（云冈石窟）地形图（以 google 卫片为底图绘制）

太宗永兴三年三月，帝祷于武周、车轮二山。初。清河王绍有宠于太祖，性凶悍，帝每以义责之，弗从。帝惧其变，乃于山上祈福于天地神祇。及即位，坛兆，后因以为常祀，岁一祭，牲用牛，帝皆亲之，无常日①。

武州山顶部总平面略呈北窄南宽的梯形，南北长约 1 公里，南端东西宽约 1.3 公里，北端东西宽约 1 公里，窟顶地平高出其下河床 30 ~ 35 米，山体北侧连延至北部高山，西侧和南侧临河，东侧与东部低山之间隔以较宽的南北向沟谷。其山顶平整，为从事祭祀活动提供了条件。

山体南麓是后来石窟开凿的地段，正中有一条很大的沟谷，今称为龙王沟，将山

① 《魏书》卷一百八《礼志一》，2736 页。

图 2. 3　武州山鸟瞰图（云冈石窟研究所编《云冈石窟》）

体分为了东西两大部分。东部山体较矮，隔段分布有多道小冲沟，其上开凿的石窟也较为零散，现称为东区石窟。而西部山体较高，之中仅有一道冲沟，将山体分为两区，现称为西区、中区，两区山体完整连续，其上开凿的石窟栉比相连。由此可见，龙王沟是武州山南麓重要的地理分隔，其西部是武州山的主体，也是云冈石窟的主体（图 2. 3）。

2. 岩体

武州山岩体主要为岩层较厚、整体呈块状的长石砂岩，属于硬质岩体，强度平均在 600kg/cm^2，硬度适中，是开凿石窟的理想岩体①。但在岩层中，还间隔分布有较薄的砂质泥岩、泥岩，属于软弱岩类，特别是颜色呈紫红色的泥岩，岩体松软，不宜进行石作加工，且容易引起岩体结构性失稳，发生崩塌，这些泥岩层的分布制约着石窟工程展开。

3. 河道

武州川发源于左云县，东流入如浑水。在北魏时期，其河道贴近武州山，这可从过去相关考古发掘工作中看出。

（1）中区五华洞（9 ~ 13 窟）前发掘

1940 年，日本学者水野清一、长广敏雄团队在五华洞前发掘了两条南北探沟（图 2. 4 中南北向三号、五号探沟），探沟长 47 ~48 米，宽 2 米，在石窟以南 23 米，地层突然加深，在往前延伸至石窟以南 39 米，在窟门所在平面 5 米以下发现大范围

① 黄继忠：《云冈石窟地质特征研究》，《东南文化》2003 年 5 期。

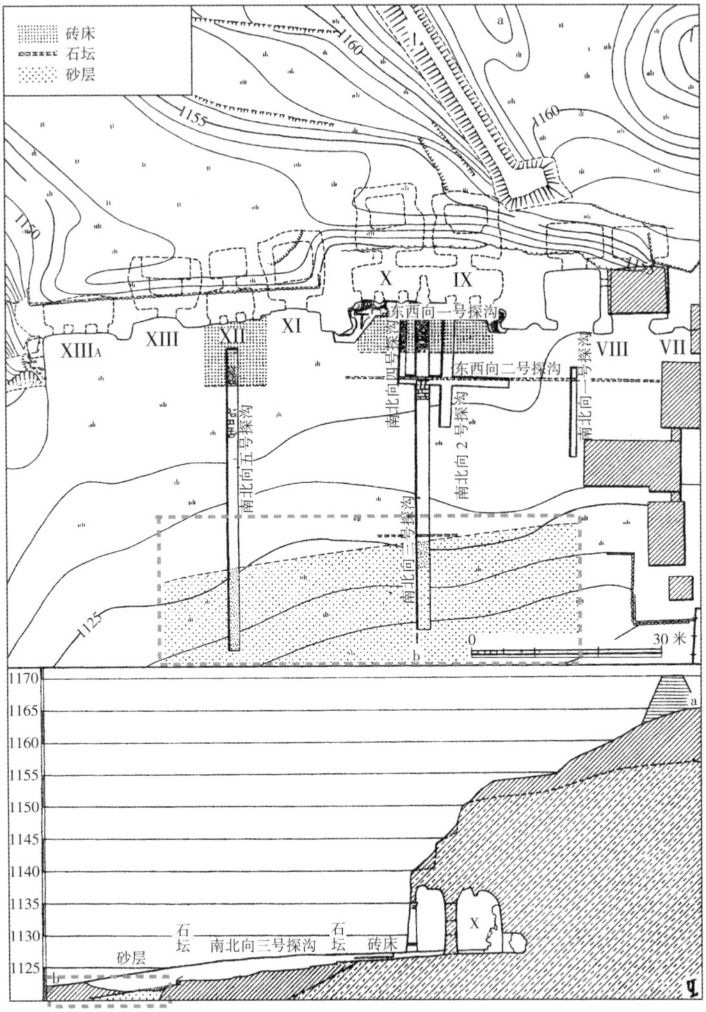

图2.4　五华洞前发掘到的砂层范围（［日］《云冈石窟》第七卷）

的砂层（图2.4中虚线框出），为古代河床遗迹，其北侧河岸当更靠近石窟。

（2）西区昙曜五窟（16 ~20窟）前发掘

1992年，在昙曜五窟前进行考古发掘，在洞窟崖壁南25米的位置，发现一道长约120多米的石坝（图2.5），从20窟前一直向东延伸至14窟前，石坝下为淤泥①。

① 山西省考古研究所、大同市博物馆、云冈石窟文物研究所：《关于云冈石窟窟前遗址发掘工作成果的初步报告》，1993年，北大图书馆宿白赠书室藏。

以上考古发现说明，在云冈石窟以南25～30米位置即为武州川原始河岸，贴近山体，再往南大范围区域为武州川宽广的河床。由于洞窟前临河流，经常受到洪水侵扰，因此于金天会九年（1131年），差3000工匠改拨河道[①]，将河坝向南推进1里，扩展了窟前范围，这一状况一直维持到现代，窟前石窟寺院及居民村镇均建在河道南移所腾挪出来的河滩上[②]。

图2.5　昙曜五窟前石坝发掘图（王雁卿《云冈石窟的考古发现》）

4. 道路关塞

沿武州川北岸很早就开通道路，其东连大同盆地，西接河套平原，沟通关内关外，具有重要的战略意义，是北魏平城西通旧都盛乐（今和林格尔）的交通要道之一。道路从平城往西，沿武州川水行110里至武州（今左云），继续向西行80里至善无（今右玉），然后沿浑河（今苍头河）向北经参合陉[③]，向西折入盛乐，总长约330里，道路沿线历来都设置有军事防御设施。

在武州山区域，汉代就设置武州塞：

> 匈奴自单于以下皆亲汉，往来长城下。汉使马邑下人聂翁壹奸兰出物与匈奴交，详为卖马邑城以诱单于。单于信之，而贪马邑财物，乃以十万骑入武州塞[④]。

至北魏武州塞也为重要关口：

---

① 《大金西京武州山重修大石窟寺碑》："（天会）九年元帅府以河流近寺，恐致侵啮，委烟火司差夫三千人改拨河道。"

② 石窟前云冈镇，近年因石窟景区建设整体搬迁。

③ 参合陉、参合陂位置存在争议，参看严耕望：《唐代交通图考》第五卷《北魏参合陂地望辩》，上海古籍出版社，2007年，1397～1402页。郦道元著：《水经注》卷三载参合陉"北俗谓之仓鹤陉，道出其中，亦谓参合口"，陈桥驿校证，北京，中华书局，2007年，81页。

④ 司马迁：《史记》卷一百一十《匈奴列传》，点校本，北京，中华书局，1959年，2904～2905页。

平城西三十里，武州塞口者也①。

云冈石窟开凿所在即位于关塞位置：

昙曜白帝，于京城西武州塞，凿山石壁，开窟五所，镌建佛像各一。高者七十尺，次六十尺，雕饰奇伟，冠于一世②。

由于河道贴近石窟，在河北岸的道路与石窟就更近。根据窟前考古发掘，在石窟东区发现有东西向道路遗迹，路面并不平整，其上车辙印宽约1.2米，紧贴山体崖壁。山体崖壁并非自然形成，有明显的人工修整迹象，说明这条道路并非自然的山谷小径，而是斩岸开石而成（图2.6）。该道路遗迹往东，在1、2窟前也发现有古道，两者东西贯通，为同一古道遗迹③。石窟正当这条交通要道，窟内外平面与道路平面齐平，说明石窟有意参照道路平面开凿。

这条道路不仅在北魏以前是交通要道，其作为农牧分界地带的战略要地，在后代也备受重视，一直都是国家经略的交通干道，即使是辽末金兵入侵，天祚帝率众西逃也经石窟前此路：

天祚帝与诸王，并长公主、驸马、诸子弟三百余骑由石窟寺遁去……入天德军（今呼和浩特附近）……趋渔阳岭入夹山（今阴山山脉大青山一带）④。

图2.6　山前道路遗迹

① 郦道元：《水经注》卷十三引《魏土地记》，316页。

② 《魏书》卷一百一十四《释老志》，3037页。

③ 山西省考古研究所、大同市博物馆、云冈石窟文物研究所：《关于云冈石窟窟前遗址发掘工作成果的初步报告》。

④ 徐梦莘：《三朝北盟会编》卷二十一，影印本，上海，上海古籍出版社，1987年，151~152页。

明清这里仍是关防要道，沿线设置众多堡寨，云冈山顶的云冈堡与烽燧即属于这一线军事设施之一，石窟附近校尉屯、校子屯、吴官屯等地名，也可见这一带原有许多驻军地点。此路向西，所通左云、右玉、杀虎口等地，均是重要的边防军事要塞。清乾隆十七年（1752 年）《重修云冈大路碑记》载“云冈堡大路，东近神京，西连云朔，南通三晋，北达九夷，诚内外一统之通衢，四通八达之要道”，可说是这一线道路及其军事地位的全面概括。

（三）选址特点与功能分区

上文对云冈石窟选址环境的概述，尤为值得注意的是石窟与窟前道路的关系。营造活动都需要人力和财物的支撑，因此石窟选址与道路交通、大型城镇关系紧密，大多分布在交通沿线。但若细化考察，各石窟是紧邻道路开凿，还是仅仅在道路的辐射范围内、相隔一定距离，则是完全不同的营造环境。

云冈石窟开凿前，武州山即为重要的祭祀场所和军事要塞，山前有驿道，沟通盛乐和平城两京；石窟开凿时，施工地点距离道路很近，洞窟窟面与道路的直线距离不过二十余米，洞窟内部平面也与路面齐平，方便人们进入。这反映了云冈石窟有意选址于交通要道旁，并保证两者空间的畅通。在这样的条件下，石窟均面向道路开凿，空间开敞，其环境不可能不受到嘈杂的交通、人流影响。而石窟本为一宗教场所，在早期与僧人禅修关系密切，要求较为宁静的环境[①]。但云冈石窟的选址，显然并不满足这一要求，更何况云冈石窟的主体工程都是大窟，不可能一蹴而就，在相当长时间内，石窟内外都在施工，即使工程完工，也会受临近洞窟继开的影响，在这样的环境下，似乎很难静下心来修禅。

人们常用《鹿苑赋》中“凿仙窟以居禅”来说明石窟与禅的关系，这则文献所描述的“鹿野苑石窟”虽也在北魏平城附近，但选址却与云冈石窟完全不同。该窟位于平城西北高山之中，“在大沙沟三叉口北侧山体的‘U’形弯处。此大沙沟乃古代河流的遗迹，河滩上现仍有泉眼。洞窟坐北朝南，高出河滩十多米。石

---

① 刘慧达：《北魏石窟与禅》，《考古学报》1978 年 3 期。

窟西、南面临大沙沟，隔沟眺望是高低起伏的山峦”[①]。石窟所在的河谷，为南北贯穿平城的如浑河（今御河）的支流，处于御河西山两大支流——武州川水、羊水之间，水势较小，河谷上游为高山阻隔，沿河谷就不可能有干道沟通东西，现在仍交通不便，“整个石窟处于山水环抱之中，是僧人‘修禅习定’的理想处所”[②]。《鹿苑赋》载：

> 凿仙窟以居禅，辟重阶以通述；澄清气于高轩，伫流芳于王室。茂花树以芬敷，涌醴泉之洋溢；祈龙宫以降雨，侔膏液于星毕[③]。

俨然一派清幽静怡的景象，献文帝禅位后常移居此地，“优游覆道，颐神养性”[④]，窟群各洞窟规模并不大，以一排禅窟为主，也说明了其“居禅”的性质。

由此可见，北魏时期同一区域的云冈石窟和鹿野苑石窟即表现出两种截然不同的选址，那么石窟与禅修的关系就值得细化分析。即使与云冈石窟处于同一河谷的石窟，也可能有所区别，例如焦山石窟，选址于河北岸孤山之上，距山下道路较高且远，拉开了一定距离，相对封闭，石窟中也有禅窟、僧房窟分布。

而云冈石窟现存洞窟中，绝大部分都有造像，并没有一般意义上的禅窟，更没有僧房窟。与禅窟的空间大小相仿，有一些规模较小的造像窟，它们的内部空间狭隘，人不能直立，只能弯腰或盘坐，部分学者认为这是适合于单人禅修的洞窟。但这些小窟最早出现于云冈中区壁面上，它们在石窟正面直壁上开凿，高者距地近十米，若要登临坐禅，则极为不便，且这些洞窟大多有题铭，位于窟前壁下部或窟内正壁下部，一般为方形边框，其中字迹虽大多泯灭，但仍存在两处，分别在现编号11－14窟和12－1窟外，从题记可知，这是有关造窟的发愿文。11－14窟铭记两侧，还雕有左右对称的多名供养人，则说明该窟为供养龛。这样的供养人，在部分洞窟内部也有雕刻，如11－13窟主尊正壁基座上，13－9窟南侧壁上，特别是在11－16窟内，绕窟室底缘一圈均雕饰供养人，以正壁龛中分，东侧由一比丘引导，为一组男供养人，

---

① 李治国、刘建军：《北魏平城鹿野苑石窟调查记》，《中国石窟·云冈石窟（一）》，北京，文物出版社，1991年。

② 李治国、刘建军：《北魏平城鹿野苑石窟调查记》，载于《中国石窟·云冈石窟（一）》。

③ 李治国、刘建军：《北魏平城鹿野苑石窟调查记》，载于《中国石窟·云冈石窟（一）》。

④ 《魏书》卷六《显祖纪》，131页。

最前一人身后有侍者擎伞盖，似地位较高，西侧为一组女供养人，最前一人也有伞盖，地位较高（图2.7）。这些供养人，多非僧人形象，而是佛教信众发愿敬造。实际上，在题刻铭记保存较好的龙门石窟，也大量分布着这类小型造像窟，其时代虽较晚，但洞窟位置、空间形式及像设布置与云冈石窟一脉相承，可提供一定程度的文献参考。通过铭记可知，这些洞窟，主要为佛教信众礼拜、祈福所造，也有死者的瘗窟，但均非为僧人兴立，并不具有禅修的功能①。因此，云冈石窟中与一般禅窟规模相当的小型洞窟仍为造像窟，由信众祈福、发愿兴造，与禅修关系不大。

而大型洞窟（均是造像窟），一般认为，这些洞窟主要供人瞻仰礼拜，不太可能在里面禅修。《续高僧传》载石窟"栉比相连，三十余里。东头僧寺，恒供千人"②，以"僧寺"所记位置和容纳的众多人数，人们一般与云冈最大的洞窟第3窟对应，并认为这是一座巨大的禅窟，千人同时修行。但第3窟原始设计不可能四壁素平，当时工程尚未完成，还是一施工场所，窟内外地面均保留有大量的取石痕迹，起伏不平，就更不可能提供禅修的基本空间。

由此可以看到，云冈石窟并不能满足僧人禅修及日常生活的需要，那么相关功能空间，只能在石窟之外找寻。在云冈山顶，至今共进行过三次考古发掘工作：

①1938、1940年日人发掘③。

图2.7　第11－16窟供养人像

① 刘景龙、李玉昆：《龙门石窟碑刻题记汇录》，北京，中国大百科全书出版社，1998年。

② 《续高僧传》卷一《昙曜传》，12页。

③ 《云冈发掘记（一）（二）》，分见于《云冈石窟》第七卷和第十五卷。后有中文翻译，见长广敏雄、水野清一著，曹臣明译：《云冈石窟发掘记（一）（二）》，《山西省考古学会论文集（二）》，太原，山西人民出版社，1994年。

②1993 年云冈山顶佛塔基址发掘①。

③2010～2011 年窟顶寺院遗址发掘②。

发现有下图 5 处寺院建筑遗址（图 2.8），分别位于西区 39～45 窟上方（图中Ⅰ区）、中区 6 窟上方（Ⅱ区）、龙王沟北侧（Ⅲ区）、东区 3 窟上方（Ⅳ区）以及东端窟群上方（Ⅴ区）。除龙王沟北侧遗址只见辽金遗存外，其他 4 处均以北魏建筑遗址为主体。

（1）Ⅰ区：西区 39～45 窟上方遗址

日人 1940 年曾进行了初步的发掘，出土有北魏瓦当、滴水等建筑构件③。2010 年，配合窟顶防渗水工程，在该区域进行了大规模发掘，发掘面积达 3600 平方米，发现北魏时期以塔为中心的塔院式寺院建筑遗迹：在发掘区南部有一方形塔基，“边长南北约 14 米，东西 14.3 米，现存高约 0.35～0.7 米。台基四周是 1.5 米厚的夯土，夯土外包有片石，南面正中有一斜坡踏道，踏道宽约 2.1 米，长约 5 米。台基表面已经严重破坏，仔细查看，表面不规则散布着 40 多个圆形或方形柱洞，柱洞直径约 25 厘米。台基东西两侧约 8 米处，各有一个大柱础，直径约 0.7 米”。在塔基东、北、西三面均发现廊房遗址，排列多间，最长的北廊房东西长 61.5 米，共 13 间房，均为前廊后室的布置④。

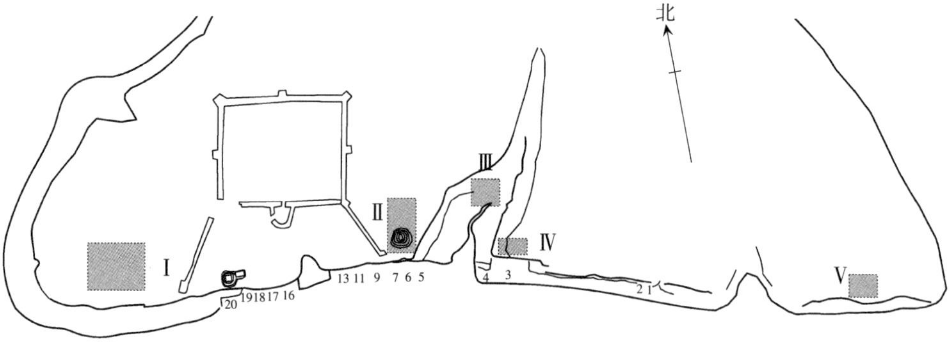

图 2.8　窟顶发掘区域示意图

① 刘建军：《云冈山顶佛塔基址发现及其相关问题》，《北魏平城研究文集》，太原，山西人民出版社，2008 年。

② 张庆捷：《山西大同云冈石窟窟顶北魏寺庙遗址》，《中国考古新发现年度记录 2010》，北京，中国文物报社，2011 年；张庆捷、李白军、江伟伟：《山西云冈石窟窟顶北魏寺院遗址》，《2010 中国重要考古发现》，北京，文物出版社，2011 年。

③ 长广敏雄、水野清一著，曹臣明译《云冈石窟发掘记（二）》，《山西省考古学会论文集（二）》。

④ 张庆捷：《云冈石窟窟顶北魏寺庙遗址考古发掘》，《中国文物报》2011 年 1 月 7 日。

（2）Ⅱ区：中区6窟上方遗址

2011年发掘，发掘面积近5000平方米。发现北魏塔基遗址及辽金铸造工场。北魏“塔基位于遗址最南部，平面呈正八角形，塔基和踏道用片石垒砌而成。塔基南北22.1、东西21.8米，高0.1～5.58米。在八边形塔基内，包着一个近方形的夯土塔心，据观察，中部方形夯土塔心应是北魏遗迹，外围以石块砌成的八角形状，当为辽金扩充补建，并改变了北魏方形塔身的形状。塔基西北角有东西向踏道一条。建造时间晚于八角形塔身”①。

（3）Ⅲ区：龙王沟北侧遗址

位于清代所建的龙王庙区域，1938年日人进行了小规模试掘，发现了辽代建筑构件，可能这里曾有一定规模的辽代寺院。

（4）Ⅳ区：东区3窟上方遗址

仅1940年日人进行过小规模试掘，发现北魏时期建筑遗址，有石筑建筑基础和石板铺就的地面，出土筒板瓦、滴水、瓦钉等建筑构件②。

（5）Ⅴ区：东端窟群上方遗址

1993年发掘，发现一处塔基遗址，距南面崖壁仅10米，可能只是寺院的一部分③，“由地基（基础）、基座、石塔底层建筑三部分构成。它的地质基础十分稳固可靠。塔基基座平面接近正方形，坐北朝南，东西长12.2米、南北宽12.1米。四周用砂岩石片包砌，石片间缝隙用褐色黏土填充，内部填以夯土。初步估计基座原来实际高度为2.2米。基座南面设东西向的东斜坡踏道和西斜坡踏道各一条，踏道宽约为1.45～1.5米……基座北面正中位置有一条通向北面斜坡的慢道……底层建筑由塔心实体、环塔心殿堂式回廊两部分组成”④。

另外，在20窟上部及1、2窟上部尚存凸起的台基遗迹，可能也对应寺院塔基遗址。

这些居于山顶的寺院，处于石窟所在山体的腹地，所处位置相对独立，可称为“山寺”。其与山下道路有一定距离，不容易受到过往行人、车马的影响，环境清幽，

---

① 张庆捷、江伟伟：《云冈石窟窟顶北魏至辽金佛教寺院遗址的新发现》，《中国文物报》2011年12月7日。

② 长广敏雄、水野清一著，曹臣明译：《云冈石窟发掘记（二）》，载于《山西省考古学会论文集（二）》。

③ 刘建军：《云冈山顶佛塔基址发现及其相关问题》，载于《北魏平城研究文集》。

④ 刘建军：《新中国云冈石窟的考古发现》，《中国文化遗产》2007年5期。

适合僧人居住和修行。部分发掘工作还揭露出寺院周边围合有一间间并排的僧房，说明了其满足僧人宗教生活的需要。据文献记载，昙曜主持开窟时，曾“住恒安石窟（即云冈石窟）通乐寺”①，有禅修、译经等活动，则通乐寺当位于山顶，在石窟初建之时或更早就已具有一定规模。

可以看出，云冈石窟与山顶寺院，选址环境、功能都不相同：石窟位于山底，直面大道，由于它是皇家开凿，并不单单服务于僧众，更多的是面向世人，彰显功德、宣传教化、礼拜祈福；而寺院位于山顶，远离大道，供僧众居住、禅修等日常活动。山下石窟与山顶寺院结合，才是一个完整的宗教场所。

（四）扩展与比较

在与其他区域、不同时期的石窟的比较中，能更明确地看到云冈石窟的特点。

1. 龙门石窟

继承云冈石窟开凿的龙门石窟，两者的营造环境非常相似，可相互说明。

北魏后期迁都于洛阳，处于周边山脉围合的盆地，盆地南 20 公里，南北向伊河从山脉中穿流而出，这一带地势犹如两阙对峙，因此得名于伊阙，龙门石窟即开凿于伊阙两侧（图 2.9）。

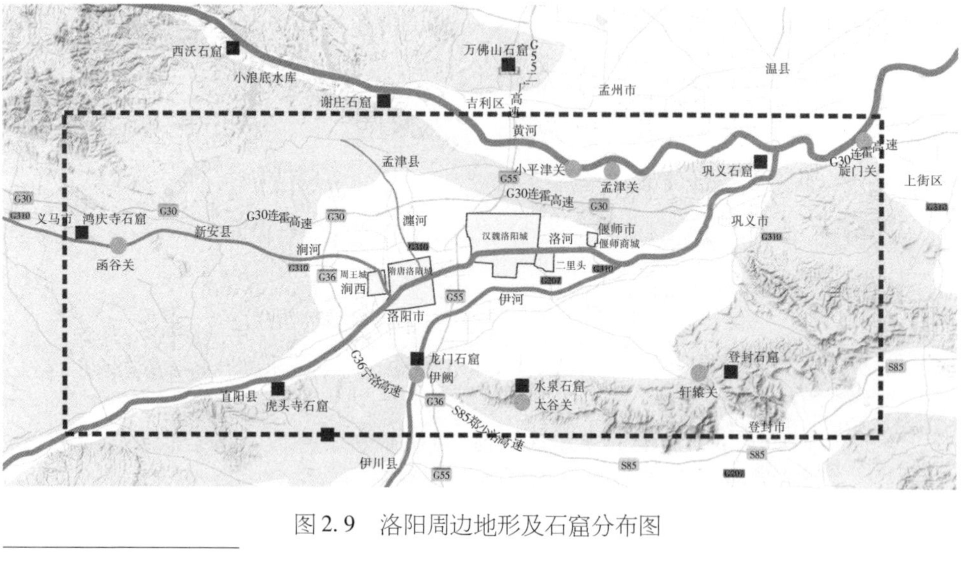

图 2.9　洛阳周边地形及石窟分布图

① 《续高僧传》卷一《昙曜传》，12 页。

郦道元《水经注》对伊阙关塞、道路的修建历史有明确记载：

伊水又北入伊阙，昔大禹疏以通水，两山相对，望之若阙，伊水历其间北流，故谓之伊阙矣，春秋之阙塞也。昭公二十六年，赵鞅使女宽守阙塞是也，陆机云：洛有四阙，斯其一焉。东岩西岭，并镌石开轩，高甍架峯，西侧灵岩下泉流东注，入于伊水。傅毅《反都赋》曰：因龙门以畅化，开伊阙以达聪也。阙左壁有石铭云：黄初四年六月二十四日辛巳，大出水，举高四丈五尺，齐此已下，盖记水之涨减也。右壁又有石铭云：元康五年，河南府君循大禹之轨，部督邮辛曜，新县令王琨，部监作掾董猗、李褒，斩岸开石，平通伊阙，石文尚存也①。

由此可知，龙门石窟所在的伊阙，是洛阳往南的门户，自古就是重要的关塞要冲，也是洛阳南出交通干道所经之地，汉代“斩岸开石，平通伊阙”，扩展了阙口道路，对岸边崖壁进行了一定程度的修整（图2.10）。至北魏于此开凿石窟，在这狭隘的V字形山口，利用了斩修道路所形成的崖壁，进一步斩山开窟，石窟及摩崖龛像均面向道路一线分布，往来行人皆能观赏、礼拜。

图2.10 龙门石窟前古道（东京大学藏1907年关野贞老照片）

北魏宣武帝时期，辅国

① 《水经注》卷十五《伊水》，377～378页。

将军、直阁将军仇池杨大眼出兵南伐，往返都经由伊阙大道，“南秽既澄，震旅归阙。军次□行，路径石窟。览先皇之明纵，睹盛□之丽迹。瞩目□霄，泫（然）泪感。遂为孝文皇帝造石像一区”①。唐代仍在这一地区开凿石窟，营造环境一直延续，开元五年魏收谦像龛铭载：“前临大道，行李之所往来，密迩名都，众生之所回向”②。

与云冈类似，北魏龙门石窟并无禅窟，这一现象，至唐也没有改变，可见选址环境对石窟功能设置有深远影响。石窟既然不为僧人禅修和日常生活服务，其山体腹地，也满布大量寺院（图2.11）。这些山寺，并不晚于石窟开凿，据《魏书·释老志》记载“初，文帝（力微之子沙漠汗）入宾于晋，从者务勿尘，姿神奇伟，登仙于伊阙之山寺。识者咸云魏祚之将大”③，沙漠汗入宾洛阳，时在曹魏景元二年（261年）至西晋咸宁元年（275年）间，则知“伊阙之山寺”之立，当在此之前④。

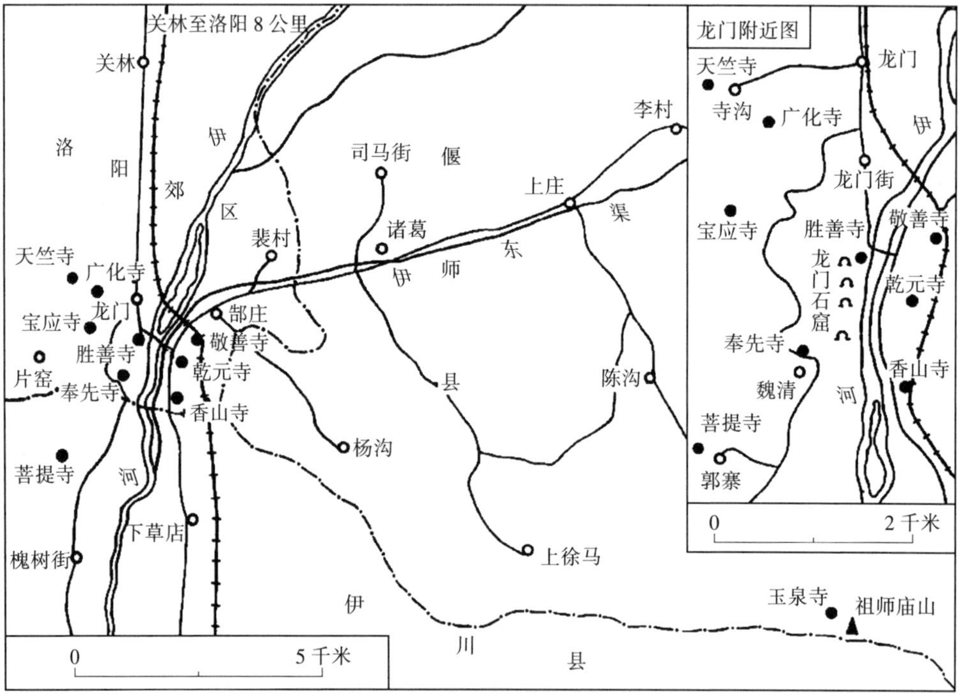

图2.11　龙门唐代十寺分布图（温玉成《唐代龙门十寺考察》）

---

① 刘景龙、李玉昆：《龙门石窟碑刻题记汇录》，北京，中国大百科全书出版社，1998年。

② 刘景龙、李玉昆：《龙门石窟碑刻题记汇录》。

③《魏书》卷一百一十四《释老志》，3049页。

④ 温玉成：《唐代龙门十寺考察》，《中国石窟·龙门石窟（二）》，北京，文物出版社，1992年。

2. 河西石窟

但如果把视野往西，考察北魏之前开凿的石窟，则可看到与云冈、龙门选址环境的明显区别。

例如河西地区，从敦煌莫高窟往东，文殊山、马蹄寺、天梯山、炳灵寺、须弥山、麦积山等石窟，都有在北魏之前十六国时期开凿的迹象。长期以来，由于对它们“在丝绸之路沿线”这一认识太过熟悉，我们反倒容易忽视这些石窟与道路交通的具体空间关系。实际上，河西一带的丝绸之路，为祁连山下河水灌溉的绿洲串联而成的走廊，大多数石窟都开凿于“走廊”南侧的深山之中，这些石窟虽都属于“走廊”的辐射范围，但与丝绸之路主干道有相当的距离（图2.12）。

如丝绸之路经过敦煌地区，当主要以敦煌故城为基点，呈东西走向，而莫高窟，却位于敦煌故城东南25公里的鸣沙山东麓。石窟开凿在大泉河谷上游沿岸，河水南北走向，北入敦煌，往南即为高山广漠，即使沿河有道路通向敦煌，也是由丝绸之路干道分离出的入莫高窟的单向支道，非重要的交通干道。石窟原始环境清幽寂静，

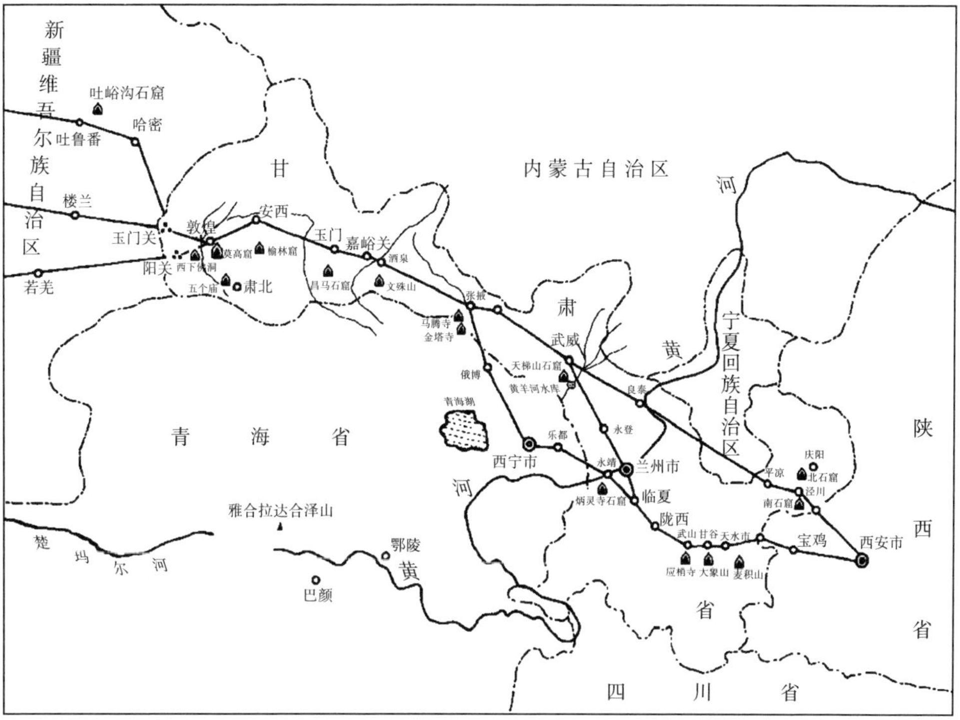

图2.12　丝绸之路及甘肃境内主要石窟分布示意图（引自敦煌研究院、甘肃省博物馆编著《武威天梯山石窟》，略有修改）

武周圣历元年（698 年）《李君莫高窟佛龛碑》记载其最初的营建：“厥初秦建元二年（366 年），有沙门乐僔，戒行清虚，执心恬静。尝杖锡林野，行至此山，忽见金光，状有千佛，遂架空凿岩，造窟一龛”①，可见是禅僧清修之地。即使到唐中后期，这里仍是澄净至所，唐代宗大历十一年（776 年）《大唐陇西李府君修功德碑记》载莫高窟环境“左豁平陆，目极远山；前流长河，波映重阁。风鸣道树，每韵苦空之声；露滴禅池，更澄清净之趣”②。

由此，可以看到石窟所在河谷清幽，与主要交通线路相距较远，河谷上游即被高山阻隔，入谷访窟的道路仅相当于主干道路的分支，并不具有连接主要城镇的功能。

在河西石窟内部，特别是最早开凿的洞窟中，多有禅僧经营的记载，很可能为修禅而设。如前述敦煌乐僔所造洞窟，即以清虚恬静为务。敦煌北区大量分布的僧房窟③，也说明了石窟的主体仍为僧人宗教生活服务。又如麦积山，最早为高僧玄高“杖策西秦，隐居麦积山。山学百余人，崇其义训，其禅道。时有长安沙门释昙弘、秦地高僧隐在此山。与高相会，以同业友善”④，则说明麦积山原始的环境封闭，为隐居之所，当地禅僧聚集，很有可能开窟以居禅。

3. 西域石窟

再看西域石窟，以分布较为密集的龟兹石窟为例，其选址与河西石窟大体类似。

龟兹石窟主要分布在天山南侧，塔里木河北侧。这里有一道道的山脉，形成了山脉间的谷地，在山脉的南麓，河水的冲积扇形成的绿洲，是主要城市的分布地带，它们东西串联起丝绸之路的中线。这里开凿的石窟，主要分布在丝绸之路北侧群山之中，与东西交通干道均有一定的距离。

但若细化考察，石窟在整体功能分区上也表现出不同于河西石窟、更不同于云冈石窟的特点，这方面，魏正中先生做过大量有意义的研究工作。

以克孜尔石窟为例，它开凿于木扎提河沿岸，沿河谷往上，可通往天山以北，

---

① 宿白：《〈武周圣历李君莫高窟佛龛碑〉合校》，载于《中国石窟寺研究》。

② 李永宁：《敦煌莫高窟碑文录及有关问题（一）》，《敦煌研究》1982 年 1 期。

③ 彭金章、王建军编：《敦煌莫高窟北区石窟（一）》，北京，文物出版社，2000 年。

④ 《高僧传》卷十一《玄高传》，409 ~ 410 页。

这条道路后称为“渭干道”，虽非丝绸之路的主要干道，但可能也是龟兹国往北的要道[①]。克孜尔石窟选址于木扎提河北岸山麓凹陷处，石窟所在山体与河道相距较远，之间为一片宽敞的U形半围合地带，在U形山凹正中，有一条沟谷，将石窟分为谷西和谷东区，沟谷以内为谷内区，它们与河道交通有一定距离，特别是谷内区，更是安静，因此，窟群的功能有所分化，其禅窟较深，所处地势较高，而大像窟多面向河道，这种半开放的特点，是龟兹石窟普遍存在的（图2.13、2.14）。

又如同位于木扎提河沿岸的库木吐喇石窟，其面向河道的石窟均为大像窟，而在山谷内部，安排有众多禅窟，以供僧人禅修。这种功能布局的分区，在龟兹石窟较为普遍，开放的洞窟以供行人礼拜、僧人供养，而禅窟、生活窟等较为封闭，处于沟谷深处（图2.15）。

魏正中先生在对龟兹石窟功能分区的基础上，对各区内部的洞窟组合也进行了探讨，他认为：“龟兹极少有孤立开凿的洞窟，绝大多数洞窟都从属于各自的组合”，

图2.13　克孜尔U形谷地（google卫片）

① 吴焯：《克孜尔石窟兴废与渭干河谷道交通》，巫鸿主编：《汉唐之间的宗教艺术与考古》，北京，文物出版社，2000年。

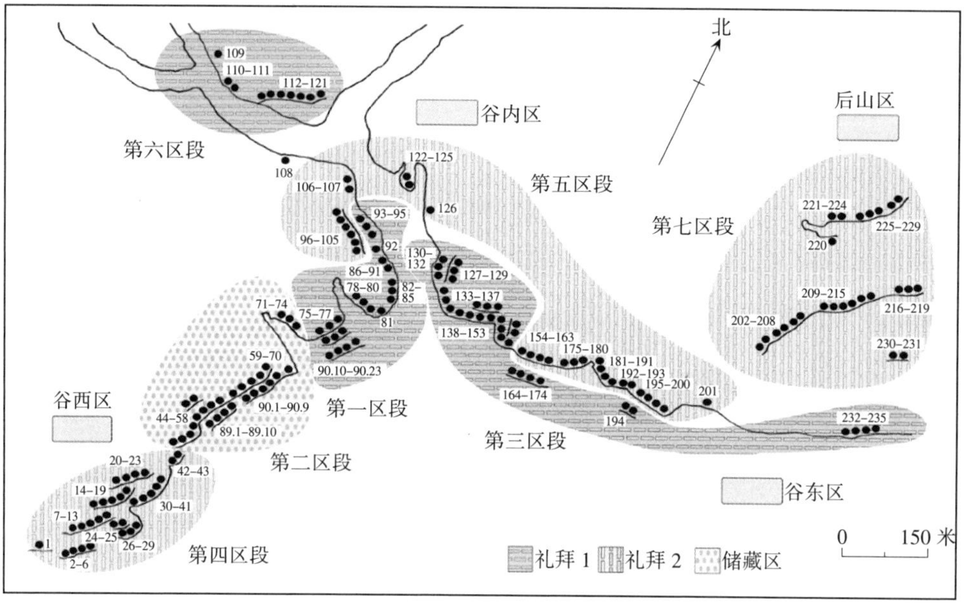

图 2. 14　克孜尔石窟分布区段（魏正中《区段与组合》）

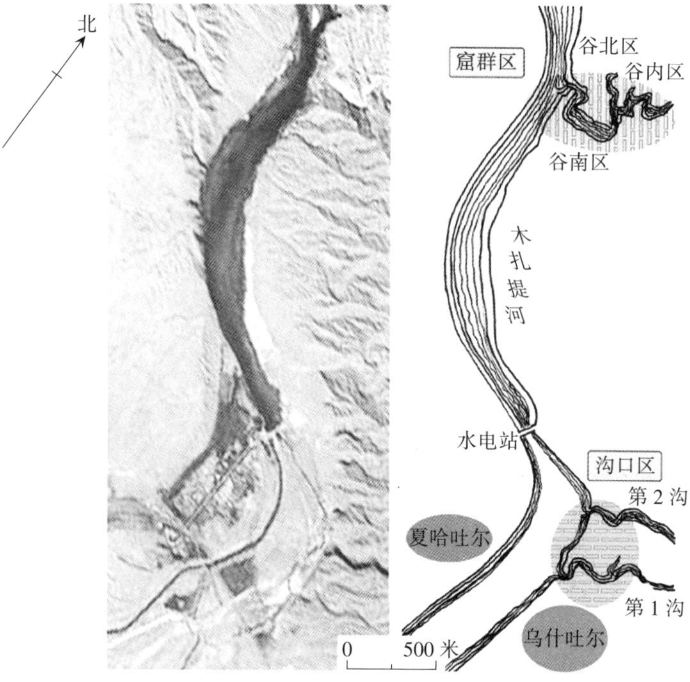

图 2. 15　库木吐喇遗址分布示意图（魏正中《区段与组合》）

而这种洞窟组合，与云冈同一类型的洞窟组合不同，“一般包括不同的洞窟类型，具有明确且不与其他组合相重迭的边界。洞窟组合是僧团开展日常生活的特定场所，是由居所和宗教活动场所构成的寺院。在一些晚期的情况中，一组洞窟组合中没有发现住所，暗示出可能存在与崖壁上开凿的石窟相关联的地面居住场所”①。可以看到，在龟兹石窟中，寺院由礼拜窟、僧房窟、禅窟等不同功能的石窟乃至地面建筑组合而成，洞窟在空间和功能上从属于寺院。

（五）小结

综上可见，以云冈为代表的北魏皇家石窟，直面主干大道，石窟开凿主要为礼拜祈福、宣传教化、彰显功德服务，功能相对单一，并不能满足僧人禅修和日常生活需求。而早期石窟主要为僧团服务，功能多样，在距道路较近的山体开凿礼拜窟，礼拜供养，宣传佛法，而在距道路较远的山体开凿禅窟、僧房窟、储藏窟等，供僧人日常生活，不同功能的石窟相互组合，形成石窟寺院。至北魏云冈、龙门石窟，禅窟、僧房窟、储藏窟原来承载的功能均由地面寺院取代，山下石窟、山顶寺院并置，形成了整体空间与布局的分化。以上变化，概括起来有以下三点：

一是洞窟选址趋于外向，紧邻交通干道。

二是洞窟功能趋于单一，以礼拜窟为主。

三是石窟与地面寺院的功能趋于分化，由从属关系转变为并列关系。

这三点相辅相成，都源于云冈石窟营造背景和目的的转变，这种选址及功能布局，开大型皇家石窟的先河，并对北魏之后的大型石窟开凿产生了深远影响。

① 魏正中：《区段与组合》，30 页。

三　中观——云冈石窟外部崖面

（一）问题与研究方法

本章视角集中在石窟工程所在的山体，主要讨论现状所见的石窟外部崖面如何形成，以及石窟工程之前山体的原始面貌。

一般而言，石窟崖面或利用自然直壁，或人为斩山开凿。前者如敦煌、麦积山等石窟，多选择在陡峭的崖壁上开凿，石窟崖面现状与山体原始面貌差别不大；后者如龙门宾阳三洞，大规模地改造了原始自然山体（图 3.1、3.2），《魏书·释老志》里对其斩山工程就有详细记载：

> 景明初，世宗诏大长秋卿白整，准代京灵岩寺石窟，于洛南伊阙山，为高祖、文昭皇太后，营石窟二所。初建之始，窟顶去地三百一十尺。至正始二年中，始出斩山二十三丈。至大长秋卿王质，谓斩山太高，费功难就，奏求下移就平，去地一百尺，南北一百四十尺。永平中，中尹刘腾奏为世宗复造石窟一，凡为三所，从景明元年至正光四年六月以前，用功八十万二千三百六十六[①]。

宾阳三洞的斩山工程规模巨大，耗时数年，甚至因为用功太大，而被迫更改了设计，减小了斩山规模。与现宾阳三洞实例对照，斩山工程在坡状山体上斩切出直

---

① 《魏书》卷一百一十四《释老志》，3043 页。

图 3.1　龙门宾阳三洞现状

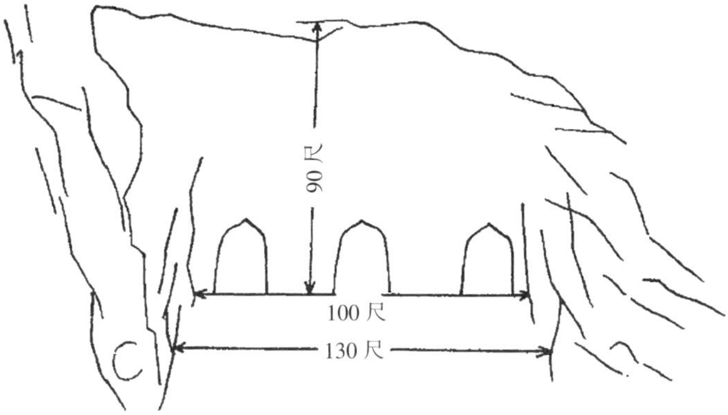

图 3.2　龙门宾阳三洞斩山示意图（刘汝醴《关于龙门三窟》）

壁以供石窟开凿，伴随工程的进行，窟前营造出一个簸箕形的半围合空间，两侧可称为斩山侧壁，底缘为斩山平台。

这种斩山壁面遗迹，在云冈石窟是普遍存在的（图 3.3），其中绝大多数虽不完整，但也存在明确的斩山侧壁，标志出斩山工程的范围，从斩山侧壁外山体的走向，也可推知山体在石窟开凿范围不可能全是自然断崖。

那么，云冈石窟窟面是否都是斩山形成？有没有利用自然崖面的情况？这关系到石窟所在山体的原始环境，也影响到石窟斩山工程的工量计算。通过长期现场工作，我们逐渐意识到云冈石窟窟面形成的复杂性，并总结出以下两种方法来判断石窟窟面是人工斩山形成还是利用自然崖面。

图3.3　云冈石窟斩山示意图

（1）崖面范围与洞窟规模是否匹配

人工斩山是一大型工程，特别是大型洞窟的斩山，往往要耗时数年。因此，所斩的崖面范围是配合洞窟开凿的，不可能斩出很大的崖面而不充分利用，崖面范围与洞窟规模应相互匹配。一次人工斩山的范围不可能延伸太广，应有适当的斩山范围，存在明确的侧壁，卡定崖面及洞窟的规模，同时斩山侧壁上缘轮廓也说明了原始山体的走向。如果洞窟崖面范围与其上开凿的洞窟规模不匹配，且没有明确的斩山侧壁，则说明洞窟当利用自然崖面开凿。

（2）地貌学方法

云冈石窟所在山体的原始面貌，虽经石窟开凿而改变，但同一流域内与石窟相邻的区域未经人类大型工程改造的山体的地貌特征，仍一定程度反映了山体的原始情况。河谷两侧山体由于河水下蚀作用，易形成阶地地貌，阶地后缘的自然断崖很可能为石窟开凿提供条件，从宏观的视野对整个流域阶地地貌的调查有助于拟合武州山这段山体原始的地貌特征。

以上研究方法，分别基于人为工程的限制性和自然地貌的延续性这两个基本前提，从不同侧面综合分析同一问题，可相互补充。在此基础上，本章所讨论的问题均指向石窟开凿前的原始山体环境。

（二）石窟外部崖面现状及开凿过程分析

从十里河对岸远眺云冈石窟（图 3.4），可看到各洞窟栉比相连，布置在山体西、中、东三区连续的崖面上。由于崖面往往视为石窟的“布景”，一般容易注意到一线连续分布的洞窟，却可能忽略了各石窟崖面也同样具有连续的整体性。而这一特点，是本书考察云冈石窟崖面营造的主要切入点。

1. 西区

西区石窟，昙曜五窟多作为一个组群独立出来考察，但从石窟崖面观察，整个西区崖面的上部是一个整体，其西起山体最西端，经西端窟群、昙曜五窟，一直延续到 14 窟以东，并向西、中两区之间的沟谷延伸（图 3.5）。

而崖面的下部，以 20 窟西侧为界，分为东西两段，东段底缘与窟前路面基本齐平，而西段底缘较东段高出 7 ~ 8 米，且越往西越高。在 20 窟西侧有明显的向上行的陡坡，作为东西段间隔的标志（图 3.6）。

西段崖面，其上开凿的窟群，即现编号 21 窟至 45 窟的中小型洞窟，现统称为西

图 3.4　云冈石窟立面照片（［日］《云冈石窟》第一卷）

图3.5　西区窟群（［日］《云冈石窟》第十一卷）

图3.6　西区崖面（［日］《云冈石窟》第一卷）

端窟群（图3.7）。这一段崖面是自然断崖还是人工斩山形成的呢？这可从三方面分析：①西段崖面上开凿的洞窟规模有限，分布散乱，开凿的时间延续较长，没有统一规划，其开窟的崖面也就不可能统一开斩；②这些洞窟开凿明窗、窟门的位置很低，对崖面的利用率非常有限。如果细化分析各窟的开凿时间，可以看到首先利用

图 3.7　西端窟群（［日］《云冈石窟》第十五卷）

的是下部崖面，而上部崖面往往是后期补凿的小窟①，布局杂乱，有大量的未完成窟，若是人工斩山所为，不可能斩出大幅壁面不用而只在最下缘开窟，还专门为后期洞窟预留上部壁面；③窟群的西端，洞窟分布越来越稀疏，第 45 窟之后，渐少有洞窟分布，但崖面却仍向西延续。

可以看到，若崖面是人工斩山所为，则其斩山的规模远大于开窟的规模，两者并不匹配，因此这一段崖面当非人工斩山形成，而是自然的断崖，人们开窟时只是有所修整。该段洞窟窟前地面起伏不平，崖面也极不平整，也正反映了利用自然崖面开凿洞窟的情况。这些现象，都说明了西段崖面在这些小窟开凿之前就已经存在。

而西段崖面与东段崖面的上部是一东西贯通的整体，如果西段为自然断崖，不可能在两段交接的 20 窟位置就截然而止，当向东自然延续。西段崖面从西至东，断崖的高度有逐渐增高的趋势，在这一线之下，为西区岩层中最大的一层紫红色泥岩层，一直向东延续（图 3.8）。

这层泥岩质地松软，容易形成岩层空洞，造成上部岩体坍塌，在西段崖面的老照片中（图 3.9），可以看到崖面沿这一岩层明显内陷，形成上部临空的崖壁，也造成了其上洞窟的大范围坍塌，可见泥岩层的分布加剧了断崖的发展。那么由西段崖面向东，自然断崖将顺泥岩层蔓延。在西区山体东端，即 14 窟东侧中西两区之间的沟谷一带，山体上方还有断崖残迹，这一部分断崖残迹的底缘与 20 窟以西断崖底缘基本齐平，若将两者联系起来考虑，可推知当时断崖当贯穿整个西区上部，位于昙曜五窟明窗一线。

---

① 张雯：《云冈与龙门——中原北方北魏中心石窟之关系》，北京大学博士研究生学位论文，2013 年。

图 3.8　第 20 窟附近泥岩层分布（［日］《云冈石窟》第十四卷）

图 3.9　泥岩层分布及造成的坍塌（山本写真馆《震旦旧迹图汇·云冈石窟》）

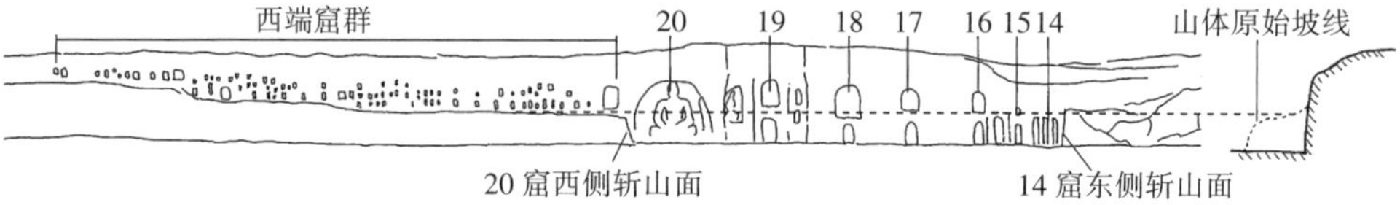

图 3.10　云冈石窟西区山体立面、剖面示意图

东段（14 ~ 20 窟）崖面的下部，底缘与窟前道路齐平，在 20 窟西侧与 14 窟东侧有明确的斩山侧壁，其中 14 窟东侧斩山侧壁的轮廓还反映了原始山体走向，这都说明这一部分崖面当是在坡状山体中人工斩出（图 3.10）。

在 16 窟东侧，16 – 1 窟向前凸出，这说明其西 16 至 20 昙曜五窟的斩山工程当止于此，而 16 窟以东至 14 窟，则是二次斩山所为。其中 16 – 1 窟所在崖面突出，上部崖面却退后，与两侧洞窟崖面齐平（图 3.11）。该窟只利用了下部突出崖面，完全没有必要修斩上部崖面，则说明现在后退的上部崖面并非人工所为，这也说明了上部一线崖面为自然断崖的推测。

综上，本书认为，西区山体上部原有一线断崖，其底缘大约位于山体紫红色泥岩层一线，也正是由于这一泥岩层分布，造成了断崖的发展，使得断崖更为高峻，较后文所述的中、东区上部断崖有明显的高度优势。昙曜五窟最初选择于此，当是借用了这一自然条件，对断崖进行修整，于其上开凿明窗向内开窟，而断崖下部山体凸出，则通过人工斩山，继续向下开凿出壁直崖面。再反观文献中的记载：

图 3. 11　西区东端斩山现状

昙曜白帝，于京城西武州塞，凿山石壁，开窟五所，镌建佛像各一。高者七十尺，次六十尺，雕饰奇伟，冠于一世①。

去恒安西北三十里，武周山谷北面石崖，就而镌之，建立佛寺，名曰灵岩②。

其所谓“石壁”、“石崖”，可能指的是石窟开凿前的天然断崖，而“就而镌之”即是利用自然条件，依就其形势而镌凿石窟。利用自然断崖不仅省去了大量斩山工程，同时也能够观察到山体内部的岩体构造，这对最初的石窟工程至关重要。

用同样的方法来看石窟中区、东区的崖面，也有类似的现象，可相互对照补充。

① 《魏书》卷一百一十四《释老志》，3037 页。

② 《续高僧传》卷一《昙曜传》，12 页。

2. 中区

中区崖面也需要把中区各洞窟崖面做整体考察。

其上部崖面，从中区西端13－4窟向东，延续到5窟上方并往北折向龙王沟西侧发展，一直延伸到现龙王庙后方（图3.12）。13－4窟西侧尚存7～8米高自然断崖残迹，并延续到中西两区之间的沟谷中，崖面下平台的水平高度与东端龙王沟西侧崖面下缘平台齐平（图3.13）。

而龙王沟西侧这一段崖面（图3.14），它与西端窟群崖面类似，也有以下三方面现象：①崖面上洞窟规模有限，分布散乱，没有统一规划；②各洞窟对崖面的利用率非常低；③崖面很多部分没有洞窟分布，且越往北渐少有洞窟分布，但崖面却仍向北延续①。

这段崖面规模之大，与其上开凿的洞窟完全不匹配，因此，这一线不可能是人工斩山所为，也当是在自然断崖基础上进行人工修整而成。其南端向西折至5、6窟

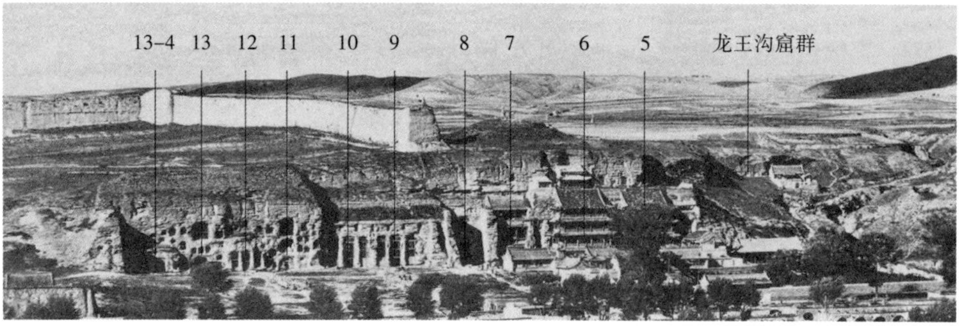

图3.12　中区崖面（［日］《云冈石窟》第一卷）

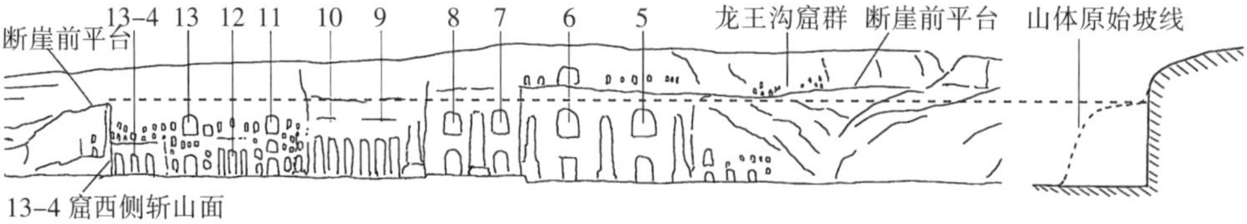

图3.13　云冈中区山体立面、剖面示意图

① 龙王沟崖面南段，洞窟窟门均接近窟前地面，而北段小窟均高出地面2米左右，由南往北洞窟越来越高，这是原来窟前地面逐渐走高造成的开窟分布。后来平整窟前地面，将北段原始自然面下探了2米，形成了现地面，在壁面上，这一层空间开凿对应着明显的凿痕，而其上壁面均不见。

图3.14　龙王沟窟群崖面全景

上方，并继续向西延伸①，这一段崖面上也开凿有洞窟，但规模较小，分布也很散乱，与崖面范围并不匹配，可知中区山体上部的崖面当与龙王沟西侧的自然断崖相接，再联系到13－4窟西侧山体上方的断崖分布，则这一线断崖可能一直贯穿至中区西端，并延续到中、西区之间的沟谷中。

而下部崖面，从13－4窟一直往东都有分布，在13－4窟西侧有明显的斩山侧壁，反映了原始山体走向，说明这一部分崖面当是在坡状山体中人工斩出。

因此，可以认为，云冈中区山体上部至山顶，有一线自然断崖，高约7～8米，小于西区断崖高度。这一线断崖并不是东西平齐的，从中区西端向东，其随山形有一定的曲折，在11窟与10窟交接位置略向北折，在5窟东侧转入龙王沟内。中区大型洞窟的开凿也利用了这一线自然断崖，以其底缘为工作面向下斩山，由于东端断崖北折了一定距离，为保证窟面齐平，东段5～10窟均保留了上部断崖前的一部分山体，形成了断崖前的平台，后期小窟群即利用这一平台修整后壁的自然断崖开凿。

3. 东区

东区崖面主要集中在第3窟附近，需把3窟崖面与处于其西侧的龙王沟崖面作为一个整体考察（图3.15）。

① 7、8窟上方也有平台，只是后期坍塌，参考第四章。

图 3. 15 东区崖面图（［日］《云冈石窟》第一卷）

这一区域崖面可分为上下两部分：其下部为明显的斩山崖面，仅限于 3 窟开窟的范围，有明确的东西斩山侧壁；而其上部，崖面范围较大，东端延伸至 3 窟范围以外，过渡到缓坡山体，西端崖面向北折向龙王沟内，并延伸到现龙王庙后方。其折入龙王沟的崖面之上没有开窟，但范围巨大，不可能是人工斩山所为，反映了原始自然断崖的情况（图 3. 16、3. 17），其与 3 窟上部崖面相接，说明 3 窟上部原亦当分布一段自然断崖。

3 窟再往东，山体上部仍有间断的自然断崖分布，一直延续到武州山山体的东端，现在于 1、2 窟东西两侧都能看到这些断崖的痕迹（图 3. 18、3. 19）。

综上所述，云冈石窟所在的武州山南麓，上部原有一线断崖，主要分布在西区和中区，尤以西区断崖最高，而东区则只有间断分布的较矮断崖，在山体未开凿石窟的区段，如龙王沟两侧及东区山体上，还保留着自然断崖的痕迹。云冈大型石窟开凿时，利用了这一线断崖：其在西区，对断崖壁面进行了修整，开凿明窗向内开窟；其在中、东区，断崖较矮，以断崖前的山坡平台为起点向下斩山开窟（图 3. 20）。

以上，是通过石窟自身崖面的特征做出的分析，可看出原始山体并非呈平缓连续的斜坡向河谷延伸，而是分段分阶下探，这反映了河谷阶地的地貌特征，则不应只限于武州山一个区域，而需在武州川流域进行全面考察。

（三）石窟所在流域地貌

在发育成熟的河流，其谷底较宽，两侧山体由于河流的下蚀作用形成阶梯状地

图 3.16 龙王沟东侧崖面 1

图 3.17 龙王沟东侧崖面 2

图 3.18 3 窟东侧断崖

图 3.19 1、2 窟东侧断崖

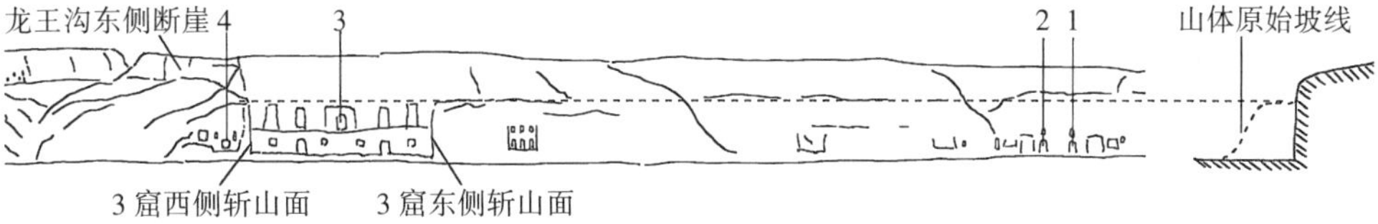

图 3.20 云冈东区山体立面、剖面示意图

形，称为河流阶地。阶地由一个平坦的表面和一个向河床方向急倾斜的陡坎组成，前者称为阶地面，后者称为阶地斜坡，阶地面高出河床数米到数十米，可对称地见于河谷两侧，也常单侧发育①（图 3.21）。阶地面上常见河流沉积物，地势平坦又高出河床，洪水时不容易被淹没，因此历来都是沿河居住点和交通线所在。

---

① 夏邦栋：《普通地质学》（第二版），北京，地质出版社，1995 年。

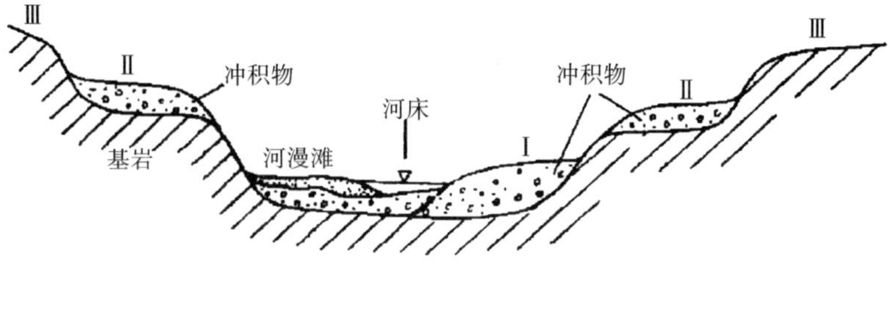

Ⅰ——一级阶地,为堆积阶地　Ⅰ—二级阶地,为基座阶地　Ⅰ—三级阶地,为侵蚀阶地

图 3.21　河流阶地类型示意图（夏邦栋《普通地质学》第二版）

云冈石窟所在的武州川（十里河）流域即是如此，河谷发育成熟，两岸阶地地貌明显。这在中华人民共和国成立后大同地理调查中就有概述：

> 本区（指大同）主要河流有御河、十里河、桑干河流水塑造成宽阔而浅的河床，同时周围山地侵蚀物随流水大量宣泄，使它们都具有侵蚀和堆积的特征……在山地间，河谷弯曲，河床狭窄，两岸皆有阶地，但河岸高陡，为以侵蚀为主的下切 U 字形河谷地形，如十里河上游……河谷谷坡都有两级阶地各高为 3～5 米和 10 米，并出现了一些超河漫滩，证明本区迄今仍在上升，河水将继续下切，同时山地侵蚀作用仍要加剧①。

1. 云冈石窟已有地貌调查

在 20 世纪 70 年代配合云冈石窟保护修缮的地貌地质调查中，调查人员对地貌类型有所分析，当时的调查区域主要集中在石窟，虽不能完全说明流域山体地貌特征，但也有一定的借鉴意义：

> 本区地貌类型较简单，按其成因类型，可分为云冈石窟顶部高台地构造剥蚀低山丘陵和十里河河谷侵蚀堆积阶地两大地貌单元，其中后者按成因又可分为河流冲洪积层和近代河流冲洪积层及残坡积层。冲洪积层主要分布在云冈石窟北部古河道的高台地上，属古河道边缘冲洪积层和古河床相的冲洪积层。近

① 北京师范大学地理系二年级大同实习队自然地理小组：《大同附近自然地理》，《北京师范大学学报（自然科学版）》1958 年 2 期。

代河流冲积和坡积层主要分布在云冈石窟以南十里河以北的一级阶地上，或石窟东西部之间的沟谷中和高台地缓坡上的近代坡积混杂物①。

这里所谓一级阶地，即窟前道路所处的平台，这条道路东西延展，现代的国道②也以此为基础建设。近现代道路拓展，开山炸石对地貌改动较大，现在已不易看出原始一级阶地的特征。

2. 流域石器时代考古所做地貌调查

云冈石窟之外，流域地貌虽相对改造较小，但由于现代道路开辟及工厂、村镇③等人为工程，地貌特征已不太明显，需要参考早年地貌调查。这方面工作，集中在流域范围内石器时代考古工作，相关考古调查较早，且由于石器时代考古与地质学联系紧密，较为关注遗址所在地貌特征，因此留下了一些重要参考资料。

这些考古遗址分布在十里河两岸（图 3. 22），其中，最早（1975 年）发现的是旧石器中期的青磁窑遗址④，它位于云冈石窟以东 5 千米，在相隔 200 米的三家村（40°06′18″N，113°10′32″E）和瓦渣沟（40°06′18″N，113°10′40″E）两处地点都有发现⑤，可视

图 3. 22　武州川流域石器时代考古遗址分布（以 google 卫片为底图绘制）

① 黄继忠：《云冈石窟地质特征研究》，《东南文化》2003 年 5 期。

② 109 国道，1998 年为保护石窟，封闭了窟前道路，改道绕云冈后山通行。

③ 这一带是大同重要的煤田，沿河谷修建有众多的大型采煤工厂及依附于工厂的工人村镇。

④ 李超荣、解廷琦、唐云俊：《大同青磁窑旧石器遗址的发掘》，《人类学学报》1983 年第 2 卷 3 期。

⑤ 瓦渣沟遗址后来有新的发现，见刘景芝：《山西大同青磁窑旧石器遗址的新发现》，《考古》1990 年 9 期。

为同一遗址，当时的调查报告对遗址所在地貌特征记录如下：

遗址附近出露的基岩主要是侏罗系浅灰色和紫色砂岩。砂岩遭风化侵蚀后形成缓坡状丘陵。它们有的裸露，有的被黄土和河流沉积物覆盖。沿河两岸可以清楚地见到三级阶地和比较窄的河漫滩。第一级阶地高出河面5～7米，分布较广，矿区宿舍公路和一些居民点都建在上面。阶地的时代为全新世。第二级阶地为基座阶地，高出河面大约20～30米。三家村位于此级阶地的前缘，旧石器遗址在阶地的后缘。第三级阶地高出河面50～60米（图3.23）。

其后在十里河出山口发现了旧石器晚期的小站遗址（40°06′15″N，113°12′50″E）①，其所在地貌特征与青磁窑类似，其记录如下：

遗址附近出露的基岩主要是太古界片麻岩，夹有伟晶花岗岩脉和辉绿岩岩脉。片麻岩遭风化侵蚀后形成缓坡状丘陵。它们有的裸露，有的被黄土和河流相与河湖相沉积物覆盖。沿十里河两岸可清楚见到三级阶地和比较宽的河漫滩。第一级阶地，高出河面5～10米，分布广，时代为全新世。第二级阶地为基座阶地，侵蚀严重，保留不多，高出河面约25～35米。阶地时代为中更新世末至晚更新世。第三

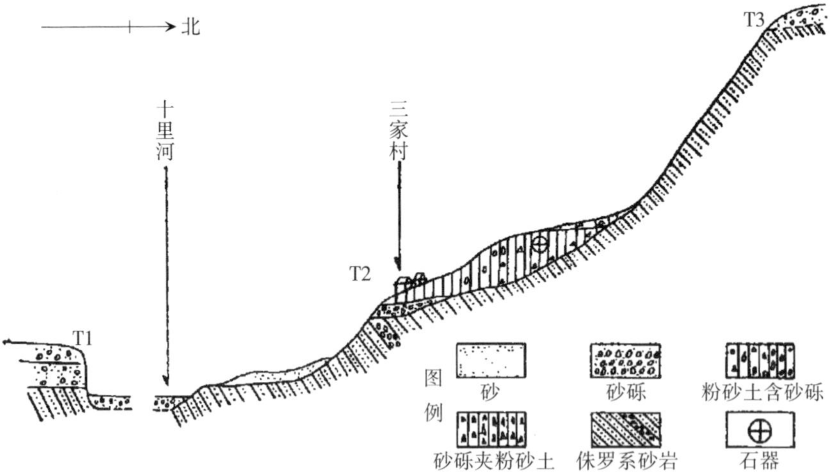

图3.23　青磁窑遗址剖面示意图（李超荣等《大同青磁窟旧石器遗址的发掘》）

① 李超荣、解廷琦、胡平：《大同市小站的旧石器》，《人类学学报》1986年第5卷4期。

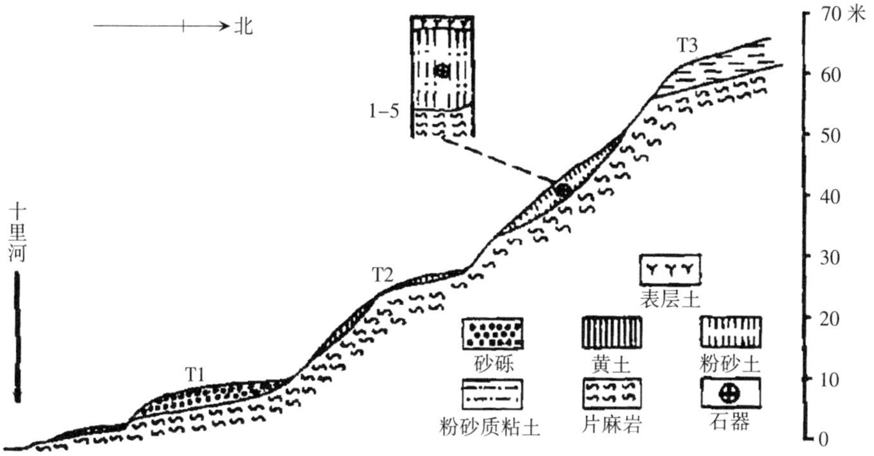

图3.24　小站遗址剖面示意图（李超荣《大同市小站的旧石器》）

级阶地主要是河湖相的沉积物，厚度较大，高出河面70米左右。阶地时代为中更新世。旧石器出于第二级阶地后缘和第三级阶地前缘的坡积物地层中（图3.24）。

这两处遗址，均在十里河出山口附近，这一带山势隆起，存在三级阶地，而河谷内部，山势渐低，只存在二级阶地分布，各级阶地相对于河床的高度沿河谷一线贯通。

除旧石器时代遗址外，流域内还有多处新石器时代遗址，如云冈石窟对岸的南梁遗址，以及石窟上游约20公里的高山遗址①，它们均位于十里河南岸的阶地上，距河床高度在10～15米。

3. 武州山周边地貌调查

（1）石窟两侧山体

在云冈石窟所在的武州山两侧没有开窟工程的部分，地貌改变较小，对其进行的调查也有益于说明云冈石窟的原始地貌特征。

云冈石窟东端1、2窟两侧的大部分山体都没有开窟工程，而这一区域的山体上方均有明显阶地现象，阶地后缘残存一线断崖，尤以1、2窟东侧上方为甚，崖面高7～10米，东西延续约百米。

---

① 李星学：《大同发现史前细石器》，《科学通报》1950年8期。

而云冈石窟的西端，为武州山的西南角，这一区域至山体西侧上方现仍有一线明显的自然断崖，在山体下部还有原始道路后缘的断崖分布（图3.25）。

（2）石窟对面山体

正对石窟的山体近代兴建矿厂、村镇、铁路，改造较大，在日本学者窟顶发掘所拍摄的老照片中，尚能窥见对岸山体的原貌（图3.26），其河水侵蚀山脚，形成一线断崖，说明河水仍在下切，山地侵蚀作用仍在促进阶地地貌发育。

综上可见，十里河河谷发育成熟，形成两岸阶地地貌，且随河水不断持续的侵蚀作用，阶地地貌仍在发展。

（四）云冈周边小窟群崖面

除云冈石窟外，十里河沿岸尚存其他几个小窟群，它们与云冈石窟的相对位置如图3.27。

图3.25 武州山西侧崖面

图3.26 日本学者照片背景中所反映的对岸山体地貌（［日］《云冈石窟》第十五卷）

图 3.27　十里河流域内其他窟群分布（以 google 卫片为底图绘制）

通过前面的分析，已大体了解十里河流域山谷的原始地貌，以这样的视角，重新考察云冈石窟附近的小石窟群的选址，可看到这些小型石窟群多利用自然崖面修整开凿，少有大型的人工斩山行为，因此，它们所在崖面的情况，也一定程度地反映了云冈附近山体的原始环境，可进一步补正前文观点。

1. 东端窟群

该窟群位于 1、2 窟东约 300 米，处于武州山体的东端，以其所属山体，当也归入云冈石窟的范围，但由于该窟群现已不存，而历史上又只留有水野清一、长广敏雄调查时的一幅照片（图 3.28、3.29），因此，它并没有引起人们的注意，现在云冈石窟的东界仍定在 1、2 窟。

参照日本学者的照片（从河床向北拍摄）及其文字说明，可知窟群“似乎有 4 个洞窟，但窟门已经被淤土封闭。洞窟的规模差不多与 4－1 窟相当，但它们没有什么值得描述的迹象。石窟外壁严重风化，只剩下力士的微痕。它们与 5 窟崖面上的小窟和 35 窟非常相似，可能处于同一时代”①。这组窟群“之前可以看到一条旧道”②，为原始道路所在，被 109 国道借用，也正是因为修建国道，拓展路基，1951 年将临路的该窟群炸毁③，现在该区域为景区雕凿摩崖题刻的地点。

① ［日］《云冈石窟》第一卷。

② ［日］《云冈石窟》第一卷。

③ 据云冈石窟研究院王恒先生告知，他当时遍访周边居民才了解到这个情况，这是中华人民共和国成立后对云冈石窟最大的一次破坏，日本学者所拍照片是现在所知该窟群唯一的一张旧照。

图 3.28　东端窟群旧照（［日］《云冈石窟》第一卷）

图 3.29　东端窟群现状

从现状来看，这里为武州山端头，山势较低，山顶距河床高度只有 20 余米，窟群距河床高度约在 6 ~8 米，处于一级阶地后缘，窟前道路可一直通向 1、2 窟[①]。石窟利用阶段后缘自然崖壁雕凿，正临道路，其历史景观当与 1、2 窟相似，只是各洞窟的规模较小。

2. **鲁班窑石窟**

鲁班窑石窟又称作西湾石窟，位于武州山西侧河水对岸，处于河水拐弯山体前突的位置。这一带山体因河水侵蚀下切形成明显的阶地地貌（图 3.30），其一级阶地高出河床 9 ~ 11 米，二级阶地高出河床 18 ~ 20 米。石窟开凿于二级阶地后缘，现有三座中型洞窟，东向与云冈石窟隔河相望。图中洞窟所在崖面左侧，还有较长的自

图 3.30　鲁班窑石窟所处山体环境

① 现景区道路在阶地古道前缘下方，打破河岸坡地重新开凿。

然断崖，也一定程度说明了石窟开凿前二级阶地后缘断崖分布的原始情况。

3. 吴官屯石窟

吴官屯石窟在云冈石窟上游4千米河水北岸崖壁上，东西连续百余米，多为北魏晚期的小型窟龛①。其选址所在，为河岸一级阶地后缘，高出河床7~9米，窟前即为道路，石窟现状仍紧邻现代公路。其崖面总高5~7米，而窟龛开凿只利用了近路面高约2米的崖面，由于窟龛开凿需首先将崖面修整平整，因此开凿窟龛的一带向崖面内削入一定距离，形成了上方凸出下方陷入的崖面现状（图3.31）。各窟龛随山岩布置，表面均不齐平，分布也很凌乱。

4. 焦山石窟

焦山石窟位于云冈石窟上游十五公里，现存十一个洞窟，为现在所知武州川流域石窟分布的西端，被认为是道宣所记“栉比相连三十余里”所指的范围②。

该石窟距以上三窟群及云冈石窟都较远，选址也较为特别，位于武州山北岸的孤山上，这一带山势较高，石窟利用山腰和山顶的自然崖壁开凿，分层布置，洞窟的规模均不大，高出河床30米之上，还有僧房窟和禅窟③，这些都不见于流域内的其他石窟，说明了焦山石窟的特殊性。

图3.31　吴官屯石窟旧照与现状（左图引自［日］《云冈石窟》第十五卷）

① 丁明夷、李治国：《焦山、吴官屯调查记》，《中国石窟·云冈石窟（一）》，北京，文物出版社，1991年。

② 《续高僧传》卷一《昙曜传》，12页。

③ 丁明夷、李治国：《焦山、吴官屯调查记》，载于《中国石窟·云冈石窟（一）》。

（五）小结

武州川流域为河谷阶地地貌，谷内山体普遍有两级阶地，其一级阶地高出河床5～10米，二级阶地高出河床20～25米（图3.32，另见彩版二）。

一级阶地很早就被人利用开辟了沿河道路，沟通大同盆地及河套平原，是重要的交通要道，并一直延续至今。

二级阶地在武州山南麓由于河水侵蚀和岩层条件影响，形成了自然断崖，特别在武州山西区最为显著，云冈石窟的始凿就利用了这一自然条件，修整断崖再向内开凿石窟；大型洞窟的开凿才有大规模的斩山工程，上下贯穿两级阶地，前与河谷道路齐平（图3.33），对山体改造较大；而中小型洞窟多借用阶地后缘自然断崖修整开凿，对山体改造较小。

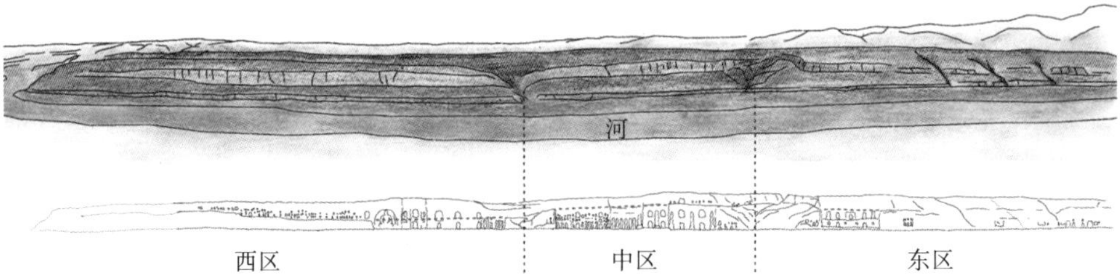

图3.32　武州山原貌复原示意图

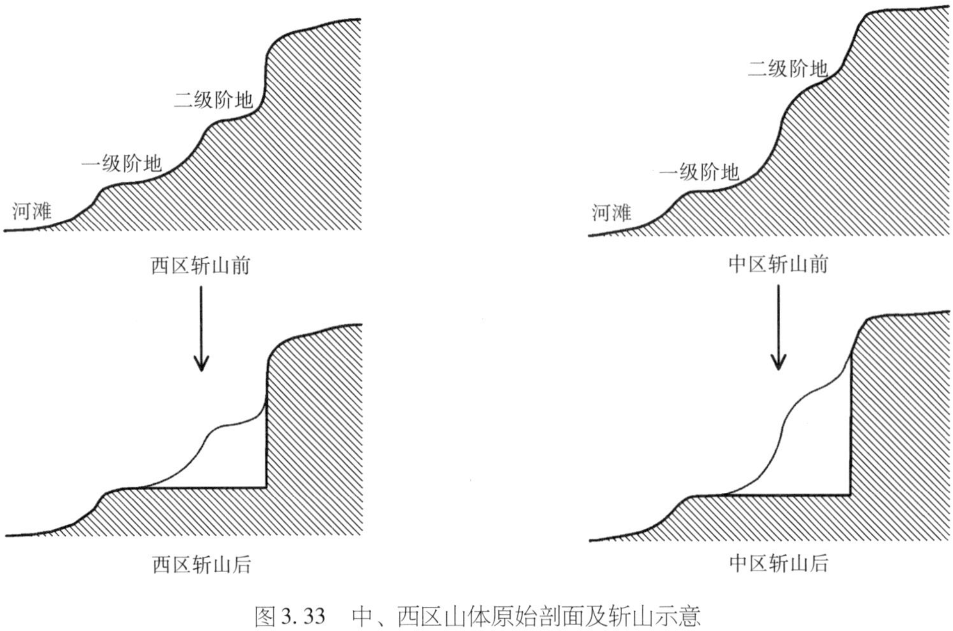

图3.33　中、西区山体原始剖面及斩山示意

石窟营造工程的特别之处，是它直接在自然山体上施工，原始自然环境既是工程依托的条件，也是工程改造的对象。可以说石窟与自然的关系比任何其他工程都要紧密，对自然条件的分析，不仅有助于了解古人对环境的利用，也有助于了解古人对环境的改造，这两方面都是石窟营造工程的直观反映，郦道元《水经注》记云冈石窟："凿石开山，因岩结构"①，诚如是也！

① 郦道元：《水经注》卷十三《漯水》，316 页。

四 微观——云冈石窟内部空间

（一）问题与研究方法

本章对各洞窟内部空间的营造过程进行个案研究，案例以大中型洞窟为主，这是因为大中型洞窟是云冈石窟的主体，代表了当时石窟营造工程的最高水平，同时这类洞窟的营造时间较长，有一定的阶段性，而小型洞窟的营造时间往往较短，也多一体开凿，施工过程在考古学的时间范畴中不易观察，因此不作为主要研究对象。

空间营造包括空间设计和空间开凿两个层面，如绪论所言，设计分析基于开凿过程的回溯，同时也需要对比研究，因此在个案研究中，重点是讨论各洞窟空间开凿过程，只在必要的地方涉及具体的设计问题。

对于大中型洞窟空间开凿过程的研究，首先需要明确石作工程的特点，它是在山体中掘凿出空间，是对实体进行减法，与之形成对比的是地面木构建筑施工，其从下至上累加构件，是对实体进行加法。石窟工程在自然山体中施工，而“天然岩石容重大，石块移动不易，人在岩石上施工，比在岩石下施工，既方便又安全。所以窟洞施工本着自上而下、自外而内的顺序，逐步向内推进”①。若非如此，施工过程中极易发生塌方，也不利于石料的运送和工作面的拓展。从工程角度看，自上而下、自外而内的顺序是石窟寺开凿工程自然且合理的基本工序。在这一大前提下，

---

① 喻维国：《石窟工程概述》，《科技史文集（第7辑）》，上海，上海科学技术出版社，1981年。

本书主要通过考察洞窟的空间层次和壁面龛像的空间关系，探讨洞窟空间开凿的具体过程。

1. 洞窟空间层次

石窟从上往下开凿，洞窟空间分阶段的向下拓展，易形成不同高度的工作面，而借助这些工作面，人们可能进行开龛造像活动，在洞窟各壁面上留有不同阶段的龛像，龛像整体布局也可能随之改变。因此，考察洞窟空间层次具体有三种方法。

（1）空间形状整体变化

石窟若分层施工，各层工作存在一定的阶段性，在两阶段工作衔接不顺畅时，即容易出现窟形的整体变化，也可能残留下过程工作面，表现在工程结果上就可能出现石窟壁面的阶梯状凸起或凹陷、壁面走向的整体转折等。如第4窟，为一未完成洞窟，其阶段性开凿的上层空间还完整地保留了下来（图4.1）；又如第11窟，从明窗进入开凿了上层空间，虽然往下继凿了中层空间，但上中层由于交接的问题，还保留下了一部分施工面遗迹，形成了窟形整体的变化，在11窟下部，也还留有下层空间未完成的石坯（图4.2）。

（2）壁面龛像型式整体变化

石窟施工往往经历较长时间，在这一过程中，若壁面龛像分阶段雕凿，则容易表现出样式的整体变化，标志出空间层次的先后。而样式的早晚判断，则依赖于龛像的考古类型学研究，由于本书只强调壁面龛像型式的整体变化，过于细微的分期反而有可能影响整体趋势的分析，且容易因研究者主观倾向造成类型早晚的不同认定。因此，这里只采用造像服制改革这一较为明确的判断标准，将造像分为旧式（通肩、袒右）和新式（褒衣博带）两类，并只对壁面龛像新旧式总体变化趋势进行

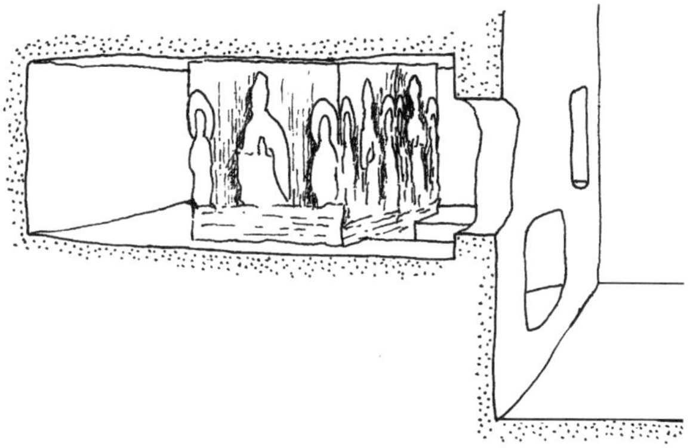

图4.1　第4窟内部透视示意图

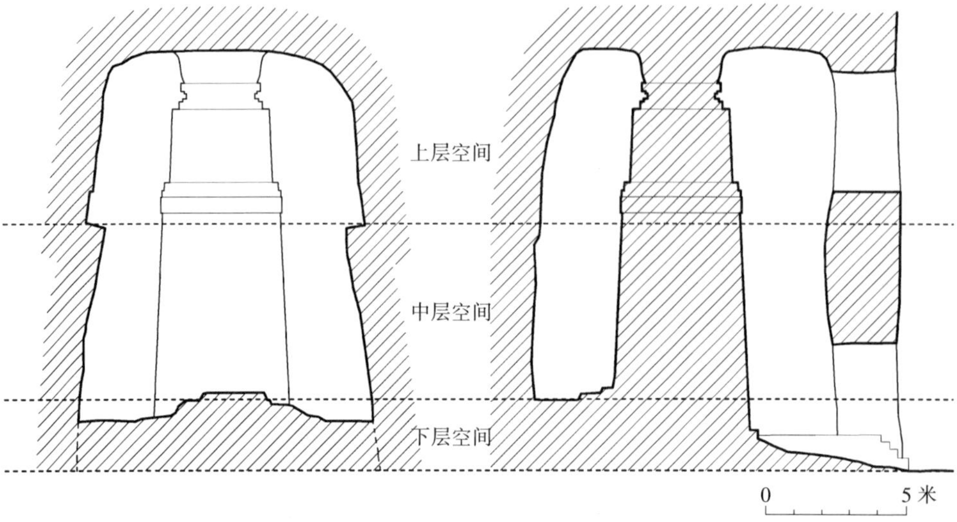

图 4.2　第 11 窟横剖、纵剖分层示意图

考察，而不将其细化为判断个体龛像之间早晚关系的硬性标准①。如 19 窟上半部分空间壁面都雕凿有统一的旧式千佛，但壁面下层却雕凿有新式的浮雕塔和大量新式龛，而且这种整体变化不仅局限于窟内壁面，还延伸至窟门两侧壁，上方为旧式龛，下方为新式龛，上下之间有一段未加工壁面作为分隔。

（3）壁面龛像布局整体变化

大型洞窟各壁面有较多龛像分布，一般都需要整体规划，形成较为规整的格局，但如果洞窟分层造像，则容易造成各层设计的不统一。在部分工程中，由于对壁面前期规划不足，还可能在工程后期出现完全无规划的状态，造成龛像布局从规整到杂乱的整体变化，如上述 19 窟的下层壁面（图 4.3）。另外，石窟中部分内容，如壁

① 关于这一问题，实则牵涉到类型学的应用范围，在同一洞窟、时间相隔又不太长甚至正经历服制改革时期的两组龛像，在讨论它们之间早晚关系时，类型学考察方法，是否要受到一定的限制？宿白先生在《〈大金西京武州山重修大石窟寺碑〉的发现与研究——与日本长广敏雄教授讨论有关云冈石窟的某些问题》中曾针对这一问题，明确指出了型式演变的复杂性，在太和十年服制改革之后相当长的一段时间，新旧式是并存的，至太和二十年约十年时间新型式才定型并成为主流，参见《中国石窟寺研究》。因此，针对个体龛像，不能作硬性的规范，旧的就一定早，新的就一定晚，只宜作一整体发展趋势的长时段认识，分期不宜过于细化。这一问题，是石窟考古方法论的核心问题，且通过历史时期考古文献支撑的优势，可以更全面的反思类型学在考古学领域中的应用范围，详见本书结语讨论。

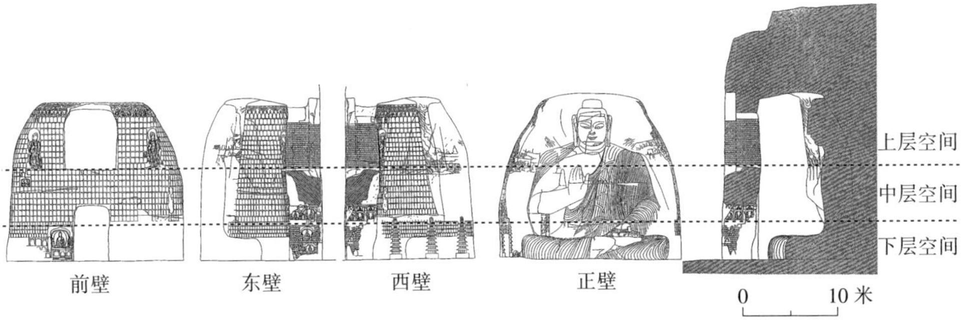

图4.3　第19窟空间层次示意图（［日］《云冈石窟》第十三卷）

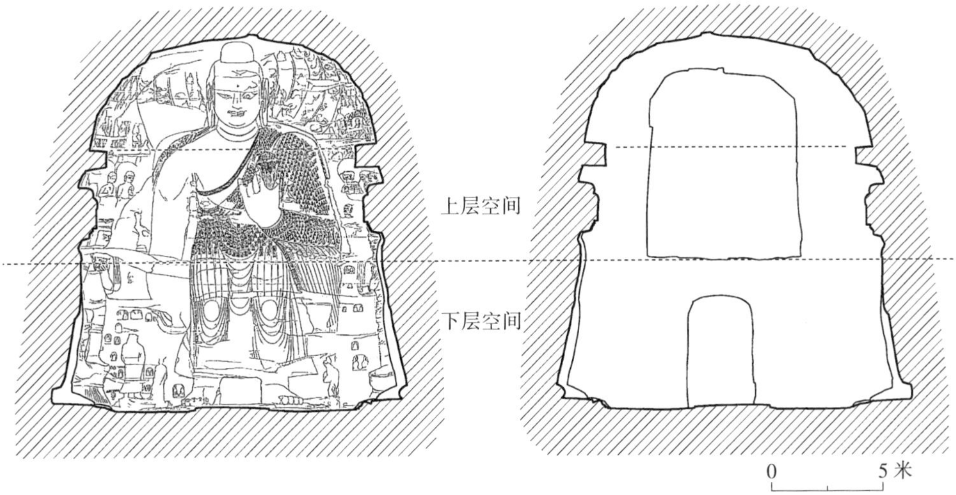

图4.4　第18窟横剖面前后视空间层次示意图

面千佛、主尊身光、服饰衣纹等，往往是上下贯通的，但若石窟分层施工，这些本来上下贯通的部分可能会受限于过程工作面所在的位置，出现上下差别。反过来，若空间龛像分布表现出这种制约关系，也能反映空间层次的划分。如18窟主尊身上的袈裟，本上下一体贯通，但袈裟表面雕刻的千佛却只存在于胯部以上部分，如果从空间层次考虑，这一线正对应着明窗底缘所在的平面，也反映了洞窟的上层空间范围（图4.4）。

空间层次划分方法与考古地层划分方法有相似之处，注意层位线以及各层空间中遗迹型式的整体变化，只是两者的原理不同，石窟空间层次主要是基于大型石窟工程从上至下开凿的基本前提，而考古地层则基于遗迹遗物从下往上逐层堆积。在考古地层中，晚期地层可能出土早期遗物，而早期地层不可能出现晚期遗物；而在洞窟空间层次中，晚期空间的壁面上不可能有早期龛像，而早期空间的壁面上可能有晚期补凿龛像。总体来看，空间层次的考察是对洞窟整体空间格局的考察，提供了观察、记录和研究石窟的不同视角，与传统的分壁面考察洞窟的方式对比，前者以空间为单位对洞窟进行划分，后者以壁面为单位对洞窟进行划分（图4.5）。

2. 壁面龛像的空间关系

龛像布置在有限的洞窟壁面上，它们多不是相互独立的，而常常发生组合、打破、避让等空间关系，这些空间关系能直观地说明龛像间同时或异时的时间关系，进而反映洞窟壁面空间经营的先后，与洞窟空间层次的分析相结合，可以更具体地分析洞窟空间的开凿过程。这种研究方法，不仅可用于考察壁面龛像与龛像间的空间关系，还可以普遍运用于洞窟与洞窟，洞窟与其他工程遗迹之间。

（1）组合关系

组合关系指的是不同龛像同时设计、开凿，表达一个共同的主题。以11窟东壁上部太和七年龛为例（图4.6），通过题记可知它是一个集合不同形式、大小的龛像构成的组合龛群，它们之所以成为组合，从空间关系上看有以下几方面基本特点：①总体范围成规整的方形；②龛像布局中心对称；③各龛像有共同的边界；④有共同的附属装饰（同一帷幕）。同时11窟明窗东侧太和十九年龛（图4.7）为一组合龛，也满足上面前3个条件。因此，组合龛的主要判断标准是从空间关系看其是否规整、对称以及是否有共同的边界，而如果有共同的附属装饰，则更能说明它们的组合关系。

这种关系扩展到洞窟之间，则为洞窟的组合，它们的判断原则类似，考察洞窟空间是否对称有无共同的崖面和斩山边界，如果有共同的塔柱或木构窟檐等附属设施，则更能说明它们的组合关系。

还有一种特殊的组合关系，可称为协同关系，指的是不同营造对象同时施工，空间互相照顾，这种关系中，相邻龛像之间没有统一的设计，因此不存在对称、共边等共性，各龛往往规模、样式不同，但它们在施工过程中却相互参照，即使有短暂的前后施工差异，但在考古学的时间范畴中，也可认为是同时开凿。组合关系和协同关系，反映的是在统一设计或统一施工条件下的营造活动。

（2）打破关系

打破关系指的是后期龛像的开凿，破坏了之前的龛像。例如第16窟东壁的一大龛之下，原当雕有一排供养人像（图4.8），而后期在此区域开凿了成排的千佛龛，

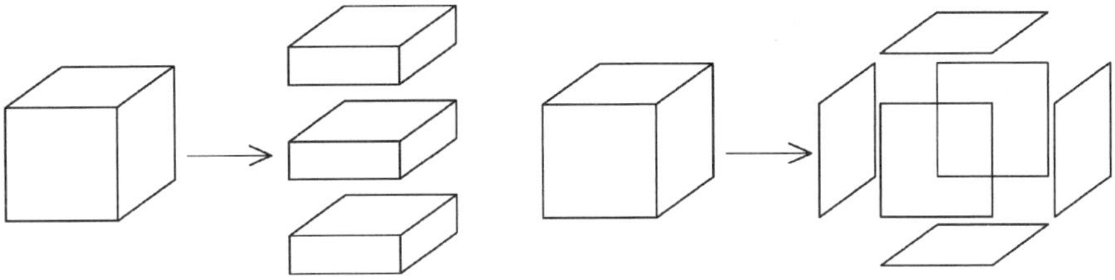

图4.5　两种考察方法对比

图4.6　第11窟东壁上部太和七年龛
（［日］《云冈石窟》第八卷）

图4.7　第11窟明窗东侧太和十九年龛
（［日］《云冈石窟》第八卷）

打破了原始雕刻，只留下供养人的腿部①（图4.9）。

① 长广敏雄先生首先发现了这处打破关系，并写到："1944年夏，我在当地调查时，在微暗的洞窟中，发现三段千佛的下缘排列着供养者的双脚，中央只剩下一点香炉脚。回想我意识到是被切断的男女的双脚时，曾感到一阵莫名的战栗。宝坛右侧的列像是6个男人，可以推测左侧是6个女人。为什么一定要挖去这个对发愿人来是值得纪念的供养人列像带的宝坛，而以补刻的千佛来代替呢？是命令补刻的发愿人想要抹掉以前的供养人吗？他们是一向敌视，还是表示一种怨恨呢？我解不开这个谜"，参见長廣敏雄：《雲岡石窟の谜》，《佛教藝術》134號，1981年。吉村怜先生推测这与献文帝和冯太后为代表的政治集团的残酷斗争有关，参见吉村怜著：《论昙曜五窟》，《天人诞生图研究》，上海，上海古籍出版社，2009年，441～470页，以上长广敏雄所论中文翻译也转引自该文。

图4.8 第16窟东壁打破关系原始情况参考（［日］《云冈石窟》第十一卷）

图4.9 第16窟东壁打破关系（［日］《云冈石窟》第十一卷）

12窟后室明窗西侧也有一处打破关系（图4.10），壁面原为树下禅修图，后打破其所在壁面开凿二佛对坐龛。由上面两例可以看到，在石作工程中的打破关系，首先要凿除壁面上原有的龛像，再补凿新的龛像，因此，补凿的龛像的龛面较原始龛像表面退后，形成明显的凹陷，这是石作工程打破关系的特别之处。

图4.10 第12窟明窗西侧打破关系（［日］《云冈石窟》第九卷）

（3）避让关系

避让关系指的是后期的龛像开凿为了防止对原来的龛像造成破坏，而对自身设计进行了调整，避让出一定空间。

如17窟明窗东壁，有一太和十三年的纪

年龛，该龛由上下两龛组合而成，在龛的外围，开凿有成排的千佛龛（图4.11）。这些千佛龛的排列止于太和十三年龛的外沿，有的千佛龛受空间限制还只雕凿有半个，反映了千佛龛避让太和十三年龛开凿，由此，也可知千佛龛开凿的年代不早于太和十三年。

又如19窟东胁洞前壁上部为成排的大型千佛设置，但当与明窗侧的两小龛相接时，也都有意避让，不再延伸，反映了这两小龛不晚于窟顶千佛开凿（图4.12）。

需要说明的是，若将以上两例避让关系绘成立面图，其表现也可认为是小龛对千佛的打破关系，而得出完全相反的时间早晚关系。因此，判断龛像间是打破还是避让关系，最重要的标准是看剖面上龛面的深浅关系：在上面两例中，如果小龛打破千佛开凿，则必须先凿除千佛，平整壁面后再开龛，则小龛的龛面势必低于千佛龛面，但现状中小龛龛面与千佛龛面齐平，并无明显凹陷，因此，千佛不可能早于小龛开凿，而是避让小龛分布。

如下图（图4.13）所示，左右图中A、B两龛虽然立面表现一致，但如果开凿的先后不同，就会反映在龛的剖面上，左图B龛避让A龛开凿，两者龛面平齐，而

图4.11　第17窟明窗东壁避让关系（［日］《云冈石窟》第十三卷）

图4.12　第19窟胁洞前壁避让关系（［日］《云冈石窟》第十三卷）

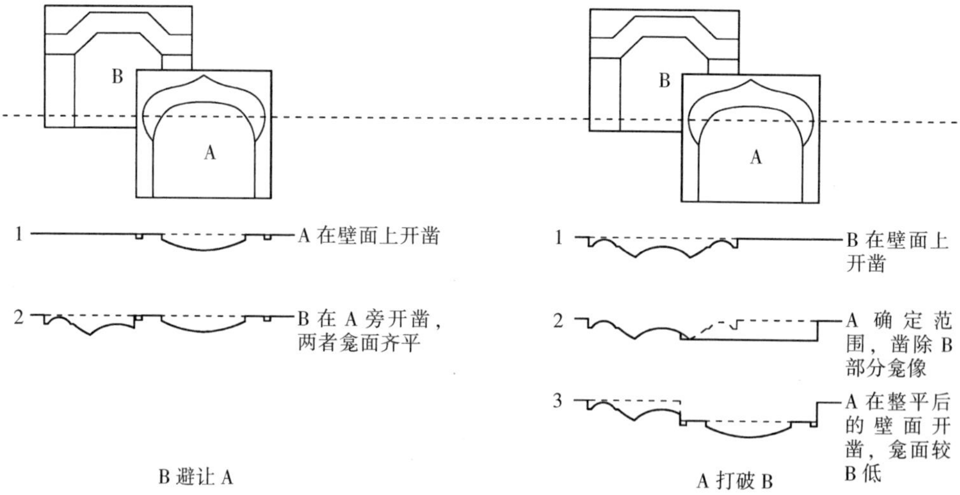

图 4.13 打破、避让关系辨析图

右图 A 龛打破 B 龛开凿，A 龛龛面低于 B 龛。

可以看出，打破关系和避让关系在石作工程中的表现有其自身特点，这是石窟寺考古不同于其他遗迹考古的地方，因此，龛像之间的空间关系需要从立面、剖面等多维度进行考察。根据调查，我们还注意到在云冈石窟中，打破关系并不多见，而避让关系则极为常见。其原因是要打破原始龛像开凿新的龛像，即使不考虑对佛像不敬、对原龛功德主不尊这些思想因素，在施工层面，也需要先进行铲除原像、平整壁面的工作，才能进行新的龛像的雕凿。而后期补凿的绝大多数为民间小型龛像，在有空余壁面的情况下，并没有必要打破原始龛像开凿。但壁面范围终归有限，时代越晚空间越少，因此往往不能任意发挥，而受到了周边龛像的极大制约，即使想就空余壁面适当扩展，打破一部分原有龛像开龛，也不可能只进行被打破的一小范围内的整平工作，而需整体整平开龛范围内的岩体，否则龛体自身就会凹凸不平（在打破其他龛像的部分凹陷），这无疑又额外增大了的工作量，因此打破旧龛开凿新龛的情况较为少见。总之，石作工程中由于岩体只能去除不能添加，没有补充填补的可能，后期龛像往往在有限的范围内灵活排布，这就造成云冈石窟中避让关系远比打破关系普遍。

在洞窟与洞窟之间，避让关系也是普遍存在的，例如开凿于 11 窟明窗东侧的11－16 窟，为防止打破 11 窟东壁，西壁明显内收，导致正壁宽度不够，因此将本应设置在正壁两侧的胁侍菩萨安排在了东西两侧壁的北端，洞窟空间也开凿得极为不规则，这都反映了 11－16 窟避让 11 窟开凿而进行了特别的设计和施工调整（图 4. 14）。

在大窟与大窟之间，也有明显的避让关系，如 6 窟避让 5 窟开凿、12 窟避让 13 窟开凿、15 窟避让 16 窟开凿、19 窟胁洞避让 18 窟开凿等等，本书将在个案中进行具体分析。

（4）依附关系

龛像间的依附关系，指的是后期龛像开凿，借助于较早的龛像开凿所形成的壁面。

例如 19 窟前壁明窗两侧，向壁面内消减留坯再雕凿出立佛，这导致立佛周边壁面内陷，而立佛左右的千佛，则顺应壁面这一内陷的趋势开凿，龛面整体呈弧形，由此可认为千佛依附于立佛开凿，其开凿的时间不早于立佛（图 4. 15）。又如 5 窟前壁中部两侧，向壁面内减凿出两塔，造成塔两侧壁面内陷，而塔间排布的列龛则顺应壁面内陷的趋势，中部凸出，两侧陷入，龛面随壁面而调整，这说明列龛依附于两塔所开（图 4. 16）。

图 4. 14　第 11－16 窟对第 11 窟的避让关系

图 4. 15　第 19 窟千佛龛对立佛的依附关系
（［日］《云冈石窟》第十三卷）

图4.16　第5窟中部列龛对两侧塔的依附关系（［日］《云冈石窟》第二卷）

而在洞窟与洞窟之间，依附关系就更为常见，比如云冈第11至13－4窟外部斩山壁上所分布的小型窟龛，它们依附于这些大窟斩山工程而开凿，没有大窟的斩山就不可能有它们开凿的壁面，因此它们开凿的时间当不早于大窟。

石窟中的空间关系并不限于龛像与龛像、洞窟与洞窟之间，还可以扩展到洞窟开凿条件（如岩层、开裂、坍塌等）以及其他工事活动（如道路、窟檐建筑等）与洞窟、龛像之间。如龛像避让裂缝和坍塌开凿，则说明在石窟开凿时就出现了这样的工程问题，又如开龛顺岩层分布，则说明工匠考虑到了岩层的走向问题。由此可见，空间关系普遍存在于石窟营造相关的各工事活动所留下的遗迹之间，不仅可以有效说明石窟各部分内容的时间先后，还提供了一个将石窟工程各项工事活动整合考察的研究视角。

（二）研究方法示例

对于具体洞窟的研究，需要将洞窟空间层次和壁面龛像关系这两种方法结合在一起，综合分析，以下以第17窟和第3窟为例予以说明。

【示例一：第17窟】

1. 洞窟基本情况

第17窟为昙曜五窟东数第二窟（图4.17），其外壁面总高约22米，上开明窗，高

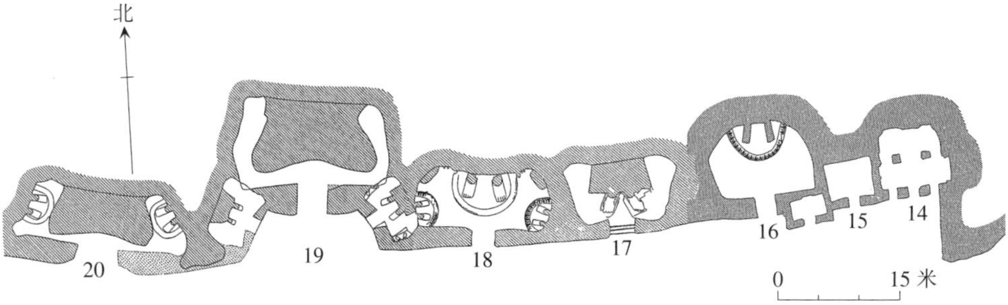

图 4.17　昙曜五窟总平面图（［日］《云冈石窟》第十一至十三卷测图拼合）

5.5、宽 4.9 米，下开窟门，高 6.7、宽 3、厚 2.5 米。窟内平面呈倒梯形，穹窿顶，高 16、宽 12、深 7.3 米①，正壁设交脚弥勒大像，总高 15.5 米，东西壁下部开大龛，东龛内设结跏趺坐佛，西龛内设立佛。除这些主要像设外，各壁面满布若干小型龛像。

2. 洞窟空间层次

从窟形的整体变化看，17 窟内部空间分上、中、下三个层次（图 4.18）。

（1）上层空间

洞窟东西壁，从窟顶往下 6 米的位置，壁面明显前凸，形成一个宽约半米的平台（图 4.19），这一平台的水平高度，不仅在相对的东西壁上是齐平的，还与前壁所开明窗的底面平台齐平。以这三壁平台确定的水平面为底，上至窟顶为洞窟内的上层空间，它在洞窟中具有相对的独立性。其正壁，包括主尊胸部一线之上的部分，以主尊头部为主体，主尊外侧雕刻头光，也限定在上层空间范围内，不再向下延伸。

（2）中层空间

上层空间之下，至弥勒大像腿部上表面，主尊所用岩体向前水平凸出，几乎占据该高度层洞窟平面的绝大部分范围（图 4.20），以此为底面向上为洞窟的中层空间。

中层空间东西壁底缘位置水平截断两侧壁大龛，在壁面上对应有一道明显的风化线，似打破了两龛造像的整体性，但通过细致观察，可看到各壁面龛像均参照这一线分布，反映出中层空间的相对独立性，这表现为：

① 该类洞窟，宽以底平最宽处计，深以后壁距前壁最深处计，高以窟顶最高处计，后文类此不再出注。

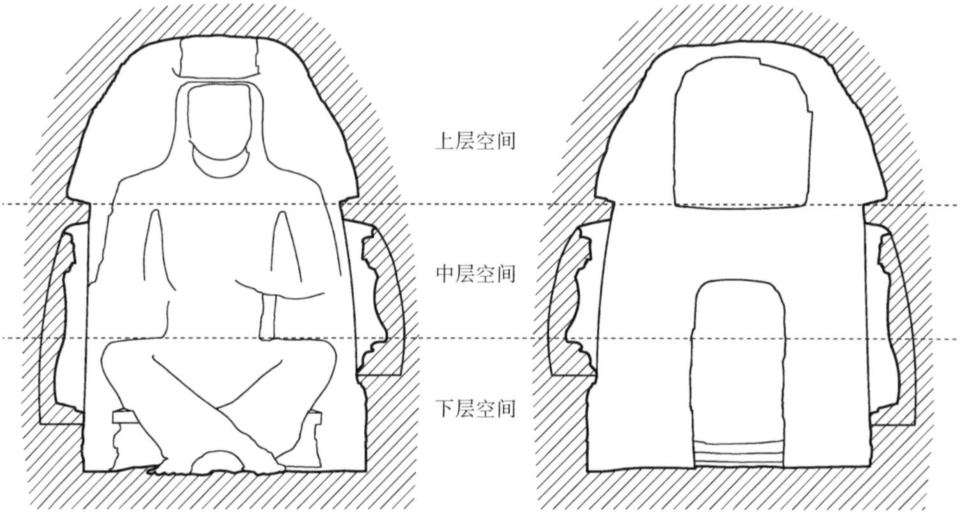

图 4. 18　第 17 窟横剖面前后视空间分层示意图

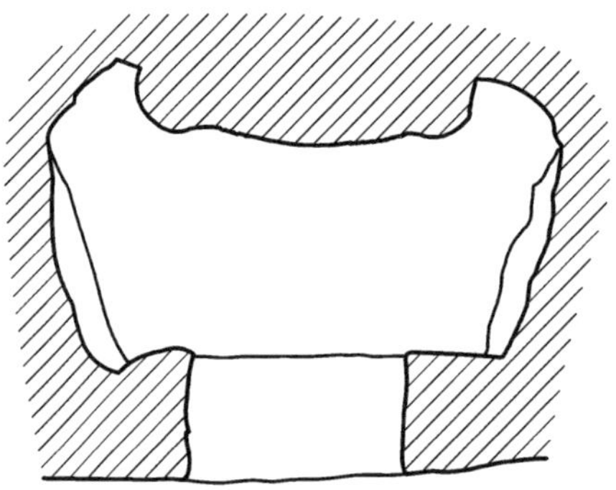

图 4. 19　第 17 窟上层空间平面

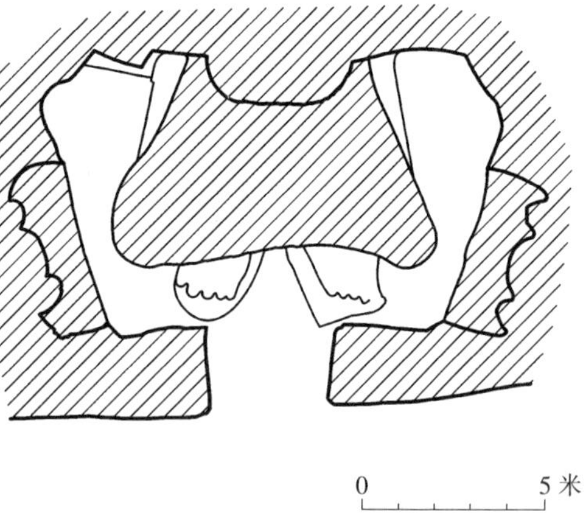

图 4. 20　第 17 窟中层空间平面

①洞窟东西壁大龛内，一为坐像、一为立像，两龛高度不对称，东龛底部较西龛高。这两龛主尊两侧，都雕刻有头光、身光和供养人，但这些装饰都没有延伸至龛底，却止于同一水平高度，这一水平高度，正位于主尊腿部上表面确定的中层空间底平面一线（图 4. 21）。两壁大龛与主尊之间，还存一块壁面，壁面上分布的小龛虽很杂乱，但也以此分隔线划分为上下两部分。

②洞窟南壁中部的两侧，开凿有较为对称的四龛，它们相较于壁面上其他的龛

图 4.21　第 17 窟东西壁大龛分层图（［日］《云冈石窟》第十二卷）

像，规模更大，配置更全，样式也很早，被认为是配合洞窟设计，有计划开凿的四龛[①]，这四龛的底缘也位于中层空间底平面一线（图 4.22）。

（3）下层空间

中层空间之下，直至窟内地面，即窟门向内的主体空间，为洞窟的下层空间，这层空间底平面，较窟外地平下探约 2 米，在窟门处设台阶而下，这层空间几乎被主尊的腿部占满（图 4.23）。

以主尊之下须弥座表面为水平面，似还存在上下空间的分隔，其与各壁面相交位置有一道较为明显的分隔线。

在洞窟东壁，这一线之上为大龛及龛下的供养人像，这一线之下为杂乱分布的小龛。在洞窟西壁，这一线位于大龛底缘[②]，由于西壁大龛下缘较东壁大龛更低，这里没有空间再雕刻供养人像，这一线之下也分布杂乱的小龛。在洞窟南壁，以这一线也可以将壁面小龛划为上下两部分。

---

① ［日］《云冈石窟》第十二卷。

② 现状大龛底缘较这一线低，但这是大龛底缘被后期破坏形成的，从大龛主尊脚部所在位置可看出，原来大龛的底缘正在这一线。

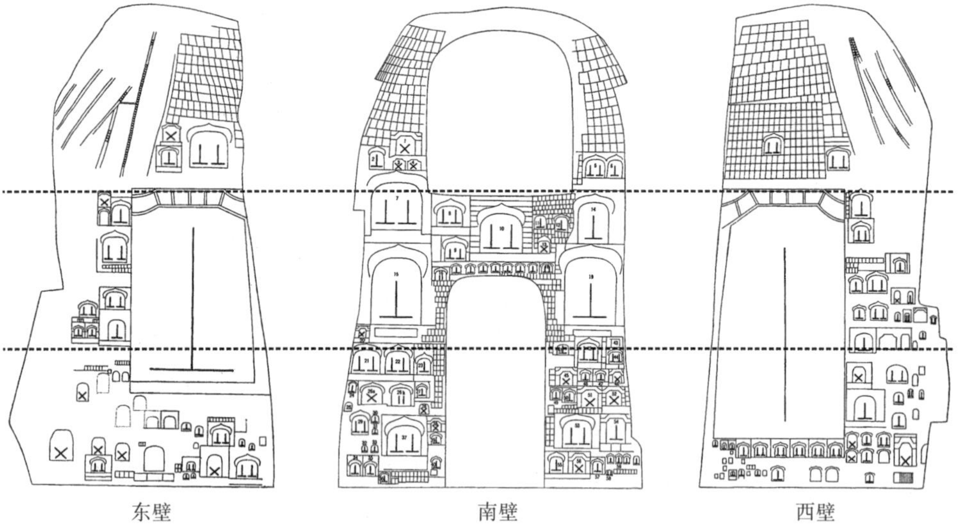

图 4.22　第 17 窟壁面龛像分布图（［日］《云冈石窟》第十二卷）

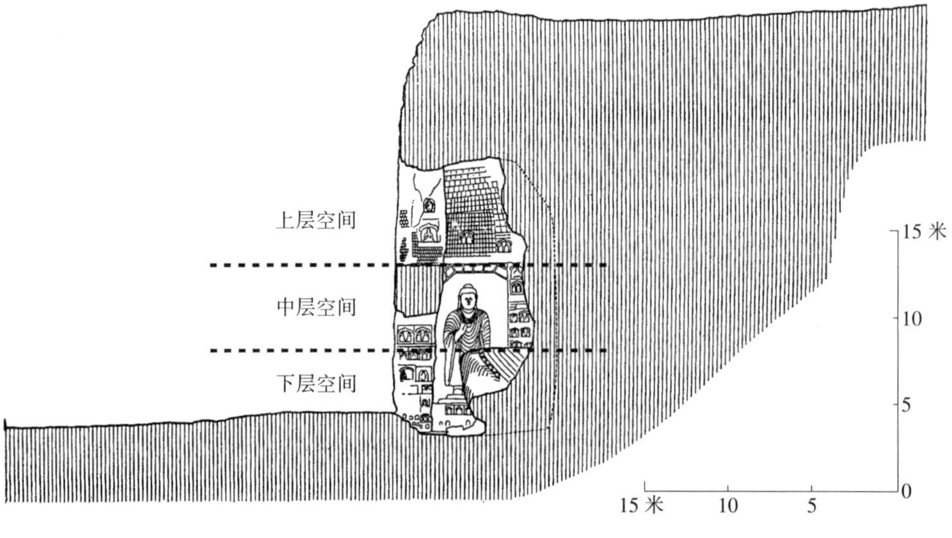

图 4.23　第 17 窟总体纵剖面图（［日］《云冈石窟》第十二卷）

考虑到主尊腿部的一体性，以上分隔线存疑，这里暂将下层空间视为一个整体，不做进一步的划分。

3. 壁面龛像关系

(1) 上层空间

上层空间东、西、南三壁均开凿小龛，分布散乱，但这些小龛并非后期补凿，而是各壁面上较早雕凿的，这可从龛像之间的空间关系看出：

上层空间东壁（图4.24）下端分布有三龛，一大两小，三龛位于主尊头光的外侧，但两小龛略微进入了头光的范围内，头光外缘刻有双道轮廓线，而下部与小龛相接的位置却只刻有内道轮廓线，外道轮廓线当位于小龛之上，但没有雕刻，可见头光的外缘有意避让小龛雕刻，这说明这三龛不晚于主尊头光开凿。

壁面上方成排设置的千佛龛，其以主尊头光范围为界向外排布，当属于主体像设的附属装饰。这些千佛龛围绕着下方三龛分布，如若三龛为打破这些千佛龛补凿，其所在范围原也为千佛龛，那么三龛打破这些千佛龛补凿时，首先需要凿去千佛、整平壁面，再向岩体内雕凿，则三龛的龛面会较千佛龛龛面低，陷入整体壁面内。而现状三龛龛面与其上千佛龛龛面齐平，这说明三龛并非后期补凿，而是千佛龛有意避让它们分布，三龛的开凿时间当不晚于千佛龛①。

图4.24　第17窟东壁上层空间龛像关系
（［日］《云冈石窟》第十二卷）

图4.25　第17窟西壁上层空间龛像关系
（［日］《云冈石窟》第十二卷）

① 需要注意的是，在大龛的左上部，有两个千佛龛横排进入了大龛的范围内，这似乎是大龛与千佛龛相互避让的关系，但是，如果注意进入大龛的那个千佛龛的龛面，其明显凹陷，顺应了大龛龛楣的深度，说明千佛龛是在大龛龛楣开凿后，打破了龛楣左上端，并顺应壁面形势阴刻龛的轮廓线，这是明确的打破关系，说明千佛龛比大龛晚。

上层空间西壁（图 4. 25）下端凿有两龛，其与主尊头光和千佛龛的关系与东壁类似，且更加明显：

靠内的小龛位于主尊头光范围内，但头光外匝火焰纹并没有打破小龛，反而在两者相接处的火焰纹有意内收，避让小龛雕刻。

靠外为一组龛像，范围较大，以一龛为中心，周边排布千佛龛。这些千佛龛之上，是附属于主尊的较大的千佛龛，它们的走向与该龛千佛龛的走向有一定角度，因此两者之间形成了一段楔形空壁，主尊千佛龛没有继续向下延伸，而是避让下龛开凿。

上层空间南壁与东西壁类似，壁面千佛龛均避让下端小龛开凿，这里不再赘述。

由以上分析可知，在上层空间范围内，除主尊头部所在的正壁以外，其他壁面并没有统一规划，一些小龛率先利用距上层空间底平面较近的空余壁面开凿，此底平面当为施工过程中的工作面。这些小龛的大小、样式各异，分布也很散乱，应非皇家所为，虽没有统一规划，但也不是任意开凿，其有意避开主尊头部及头光的范围（虽然没有完全避开），反映当时主尊头部至少已有粗坯，并很有可能借助上层空间工作面，继续对头部及其附属部分（头光、千佛壁、窟顶等）进行细凿。

（2）中层空间

中层空间东、西、北三壁均有主体像设，因此壁面小龛主要集中在南壁。如前所述，这些小龛以壁面两侧较为对称的四龛为主，其样式古拙，与上层空间早期小龛相似，开凿的时间当也不晚。有意思的是，这四龛之间，即明窗与窟门之间的壁面，位于南壁的正中，范围较大，但这一范围内正中所开大龛却为新式，与两侧四龛的开凿时代相隔较远，说明这一当中的壁面在最早开凿 4 龛的时候却没有利用。早期造像工程有意保留了明窗与窟门之间的原始岩体，不做任何雕凿。其原因很可能是出于工程安全考虑：洞窟南壁开凿明窗、窟门后，本就较为单薄，而这一壁面最脆弱的区域就在明窗和窟门之间，其上无岩体连接，下无岩体支撑，极容易发生坍塌，并牵连整个南壁（18 窟、20 窟在这一区域都出现了坍塌）。实际上，在 17 窟南壁中部，已有一条贯穿东西的大型裂缝，早期 4 龛均避让这些裂缝开凿，其中左下一龛还顺应该裂缝的走向（图 4. 26），这说明，南壁中部裂缝出现很早，很可能出现在开窟时期，这反映了这一区域的结构失稳，因此当时工程有意保留这一区域岩体不做过多干预。

由此可见，壁面早期龛像的开凿考虑到了整个洞窟工程，这与后期任意补凿的

左　　中　　右

图 4. 26　第 17 窟中层空间南壁裂缝与龛像之间的关系（［日］《云冈石窟》第十二卷）

龛像形成了明显的对比，这从侧面也说明这些早期龛像从属于 17 窟原始工程。

（3）下层空间

下层空间壁面龛像较小，且分布散乱，从上往下，旧式龛渐少，新式龛成为主流，特别是窟内地平下沉的 2 米高的壁面空间内，完全为新式小龛，可见洞窟初始工程中，这些壁面都没有利用，施工的主要目的是掏挖出下层空间，以完成主像腿部的造型，而由此形成的洞窟壁面未考虑雕凿龛像。

（4）明窗与窟门

明窗与窟门虽从属于洞窟的上、下层空间，但在洞窟原始工程中，并没有开龛造像，现壁面上小龛，均开凿较晚，其明窗东侧尚存太和十三年龛，其他小龛样式或与该题记龛类似，或着新式服装，均当开凿在太和中期以后，不属于洞窟的原始工程，因此在洞窟开凿过程的分析中，明窗与窟门只作为施工出入通道考虑。

4. 开凿过程

17 窟有明显的空间层次，壁面龛像布局受空间层次制约也有明确分层，这可能有两种情况：一是先开凿出洞窟完整的窟形，再统一搭建脚手架开龛造像，但只完成了上层空间工程就停止，后来再补凿了中下层空间的龛像；二是洞窟分层开凿，先开凿了上层空间，同时在各壁面开龛造像，接着再向下开凿中下层空间。17 窟空间的分隔，不是局部现象，而是洞窟内外的整体现象，如果是工程停工所致，不可能刚好完成了上层空间的所有工程，而下层空间却尚未动工。同时，通过其他大像窟的个案研究，这一现象不仅17窟独有，是一期洞窟都普遍存在的，很难想象这一时期每个洞窟工程都停工于各自洞窟不同的水平层上。特别是上层空间的各壁面，开凿有许多小型龛像，通过壁面龛像关系，可知它们开凿的时间较早，其开凿位置均贴近上层空间底平面，说明它很可能利用了开窟过程中的施工面，反映了洞窟内各层空间底平面有可能长时间存在，并用于开凿龛像。若综合考虑，则17窟具体开凿过程最可能如图（图4.27）所示：

工匠首先利用山体上部断崖，修整崖面和崖前山体坡道，形成窟外的工作面。再在崖面上开明窗，向内开凿洞窟的上层空间。开凿的过程中留出主尊胸部以上的石坯，上层空间形成后，就可能有人利用空余壁面开凿小龛，同时或稍后，即搭架对主尊头部进行雕凿，除此之外，还当包括窟顶、主尊头光及头光外的千佛，雕凿这些内容的时候也并不破坏较早开凿的小龛，而有意避让，只要整个壁面满布龛像即可。

上层空间工程完成后，窟外向下斩山，至现中层空间底平面一线，在崖面上开窟门，窟门较矮，约高2米，只具现窟门上方的高度。从窟门向内开凿洞窟中层空间，这层空间基本重复上层空间的工序，既有壁面小龛开凿，又有主尊身部、两侧壁胁侍佛上部及其附属装饰的雕凿。

中层空间工程完成后，窟外再继续斩山至与窟前道路齐平，下扩窟门，再向内开窟，并留出主尊腿部的石坯。由于施工的误差，主尊的整体比例没能精确掌握，预留的主尊腿部高度不够，因此进一步下挖窟内地平，形成现洞窟外高内低的现状。下层空间几乎被主尊腿部石坯占据，这一层空间的工程可能与上中层空间不同，而主要围绕着主像腿部进行，随开窟工作面的下探渐次雕凿，壁面上没有太多的其他雕饰，留下了一些空余壁面，后期小龛多利用这些近地壁面开凿，形成了如今下层壁面上龛像散乱、有早有晚的格局。

【示例二：第3窟】

第3窟位于东区西端、龙王沟东侧，开凿于云冈二期，是云冈石窟中规模最大的洞窟，工程并未完工，现仍保留有大量施工过程遗迹，是研究云冈大窟营造工程的重要实例。

1. 洞窟基本情况

3窟崖面总高27米，立面分上下两层：上层东西两侧各立一座三级佛塔，中间

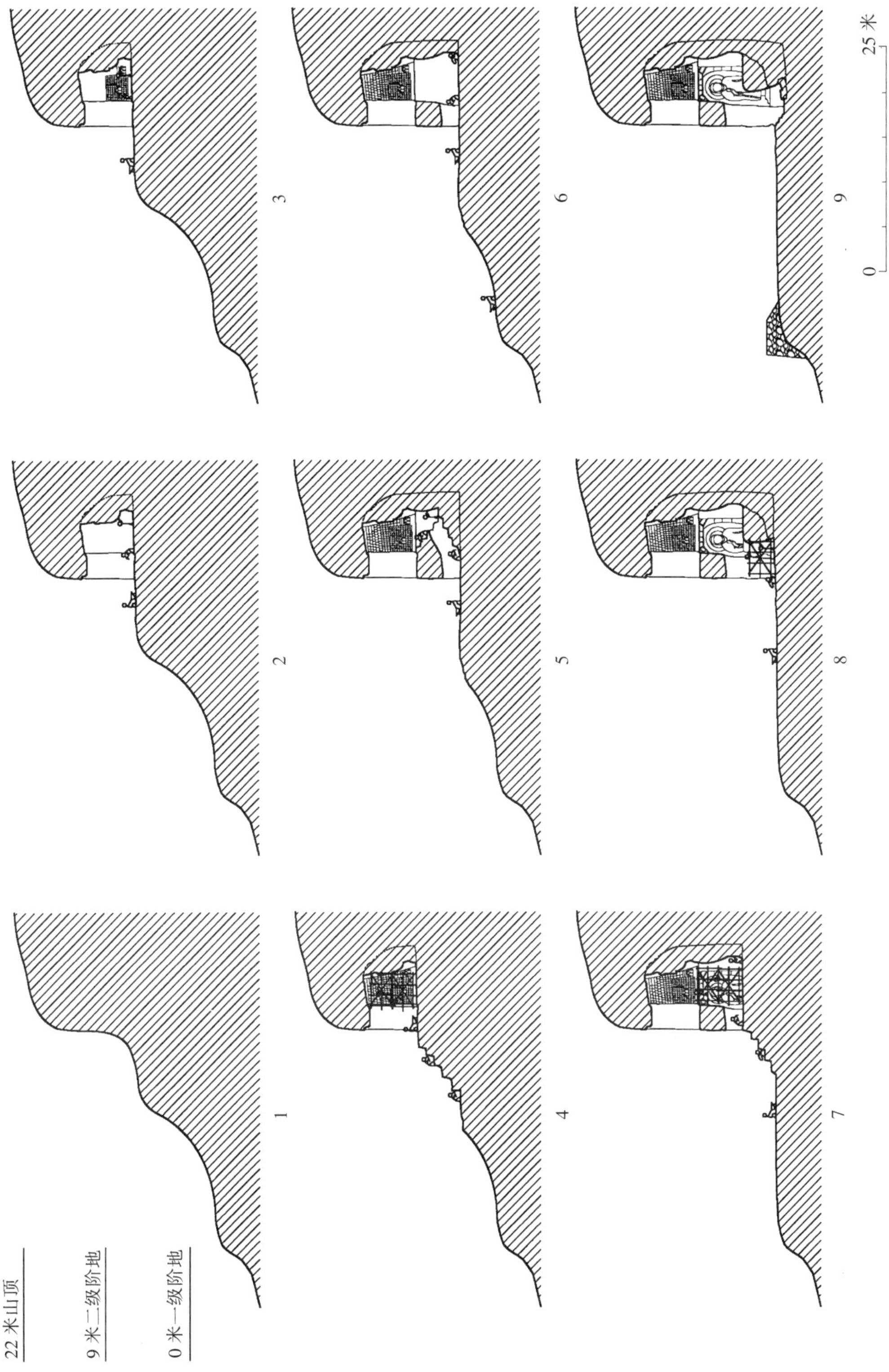

图 4.27 第 17 窟开凿过程示意图

凿一横长方形、方格平綦顶弥勒窟。下层东西各开一窟门，窟门内各具一前室。两前室大体对称，平面都略呈凸字形，东西宽约23.6米，南北深约6.5米。两前室之后为连通的后室，平面呈凹字形，东西宽约42.7米，南北深约15.2～15.8米（图4.28）。

2. **已有考古发掘与研究概况**

1993年7至8月，在窟前及窟内前室进行了考古发掘工作，共“揭露遗址面积900余平方米，发现遗迹有北魏开凿石窟遗留下的未完工的基岩地面；唐代整理的窟前地面及修筑的台基；金代修建的殿堂建筑遗迹的夯土柱基等。出土了大量陶片、瓷片、石雕、钱币、建筑构件等”①。

图4.28　第3窟平、立面图（根据《云冈石窟第3窟遗址发掘简报》绘制）

① 云冈石窟文物研究所、山西省考古研究所、大同市博物馆：《云冈石窟第3窟遗址发掘简报》，《文物》2004年6期。

本书主要关注北魏工程的遗迹现象，从报告中可归纳出以下几点：

（1）未完工的基岩地面高度

窟外前庭、窟内前后室的基岩地面“高度并非在同一平面，其中窟内前室最低、窟外前庭次之、窟内后室最高。若以窟内前室地面 ±0 为标准，那么窟外前庭基岩面普遍高出 1 ~1.5 米，窟内后室基岩面普遍高出 2 米以上”①。

（2）开窟取石遗迹

在未完工的基岩面上，尚保留着如何分割和揭取石块的信息（图4.29），以后室东侧基岩为例（图4.30、4.31），“在东西宽约5.9 米、南北长约8.35 米范围内，由东至西分别凿有纵向（即南北向）沟槽6 条，将岩石面分割成 5 条南北向长方形条石，它的长度在 4.8 ~8.3 米之间不等，宽度在 0.9 ~ 1.2 米；再从北至南又分别凿有横向（即东西向）沟槽6 ~8 条，将每条纵向沟槽分割的岩石面又分成5 至 7 个规格不同的石块”②。

“分割岩石的沟槽断面基本上呈‘U’字形，上面口部较宽，向下逐渐缩小变窄，底部为圆弧形，宽一般为 9 ~21 厘米，深为 30 厘米左右……沟槽将岩石面分割后……然后从分割石块的一端依次逐块揭取：首先选择分割石块的某一端，将沟

图4.29　第3 窟窟内地面三维扫描图（宁波《三维激光扫描技术在云冈石窟的应用》）

---

① 云冈石窟文物研究所、山西省考古研究所、大同市博物馆：《云冈石窟第 3 窟遗址发掘简报》，《文物》2004 年 6 期。

② 刘建军：《新中国云冈石窟的考古发现》，《中国文化遗产》2007 年 5 期。

槽再沿着岩石面呈 30°～40°方向继续凿成斜向沟槽，随后打入铁质楔子，从一端撬起”①。

图 4.30　第 3 窟取石遗迹 1

图 4.31　第 3 窟取石遗迹 2

（3）上下分层与层间隔层

“在第 3 窟后室壁面上接近明窗的位置，因风化比较严重，发现了一层断断续续凸出石窟壁面的残石（图 4.32、4.33），根据该窟考古发掘后地层推断，这些遗迹是北魏开凿洞窟时残存的遗物。其实，这个现象是石窟工程过程中的洞窟上部与下部空间分别开凿后，打通上部与下部之间隔层时遗留的残迹……这个遗迹现象告诉我们第 3 窟后室的开凿工程分两个阶段：上层开采的石料由明窗运出，下层开采石料由门拱运出。壁面残留的北魏遗迹说明：当上层洞窟的窟形基本完成，下层洞窟开凿到一定程度，才能将上下层间的隔层打通”②。

“同时，联系前庭的正立面和两侧立壁的遗迹现象观察，洞窟前庭的正壁和两侧壁形成了三个明显台阶遗迹，并且东、西侧壁的遗迹完全对称，可以说明前庭开凿工程分成三个阶段：第一阶段主要是斩出洞窟外部接近窟顶的崖壁；第二阶段主要是斩出洞窟外部明窗位置的崖壁，并通过明窗开凿洞窟内的上层空间；第三阶段主

① 刘建军：《新中国云冈石窟的考古发现》，《中国文化遗产》2007 年 5 期。

② 刘建军：《北魏洞窟究竟是如何开凿的》，《中国文物报》2006 年 12 月 22 日第 7 版。

图4.32　第3窟后室明窗下突出隔层遗迹1

图4.33　第3窟后室明窗下突出的隔层遗迹2

要是斩出洞窟外部门拱位置的前庭崖壁，并通过门拱开凿洞窟内的下层空间"①。工程"根据洞窟形制的设计要求进行，先凿出石窟的基本窟形，然后才进行壁面的雕刻造像"②。

3. 还需注意的现象

已有考古工作揭示了洞窟空间开凿的基本过程及洞窟分割取石的具体方法，此外，3窟还保存着洞窟整体工程各阶段的一些施工现象。

（1）上层空间施工遗迹

洞窟后室北壁凸出的岩体上部，尚保留有明显的开凿遗迹，集中在岩体东西侧后部及岩体南侧中部（图4.34）。日本学者调查时即已注意到岩体东侧向内取石开通隧道的迹象，并认为当时洞窟后室有意凿出横长方形的中心柱，很可能与第4窟中心柱的形式相似③。但第3窟窟内平面较其他塔洞远大，而窟内高度却没有相应提升，按水野清一、长广敏雄的推测，则进入窟室看到的不是中心柱或塔耸立的形象，而是一横踞室中东西延亘的巨墩，这恐非中心柱窟一向的空间意向。我们注意到，岩体南侧中部也有向内取石开通隧道的迹象，似有意将中心岩体分隔为东

① 刘建军：《北魏洞窟究竟是如何开凿的》，《中国文物报》2006年12月22日第7版。

② 刘建军：《北魏洞窟究竟是如何开凿的》，《中国文物报》2006年12月22日第7版。

③ ［日］《云冈石窟》第一卷。

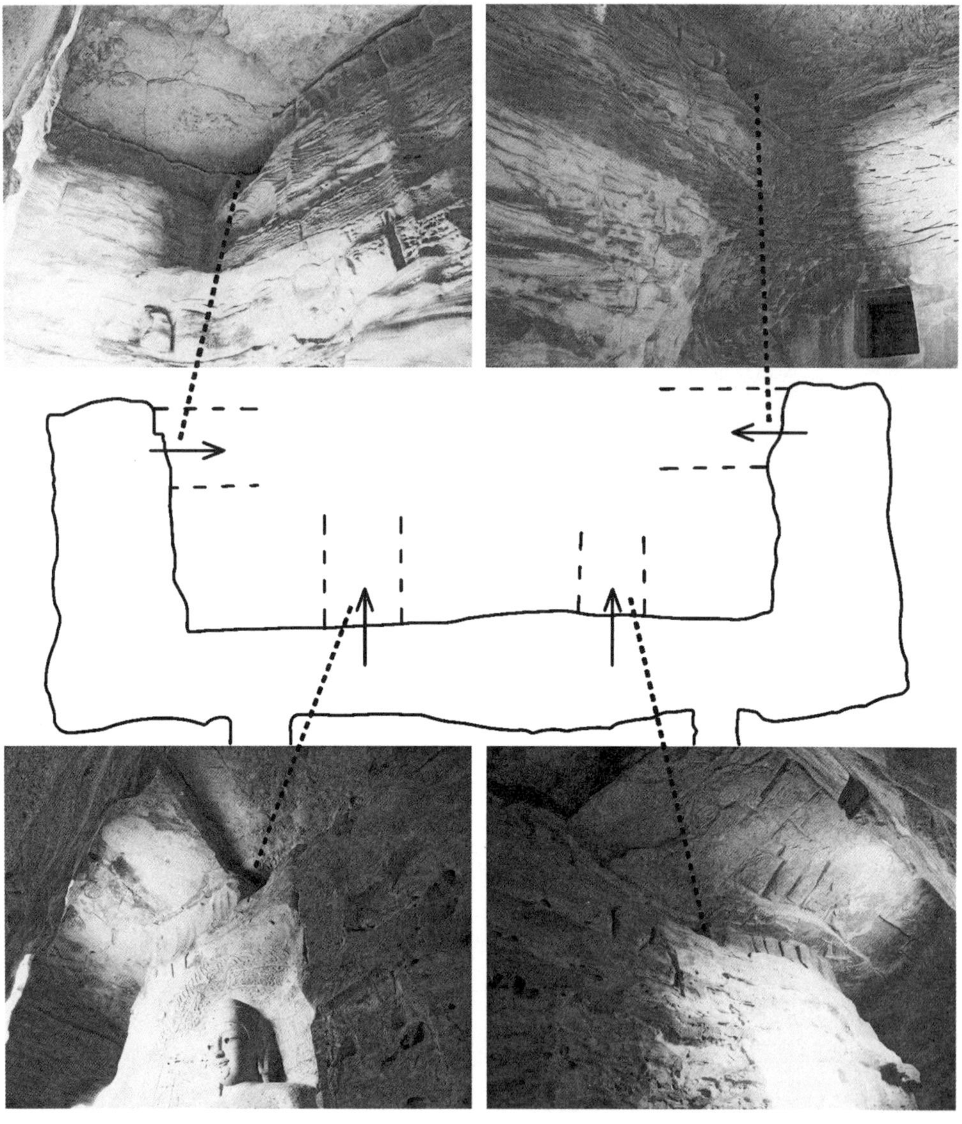

图 4.34　第 3 窟后室中心岩体各面开凿遗迹

西两部分，形成两中心塔柱并立的格局，分别与东西窟门、明窗轴线对应，各自中心柱高度也与平面比例恰当，说明了后室很可能计划开凿为双室、各室中心立柱的形式。

但分隔岩体的隧道工程仅刚刚展开，上层空间的开窟工程远未完成。在这样的情况下，若打通上下层之间的隔层，上层空间就失去了方便的施工平台，这不仅不易于工匠入场施工，也不利于开窟产生的石料的运输，因此，上下层之间的隔层是否在北魏时被打通是一个值得讨论的问题。

（2）下层空间施工遗迹

后室空间在唐代进行了大型的改造工程，在北壁凸出岩体西侧开凿了大佛。在大佛的两侧，开凿有纵列的方孔（图4.35），如大佛东侧岩体现存两列，每列上下四排，间隔1.5米，每个方孔方约30厘米，风化较为严重，孔深较浅。而与大佛相对的后室前壁上，也有对应的方孔遗迹，大多风化残损，但仍可见凹陷的遗痕。这些方孔开凿面较洞窟其他壁面陷入，说明其是北魏开窟后补凿的，可能与唐代大佛的施工相关，以其在大佛两侧的分布位置，可能为搭建脚手架所留下的遗迹。值得注意的是，大佛高至窟顶，贯穿上下层空间，但方孔遗迹只位于下层空间，若其为脚手架遗迹，则说明大佛上部施工未搭建类似的脚手架，有单独的施工平台，则很可能在唐代修建大佛时，上下层之间的隔层还存在，并率先利用它作为施工平台对大佛头部进行施工，再打破这层隔层，在下层较高的空间搭建脚手架继续施工。从窟内空间考虑，隔层的存在不仅制约了洞窟后室的高度，也不利于下层空间的采光，唐代重新利用该洞窟，又开凿了高至窟顶的大佛，更有打破隔层的必要。

图4.35 第3窟后室大佛龛两侧的方孔遗迹

另外，在后室东侧明窗以下，也有类似的方孔遗迹，现存一排三个方孔（图4.36），而与之对应，在北壁凸出的岩体上，隔层残石的下方，也存在三个方孔（图4.37），它们的对位关系说明，后室东侧似也有施工活动，唐代对于3窟的改造计划可能也涉及后室东部。

（3）洞窟东侧纵剖面所见的空间关系

3窟西侧部分北魏以后改动较大，而东侧部分更多地保留了北魏开窟状况。将东侧部分连带窟前道路、前庭、崖壁作一纵剖面（图4.38），可看到洞窟开凿时各部分的空间关系，有以下两点值得注意：

其一，窟前道路与洞窟前室地平平齐，说明洞窟有意参照窟前道路开凿，这与其他大窟的开凿也是一致的，那么道路与前室间较高的前庭当非设计原状，其应进一步向下取石直至与窟前道路齐平。

其二，后室窟门总高仅2.7米，与上层明窗之间有很高的间距，窟门的顶端只略高于后室地平，从窟门入内，是逐渐向上的坡道。这一方面说明，后室窟门只是在施工过程中开窟取石的通道，其最终的形式可能会向上扩展；另一方面也说明，后室地平仍非最终的窟底，还将向下开凿，并与窟门底缘，也即前室地平和窟前道路齐平。也就是说，洞窟现状空间之下，实则还存在一个尚未开凿的空间，可以称为底层空间，它相对于前室地平和窟外道路高出约为2.5～3米。参照其他洞窟情况，这层空间很有可能用于加工中心柱柱基及洞窟四壁下栏，这也是洞窟分层施工的反映。

4. 洞窟空间层次

以洞窟后室空间层次为参考，再结合与洞窟前庭、前室及上部平台的水平对位关系，可将洞窟整体空间分为三个层次（图4.39）。

图4.36　第3窟后室东侧明窗下岩体的方孔遗迹

图4.37　第3窟后室东侧明窗下对应岩体方孔遗迹

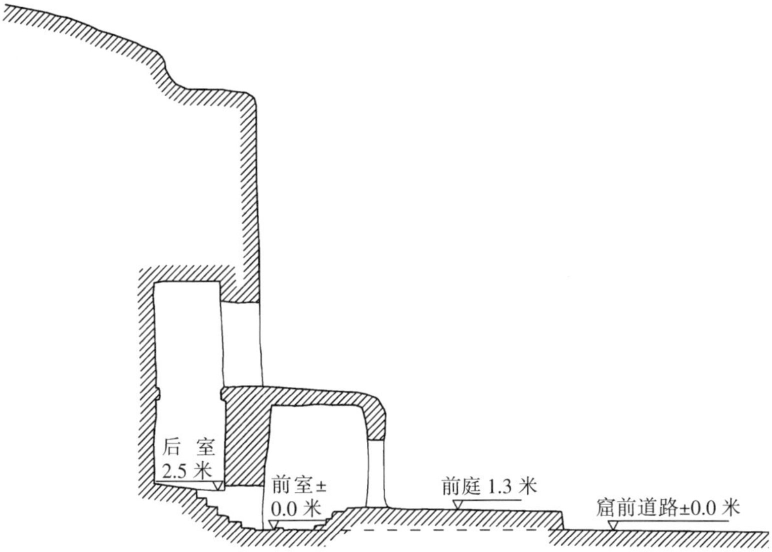

图 4. 38　第 3 窟东侧纵剖面图

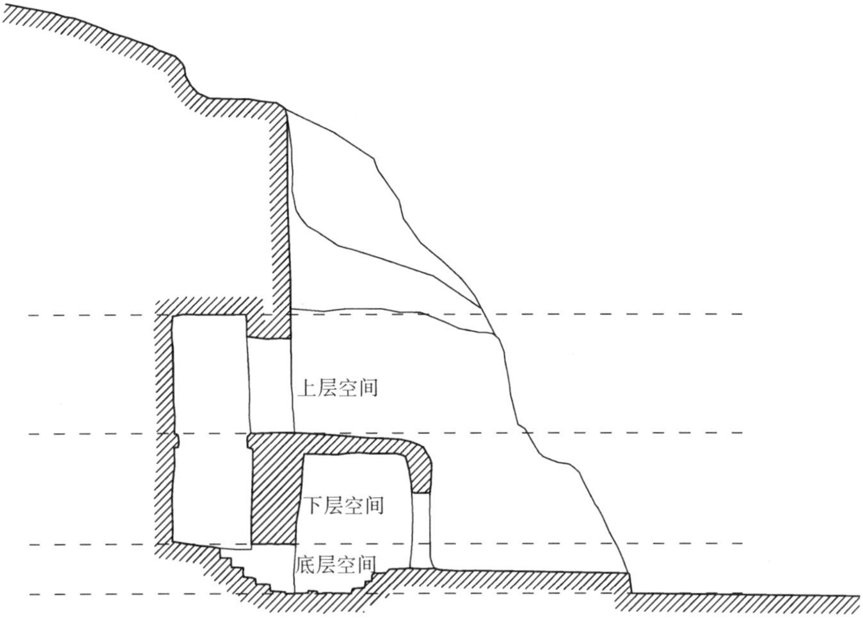

图 4. 39　第 3 窟空间层次示意图

(1) 上层空间

包括前室上部平台、后室明窗所对空间，总高约 6. 5 米。上层空间之上崖壁为自然断崖进行修整所成，而非有意规划的施工层位。

（2）下层空间

包括前室空间、后室明窗以下的空间，总高约6.5米。

（3）底层空间

从前庭表面、后室现底面至窟前道路平面的空间，总高约2.5米。

5. 洞窟原始设计试探

3窟窟外上层为一露天的平台，其上两侧立塔，中间凿窟，而其下为洞窟的东西前室。两前室平面非常特别，整体呈凸字形，室内两侧的大小和布局均不同，这并非窟室常见的对称空间，而一侧突起的岩体似有意每面设龛，做成塔柱样式，这种塔柱偏于一侧的做法不仅在云冈未曾见过，在其他石窟中也是罕见的。但前室偏于一侧的塔柱位于上层平台之上两塔的正下方，另一侧方形岩体，也正处于上层洞窟的下方。显然，它们是参考上层塔、窟的设置开凿，没有它们在下层支撑，上层设置也无法稳固，因此，才形成前室不规则的平面。这种上下层的对位关系，当为有意的设计，而其间的隔层，与洞窟后室内部的隔层齐平，上层塔、窟都已雕凿完成，而下层只具粗坯，这都说明，上下层间的间隔只是工程施工过程的反映，其现状可能并非洞窟原始的设计。

3窟开两窟门，属于双窟形式，当与其同时期同类型的洞窟有一定的相似性，要尝试对未完成的第3窟的设计原状进行推测，则需参考已完成的双窟①，现较为明确并基本完成的云冈双窟有1、2窟，5、6窟，7、8窟，9、10窟②，这四组洞窟，窟前左、右侧及双窟之间，均有凸出的岩体，雕成碑、塔等形式，形成一开敞的前庭（表4.1）。

表4.1　云冈双窟壁面组合

	1、2窟	5、6窟	7、8窟	9、10窟
两窟外壁东西侧	现各存一级浮屠③，北侧与窟外岩体相连，三壁开龛，浮屠两外侧还凿有一龛	现各存多级塔柱，与窟室大体同高，北侧与窟外岩体相连，各级三壁开数小龛	现状已风化严重，但仍可见巨大高耸的柱体，与窟室大体同高	东侧尚存风化了的塔体，与窟室大体同高；西侧仅存较大的基础，其上被后期窟龛打破

① 关于双窟的布局特点及其历史背景等问题前辈学者已有论述，参见宿白：《平城实力的集聚和“云冈模式”的形成与发展》，载于《中国石窟寺研究》；王恒：《云冈双窟研究》，《敦煌研究》2003年4期。

② 宿白：《云冈石窟分期试论》，载于《中国石窟寺研究》。

③ 这两方形浮屠上现存突起的残迹，是否还有塔层，需要进行清理。

续表

	1、2窟	5、6窟	7、8窟	9、10窟
两窟外壁之间	现已无任何遗迹，但从史料来看，有可能立有一碑	凿有与窟室大体同高的塔柱，风化严重	下部可见明显的龟趺造型，其上风化的柱体可能为丰碑	柱体风化严重，较窟檐下其他塔柱粗壮，底有大象驮负，顶端尚存楼阁勾栏雕刻的局部
壁面组合	塔—碑（?）—塔	塔—塔—塔	塔—碑—塔	塔—阁—塔

这种空间形式的共性，提示3窟立面上下的对位关系当从属于一个整体设计，其间的隔层当同洞窟后室的隔层一样，最终要被打破。而打破之后的3窟立面，东西两侧立塔，之间立阁上承弥勒天宫，这种形式较现状更显出与已完成双窟的关联，因此很可能是3窟的设计原状。而如前述，洞窟室内当分隔为双室，并各具中心柱（图4.40）。

6. 开凿过程

基于对3窟原始设计的分析，可大体定位3窟现状所反映的施工阶段，并对其前后可能的开凿过程做一推测（图4.41）。3窟当先利用上部天然断崖，修整出较高的直壁，再向下斩山至现状上层平台位置，这一过程中，预留出平台上塔与弥勒窟的坯体，然后开明窗向岩体内开窟，并开始对窟外塔、窟进行雕凿。这一阶段，在保证上层空间施工面的条件下，即开始进行下层空间的掘凿，在崖壁前方，向下斩山至现状前庭表面，并开窟门向内开凿前室，继开后室窟门从下至上开坡道掏挖下层空间，由于前室存在，若上下层之间隔层完全封闭，则后室下层空间的施工几乎在无光的条件下进行，因此，怀疑当时工程可能在保证上层空间正常施工、明窗位置正常出入的情况下，在后室上层东西两端向下开坡道与下层空间相通，不仅从上往下开窟取石更为方便、安全，也利于下层空间的采光。3窟开凿至这一阶段即停工（图4.41第5），上下层可能还要继续开凿，形成中心柱，则其开窟工程还没有结束，出于工人出入、运输石料的考虑，上下隔层在当时不会完全打通，现状打通的情况更可能是唐代补凿所为。因此，此后的造像工程是利用隔层分层施工，还是打通隔层统一进行，还存在讨论的空间。而窟外即率先对

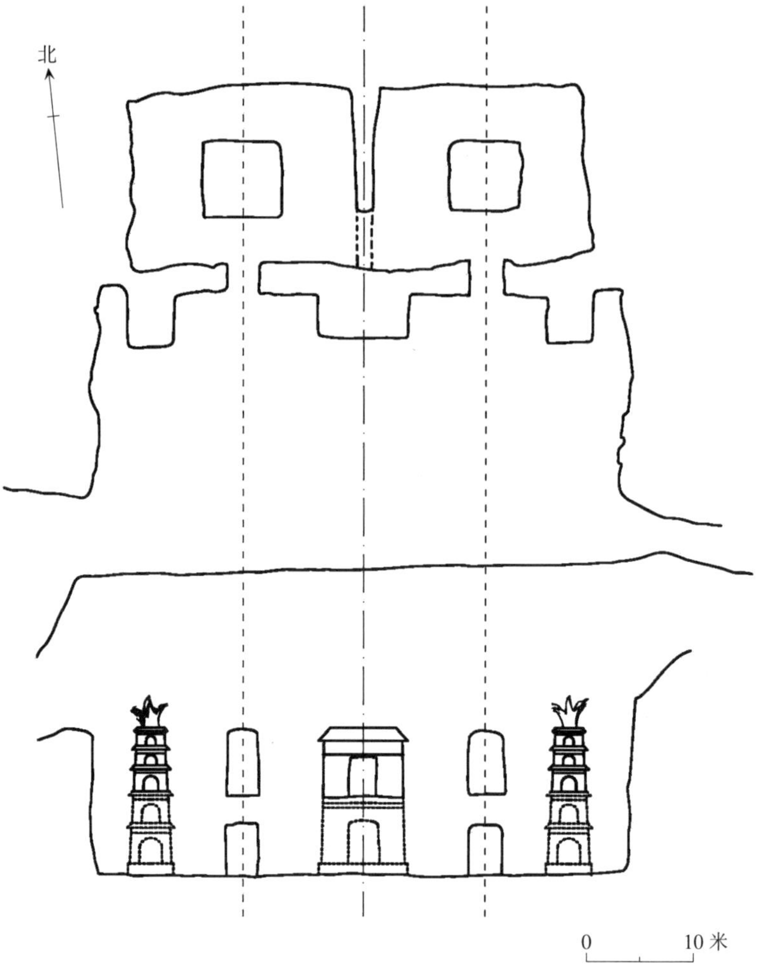

图4.40　第3窟原始设计平、立面推测图

上层平台进行造像工程，则分层施工的可能性不宜忽略。在上下层工程完工之后，再整体向下开凿洞窟底层空间，使窟内外及道路地平相齐，并进行近地壁面的造像工程。

第3窟的停工遗迹，明确地反映了云冈大窟分层开凿的事实，伴随着开窟，上层外部即雕凿塔和弥勒窟，也说明了造像工程会充分利用开窟平台施工。但较一期洞窟更为进步的是，第3窟在上层开窟造像的同时，即开始进行下层开窟，这极大地提高了工程效率，也对工程的整体组织提出了更高的要求，需要更为明确的施工

图 4.41 第 3 窟开凿过程示意图(按分层施工绘制)

规划和管控，当是当时施工经验逐渐积累的表现，反映了云冈工程由分层施工向统一施工的转变。

（三）个案选排说明

云冈石窟各窟现按由东至西编号，但编号顺序与各洞窟开凿的次序无关，因此，本书按三期论的基本顺序，从西区昙曜五窟开始，总体由西至东进行个案研究。

云冈一期洞窟中，由于20窟前壁大范围坍塌，现状所见除大像外，洞窟空间的基本信息已很不完整，因此不作为本书研究的个案实例。

云冈二期洞窟中，绝大部分洞窟施工完善，壁面龛像也整体布置，窟内所存施工过程遗迹很少，壁面龛像的空间关系也较为简单。因此，对这些洞窟的考察，就与一期洞窟不同，主要根据各窟具体情况进行专题分析。同时，这些洞窟，可认为完整地实现了洞窟原始设计，也需要从洞窟空间设计层面进行一定程度的考察，并作为后文论述的基础。

云冈二、三期洞窟中，有些大中型洞窟分期不易判断或存在争议，如第3－1、4、13－4、13－13、14、15、16－1窟。这些洞窟，多未完成，尚保留下了工程的过程状态，对于研究施工过程非常重要，本书也予以关注。

最后，云冈三期有大量的未完成小型洞窟，其中有些洞窟较清楚地反映了洞窟开凿、特别是造像雕凿的基本工序，具有很高的学术研究价值，虽规模较小，但也可为大中型洞窟的研究提供一定程度的参考，在本章最末介绍分析。

（四）云冈一期洞窟

【第19窟】

1. 洞窟基本情况

19窟在昙曜五窟中偏西，是五窟中规模最大的一窟。其壁面较其他四窟退后，在昙曜五窟整体崖面中形成明显凹陷，在这凹陷的空间正壁设置主窟，两侧壁设置胁洞，这种布局在整个云冈石窟都是独一无二的。

主窟外壁面，总高25米，上开明窗，高6、宽5米，明窗两侧向外扩展，在外立面上形成内外两道边框，这种设置，也见于16、17窟，是昙曜五窟明窗特有的作法。明窗之下开窟门，高6、宽3.5、厚3.7米。两胁洞规模较小，开高3.4、宽2.7米的明窗及高3.4、宽2.4米的窟门，胁洞明窗底缘与主窟明窗底缘大致齐平，高出地平9.8米，而窟门底缘则高出地平4.9米，从现状看，没有登临进入的条件。值得注意的是，胁洞窟门底缘一线在壁面上对应有一道明显的风化线，并延续到中央主窟窟门上方两侧（图4.42），这一线的位置与后文所述窟内空间层次的分隔线有水平对应关系。

主窟平面马蹄形，穹窿顶，宽18、深10.8、高17.4米，正壁主尊坐佛，高16.8米，几乎占满整个洞内空间，洞窟其他壁面上部满布千佛龛，唯在前壁明窗两侧壁面上对称设置两立佛。

2. 洞窟空间层次

从壁面龛像的整体分布看，19窟内部空间分上、中、下三个层次（见图4.3）：

图4.42　第19窟及两侧胁洞外观（［日］《云冈石窟》第十三卷）

上层空间为明窗向内的主体空间，正对主尊胸部以上，南壁明窗两侧各一立佛，立佛底端与明窗底面齐平。其下的中层空间与下层空间的分隔集中表现在洞窟壁面龛像的分布上：洞窟正壁外其他三壁绝大部分壁面均布置千佛龛，形式统一，为整体规划开凿，但壁面的底部，却没有布置千佛龛，壁面散乱布置有较晚的龛像，两部分分隔线在各壁面水平高度相同，具有整体性，且分隔处壁面形成一道明显的风化线。这一线确定的水平面在主尊上位于腿部以上、抬起的右手以下，主尊两侧身光的下缘也止于这一线，在主尊身上还对应有一条明显的风化线。值得注意的是，这一线延伸至窟门两侧，将壁面龛像也分为上下两部分，上层龛像均为旧式，下层龛像均为新式，再继续延伸至窟外，则与两胁洞底端以及窟外壁面风化线齐平。可以看出，窟内窟外均统一存在这一水平的空间分隔线。

3. 壁面龛像关系

（1）上、中层空间

从壁面千佛龛的分布看，上、中层空间壁面龛像统一规划，具有一体性。在壁面千佛龛之间布置有三处龛像（图4.43 虚线框出），需要重点分析。

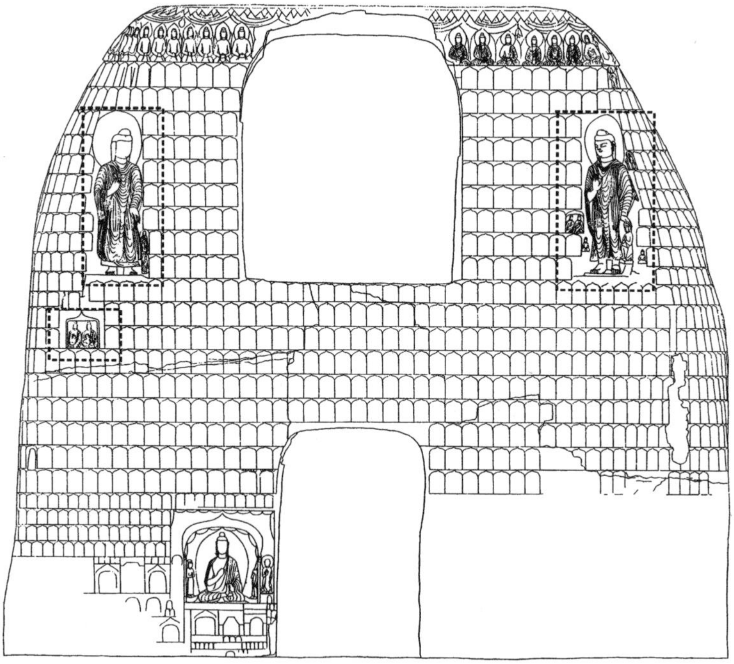

图4.43　第19窟前壁龛像分布（［日］《云冈石窟》第十三卷）

其中两处是明窗两侧的立佛，其在直壁上向内减凿而成，其周边分布的千佛龛顺应立佛嵌入的壁面有一定倾斜，有明显的依附关系，这说明千佛龛不早于立佛开凿。立佛的两侧还有一些零散的小像，如西侧立佛的侧上方，雕凿有两个小立佛，它们遮挡了临近的千佛龛，反映了千佛龛避让其开凿（图4.44），说明千佛龛也不早于这些小像开凿。立像及其周边的小像均不晚于四周千佛龛开凿，两者空间关系又如此紧密，且小像与大像造型样式均十分相似，很可能小像依附于立像同时开凿，有一定的协同施工关系①。

另一处在千佛龛壁面中部靠东位置，嵌入了一方二佛对坐龛（图4.45），影响了千佛排列的整齐性，似乎是打破了千佛龛。但该二佛对坐龛两侧的千佛龛分栏并不水平，说明它们在该龛位置处并不可能对接，也就不存在二佛对坐龛打破千佛龛的关系。实际上，壁面千佛龛在与二佛对坐龛交接的位置，并没有侵入对坐龛的范围，而是有意避让（二佛对坐龛左侧壁面明显空出），这说明对坐龛不晚于壁面千佛开凿。再从壁面千佛龛的分布看，这一位置处于洞窟东壁与南壁的交接处，由于其上

图4.44　第19窟立佛及周边小像与壁面千佛龛的关系（［日］《云冈石窟》第十三卷）

① 这些小像，是否可能是大像雕凿时所参照的小样？视其比例较为失衡，或是当时徒工模仿大像的随意作品？它们之间的关系，给人很多的想象空间。

图4.45　第19窟二佛对坐龛与壁面千佛龛的关系（［日］《云冈石窟》第十三卷）

方立佛范围较大，使横向排布的千佛龛无法统一施工，因此容易出现立佛两侧千佛龛分栏无法对接的现象。可能为了弥补这一施工问题，工匠才在此布置了一小龛来填补空余空间，以避免交接不顺，从其上下缘与千佛分栏线的吻合关系，其很可能与千佛龛同时开凿。

（2）下层空间

下层空间除正壁外各壁面的上部，也分布有数排千佛龛，其样式和大小都与上中层空间的千佛龛不同，为进行区分，这里将上中层千佛龛记为千佛龛Ⅰ，下层千佛龛记为千佛龛Ⅱ。

千佛龛Ⅱ的底缘大约与主尊盘起的腿部表面齐平，在南壁东侧，其绕壁面一旧式龛分布，表现出避让关系，说明千佛龛Ⅱ不早于该龛开凿。

在西壁下层，壁面向内开凿有三塔，三塔的上端，打破了上层千佛龛Ⅰ，而千佛龛Ⅱ随三塔之间壁面凹陷的形势分布，说明其依附三塔开凿（图4.46）。

以上说明，千佛龛Ⅱ即便在下层空间壁面也是较晚开凿的，与上层千佛龛Ⅰ有

图 4.46 第 19 窟西壁下层壁面千佛龛依附于三塔开凿（［日］《云冈石窟》第十三卷）

一定的时间间隔。而下层空间壁面较早开凿的三塔以及龛像，均与中区洞窟龛像相似，约当云冈二期早段。这反映出上下层空间壁面龛像的开凿有一定的时间间隔，工程在下层空间之上持续了相当长时间。

下层空间中，窟门两侧也满布大小龛像，且以洞窟内部中、下层空间分隔线为界分为上下两部分，上部布龛规整，均为旧式，而下部布龛较为散乱，均为新式，说明壁面上下部分开龛存在一定的时间间隔。

窟门两侧下部满布千佛龛，与窟内千佛龛样式不同，记为千佛龛Ⅲ，这些千佛龛不仅限于 19 窟，也广泛分布于昙曜五窟外壁面上，还穿插于各窟内部的空余壁面上，开凿时代最晚。值得注意的是，窟门两侧下部的千佛龛Ⅲ与新式小龛相互避让，协同开凿，由此可知壁面千佛龛Ⅲ的开凿当与窟门两侧下部的新式小龛大略同时。

4. 开凿过程

19 窟开凿前山体的原始情况有两种可能：一种可能是 19 窟所在山体上部断崖壁面与西区一线断崖齐平，由于特殊的设计，19 窟刻意将崖面内凿，形成陷入的窟面；另一种可能是 19 窟所在山体上部断崖本就自然凹陷，工程只是借用这一自然条件进行了一定程度的修整，才形成现状窟面形式。

以上两种可能，牵涉到洞窟的设计问题，19 窟特殊的窟面形式究竟是人为设计还是受自然影响而进行的适应性改造①？本书仍无法给出明确的判断。但现在西端窟群一线仍是起伏的崖面，特别在30窟位置，崖面明显凹进，这也提醒我们，后者的可能性不应忽视。

19窟有明显的空间分隔线，上中层空间壁面开凿的龛像不仅整体早于下层空间，分布也有统一规划，上中层空间壁面局部的小龛也多开凿较早。因此，19窟的开凿过程当与17窟类似，分层开窟造像。其首先利用山体阶地及后缘自然断崖，修整好壁面后，开明窗向内开窟，明窗所对应的窟内空间开凿，可能伴随有南壁两立佛以及主尊头部粗坯的工程。然后窟外继续往下斩山，至现两侧胁洞窟门底缘一线，开窟门向内，同时洞窟内部也向下开凿，与下部窟门连通，开凿出整体的上、中层空间。在这一空间内，搭建脚手架，统一雕凿主尊腿部以上的部分以及各壁面千佛龛Ⅰ，壁面龛像的开凿总体统一，但也在局部有灵活的处理，开凿了一些小型龛像。这一阶段工程持续时间较长，因此其底部工作面与各壁面相接的位置可能留下自然印记，现在洞窟内外这一线风化的迹象可能与此相关。上中层空间工程整体完成后，窟外继续往下斩山，窟内则继续往下开窟。由于主尊盘起的腿部占据洞窟下层绝大部分空间，这一阶段向下开窟的工程并不大，伴随工作面的下探，工程的主要精力集中在主尊手部下端以及腿部的雕凿，而对逐渐开凿出的下层壁面没有统一规划。这些壁面，后被民众利用，散乱开凿了龛像。窟门和明窗两侧壁面，并不在最初的工程范围内，大片壁面保留了下来，并被后期补凿工程利用，由于空间层次分隔的影响，最先利用的是窟门上部，后期才逐渐铺展至下部壁面。

【附：第19窟东西胁洞】

19窟东西胁洞相当于中型洞窟的规模，两窟均为马蹄形穹窿顶窟，宽6、深4.3、高8.5米，结构对称，像设布局一致，正壁设善跏趺坐佛，两侧设胁侍菩萨。

1. 19窟胁洞与两侧洞窟的空间关系

（1）胁洞与主洞的空间关系

19窟两胁洞与主洞很近（图4.47），相接处均有壁面穿透现象，分别位于东胁

---

① 也可能是在人为设计的指导下，专门挑选内陷的壁面进行修整。

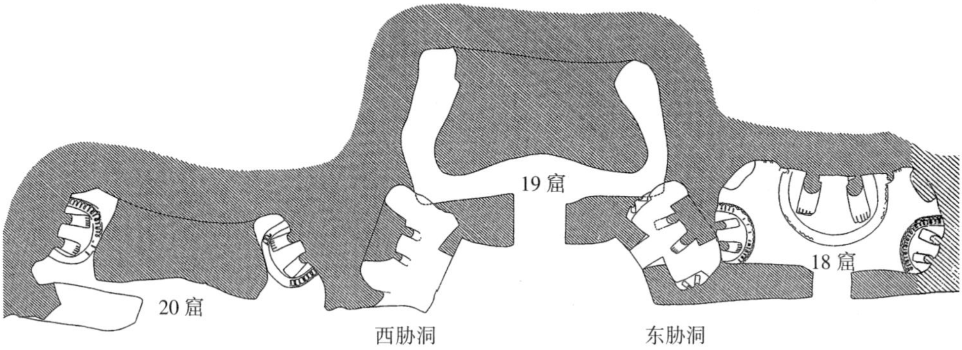

图4.47　第19窟及其两胁洞与两侧洞窟的空间关系（［日］《云冈石窟》第十三卷）

洞北壁下部和西胁洞北壁上部，从透洞边缘的厚度看，胁洞与主洞之间岩壁只间隔10厘米，但两窟却互不干扰，现状所见的透洞均为后期打破（打破两窟对应壁面龛像），这反映了胁洞与主洞为统一工程，相互避让，协同施工。两窟相接壁面均雕千佛或浅龛，不向壁面内大规模取石，以防穿凿出透洞，也说明了其在设计上的整体考虑。

（2）东胁洞与18窟的空间关系

19窟西胁洞与20窟距离较远，而东胁洞与18窟很近，两窟相接处也有壁面穿透现象，这处透洞在18窟位于西胁侍佛头光的下部，在19窟东胁洞位于主尊座南侧，壁厚仅几厘米。细看胁洞透洞上下，有一条大的裂纹带，后期千佛均避让透洞及其裂纹开凿（图4.48左），可见该处壁面穿透的时间较早，而透洞的另一面，却打破了18窟胁侍佛的头光莲瓣纹（图4.48右），说明19窟东胁洞施工时破坏了18窟岩体，但这种破坏并非刻意的，19窟东胁洞整体还保持对18窟的避让关系，这可从以下两点看出：

其一，胁洞正壁主尊南侧与18窟相接处，与主尊北侧壁面明显不对称，窟形整体内收，这反映了东胁洞整体窟形对18窟的避让。

其二，东胁洞与18窟相接最薄弱的地方，在18窟胁侍佛头光区域，而对应于19窟东胁洞，这一区域的壁面，在当时都没有造像，小龛均避让其开凿，而上方千佛也避开这一区域，以致形成与北侧千佛不对称的现状，这反映了东胁洞壁面细节处理对18窟的避让。

图 4.48　第 19 窟胁洞与 18 窟相接处透洞——虚线为 18 窟胁侍立佛头光范围
（［日］《云冈石窟》第十三卷、第十二卷）

由此可见，19 窟东胁洞施工过程中，不小心打破了 18 窟壁面，随即调整了原始窟形和壁面设计，避让 18 窟开凿，这说明 18 窟不晚于 19 窟胁洞开凿。鉴于两窟工程的关联性，而 19 窟胁洞又从属于 19 窟的整体工程，则 18 窟与 19 窟及其胁洞很可能同时施工。

2. 两胁洞对比及其所见的开凿过程

两胁洞对称分布于 19 窟两侧，规模相当，像设相同，因此，它们的原始设计和施工过程当一致，但从现状来看，东胁洞一体完成，而西胁洞当时并未完工，主要像设为后期补凿，因此，两窟的现状实则反映了一次工程和两次工程的差异，将两窟对比，其相同点当反映了西胁洞停工前第一次工程完成的内容，而不同点，则为西胁洞第二次工程补凿改造的内容。借此可以将西胁洞两次工程区分开来，并了解到其第一次工程停工的状态，这对于分析洞窟开凿过程提供了极好的材料（图 4.49、4.50）。

（1）两窟相同点

①各壁面上层散乱分布的数龛，均为旧式龛，型式一致，样式古朴（图 4.51、4.52）。

图 4. 49　第 19 窟东胁洞龛像配置示意图（［日］《云冈石窟》第十三卷）

图 4. 50　第 19 窟西胁洞龛像配置示意图（［日］《云冈石窟》第十三卷）

②主尊的主体造型，亦即粗坯形态。

（2）两窟不同点

①主尊的准确造型，包括衣纹、头光、身光以及基座，西胁洞为新式，东胁洞为旧式。

图 4. 51　第 19 窟东胁洞旧式龛（［日］《云冈石窟》第十三卷）

图 4. 52　第 19 窟西胁洞旧式龛（［日］《云冈石窟》第十三卷）

②两侧胁侍菩萨，西胁洞为新式，东胁洞为旧式。

③壁面上方的千佛及窟顶，西胁洞未雕凿，东胁洞完成。

由此可知，西胁洞的第一次工程，集中在洞窟的上层空间，开窟的同时开始在壁面上开凿龛像，这些龛像分布零散，显然是没有计划的内容，但它们是洞窟开凿过程中的作品。这一点，也可从一体完成的东胁洞壁面龛像的空间关系看出，其主尊身光两侧整齐排布的千佛，均避让壁面上部小龛分布，说明壁面小龛不晚于洞窟主体像设开凿，并非晚期补凿。以上两方面相互印证，明确说明壁面上层龛像属于原始工程，这与其古拙的造像样式也是相应的。

因此，19 窟东西胁洞这样的洞窟，首先也是从明窗进入开凿上层空间的窟形，并留出主尊的粗坯，伴随开窟的过程，在正壁外的其他壁面开龛造像。这一阶段工程完成后，西胁洞很可能即停工，而东胁洞则继续施工，往下开凿出洞窟下层空间，再一体搭架完成主尊、胁侍及壁面千佛、窟顶的雕凿。多年后，西胁洞才启动二次工程，也往下开凿出洞窟的下层空间，再进行造像工程，由于时代更替，新样式的引入，工程在主尊粗坯的基础上，重新设计了造像（包括胁侍菩萨）和附属装饰（头光、身光）样式。这次工程，主要围绕主体造像进行，没有对壁面上部和窟顶进行雕饰。

【第18窟】

1. 洞窟基本情况

第18窟在昙曜五窟中居中，其外壁面总高约24米，上开明窗，高8、宽6.7米，下开窟门，高4.7、宽2.8米，窟门厚2米。窟内平面马蹄形，穹窿顶，高16.5、宽17、深7.5米，正壁主尊为立像，高16米，东西分置一尊胁侍菩萨和胁侍佛，也均为立像，在主尊与胁侍佛之间的壁面上方，还雕有十大弟子像。窟内东西壁与正壁几乎被这些主要像设占满，仅南壁和东西壁上部分布有若干小型龛像。

第18窟无论像设还是外立面都比较特别，其明窗比其他几窟都高大得多，透过明窗，窟内的主要像设一览无余。这种特别的设置，并非随意的处理，而与18窟的施工过程紧密相关。

2. 洞窟空间层次

18窟内部空间分上、下两个层次（图4.53）。

（1）上层空间

18窟明窗底面，水平对应于主尊立像胯部一线，这一线壁面有明显的风化迹象，主尊垂下的右手臂即于此断裂。这一线之上，主尊所披的袈裟上雕饰千佛，但这一线之下，袈裟上即不再雕饰千佛。袈裟上凸出的千佛，需预留石坯雕刻，这种分化，说明以这一线为分界线，主尊上下身体表面的处理手法发生了变化。而袈裟由上自下顺延，这一线上下并没有服饰结构上的不同，其处理手法的变化很可能受制于窟内空间层次。以此一线与明窗底面确定的水平面，可将窟内空间划分为上、下层。上层空间总高约10米，具有相对的独立性，在各壁面上还表现为：

①东西壁上方十大弟子的底端，正位于上层空间底平面一线；这一线也对应胁侍佛和菩萨的头部。

②南壁明窗两侧，纵列有多个小龛，这些小龛的下方，即明窗与窟门之间，开窟时留有大面积的空余壁面，晚期的千佛龛铺满了这一区域。由此可见，明窗下缘

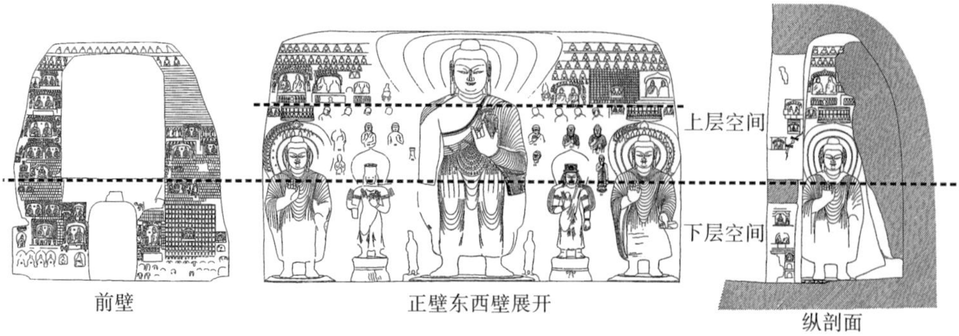

图4.53　第18窟各壁展开及纵剖面示意图（［日］《云冈石窟》第十二卷）

一线将南壁满布的小龛也分隔为了上下两部分。

东西壁胁侍立佛上部的华盖，凸出壁面约1米，其下主体造像也均较壁面凸出。这说明洞窟空间在华盖上缘所确定的高度位置之下内收，形成了阶梯状的窟形，这一阶梯凸出的范围并非仅限于胁侍立佛之上，实际上，在立佛内侧胁侍菩萨上方，十大弟子也是因预留出凸出的壁面才有石坯雕凿出近圆雕的效果，因此，在主尊两侧，胁侍菩萨、立佛上方均有贯通东西壁的窟形阶梯，以阶梯上缘为界似还存在上层空间的分隔。

（2）下层空间

上层空间之下至洞窟底面，为下层空间，总高约6.5米。下层空间是窟门入内的主体空间，正对主尊下半身及其他胁侍的全身。由于下方像设布置较紧密，下层空间仅南壁布置较多小龛，从小龛的分布看，在窟门中下部一线，似还存在空间的分隔，其上小龛与上层空间小龛样式一致，而其下的小龛则多为后期补凿。这一分隔线，在东西对应于胁侍佛的腿部和胁侍菩萨的基座，在正壁对应于主尊的腿部。

3. 壁面龛像关系

（1）上层空间

上层空间各壁面上的小龛，均开凿较早，以东壁小龛为例进行说明。

东壁胁侍佛华盖之上分布有三龛，这三龛，底端均在华盖上缘一线，而顶端则高低不一，靠近主尊的一龛最低，三龛上部排布较大型的千佛，其参考主尊头光范围布置，当属于主体像设的附属装饰。这些千佛，均围绕着三龛分布，在较矮的一龛之上还多出一排，但不继续向南延伸，以免打破较高的小龛，表现出对三龛的避让关系，这说明三龛不晚于千佛开凿。

三龛之下，十大弟子之上，还布置有一排浮雕的弟子像，这些浮雕弟子上部的头光，与上龛供养人像协同开凿，供养人只雕半身，而弟子头光弧度顺应着有些压缩，两者互相迁就，这说明三龛与壁面浮雕弟子共同施工。另外华盖两侧还有小龛雕凿，它们当也是同时施工的龛像。

这些避让和协同关系，也见于西壁和南壁（图4.54），说明上层空间各壁面的小型龛像，虽然分布杂乱，规模和形式也不一，但都开凿得较早，至少不晚于窟顶千佛。这些小龛，多见二佛对坐题材，且大多没有明确的四至范围，特别是其两侧的胁侍菩萨和龛楣之上的供养人，均非规则的布置，而多见缝插针的分布，表现出很大的灵活性，有的壁面有空余，就雕刻较小的单尊立佛进行填充，这反映出当时壁面工程尚无统一规划。

除此之外，上层空间还值得注意的遗迹现象有：

图4.54　第18窟南壁龛像配置图（［日］《云冈石窟》第十二卷）

①在南壁与东西壁交界处，纵向每隔1.6～1.8米，分布一个小孔，直径约10厘米，东侧存3个，西侧存2个，东西有水平的对应关系。龛像均避让这些小孔开凿，说明它们先于凿像工程设置，可能是当时搭设的脚手架的遗迹。

②十大弟子的圆雕作法，既有半身，又有全身，且上下相叠，前后遮挡，说明当时工匠对造像的整体比例和分段比例已经掌握得相当娴熟。

③窟顶一圈千佛，样式相同，唯独在南壁正中与主尊正对位置设置苦行像，为有意的安排。

④南壁明窗西侧范围没有开龛，而是分布着一排排小型的千佛，其上与窟顶相接处排列的大型千佛亦避让这些小型千佛开凿，说明这些小型千佛开凿的时间较早，当与壁面小龛同时，而非后期补凿。

（2）下层空间

下层空间龛像主要集中在南壁，如前所述，其小龛分布似有分层迹象。壁面底缘龛像小而零散，而其上多为较大的旧式龛像，这些龛像的型式与上层空间较早的龛像一致，说明当时工程进展顺利，上下层之间无太长的时间间隔，只是壁面底缘尚有空余，为后期补凿龛像提供了条件。

南壁窟门两侧，壁面略向窟外倾斜，形成倒八字形窟口空间。倾斜的壁面中部雕凿有较早的旧式龛，而其上方原没有开龛造像，后期才在这一区域补凿了新式龛像，再

窟门东侧　　窟门西侧　　明窗西侧

图4.55　第18窟南壁明窗下部坍塌及改造（［日］《云冈石窟》第十二卷）

上为明窗底部坍塌痕迹，这一带壁面有较为明显的凹陷（图4.55左）。在凹陷的壁面四周，龛像均避让其开凿，部分后期千佛还顺壁面向凹陷处排列。明窗两侧壁面，其下部有大的裂纹，裂纹上以燕尾榫绞铁固定，后期千佛龛的开凿均避让裂纹和绞铁分布，说明裂纹出现的时代很早，并在当时就进行了补救（图4.55右），联系明窗之下岩体的凹陷，可知18窟明窗以下很早就出现了岩体崩裂、坍塌，且很可能发生在最初的施工过程中，坍塌事故发生后，当时工程即对坍塌的壁面进行了相应的改造和加固，形成了现状倾斜的壁面，并在修整好的壁面中部开龛，但较高的位置损毁较大，已无法弥补。

（3）窟门与明窗

18窟窟门与明窗两侧均为后期补凿的龛像，新旧式并存，协同开凿，时间当在太和服制改革之后不久，不属于洞窟的原始工程，因此在洞窟开凿过程的分析中，明窗与窟门只作为施工出入通道考虑。

4. 开凿过程

18窟有明显的空间层次，大像结构和壁面龛像布局受空间层次制约有明确分化，说明该窟很可能是从上往下分层施工，伴随开窟进行造像工程。

18窟上层空间的开凿，可能在胁侍佛华盖上方形成阶梯，分两级进行。先对主尊头部进行粗凿，而其他壁面也可能同步开龛造像，待整个上层空间开凿后，再统一搭架，对主体像设包括主尊上半身及各胁侍的头部进行细凿，并在空余壁面雕饰千佛。上层工程进行时，窟外继续阶梯式斩山，一方面保证进出上层空间的通道，一方面又准备下层空间的开凿。待上层工程结束，斩山至与窟前道路齐平，向窟内拓展，最后再统一搭架完成下层空间造像工作（图4.56）。

明窗在早期石窟中，与洞窟分层施工密切相关，它一般均对应着洞窟上层空间。18窟在昙曜五窟中像设最为复杂，占据洞窟的绝大部分空间，当时的施工设计将主尊立佛分为上下身分别开凿，并在上层空间主尊两侧雕凿十大弟子，其外还定出了胁侍佛与胁侍菩萨头部的位置，是一个大范围的设计与施工，因此才开凿了巨大的明窗。

【第16窟】

1. 洞窟基本情况

16窟为昙曜五窟中最东端的一窟，其窟门东侧1米岩壁即向外凸出，为原来的斩

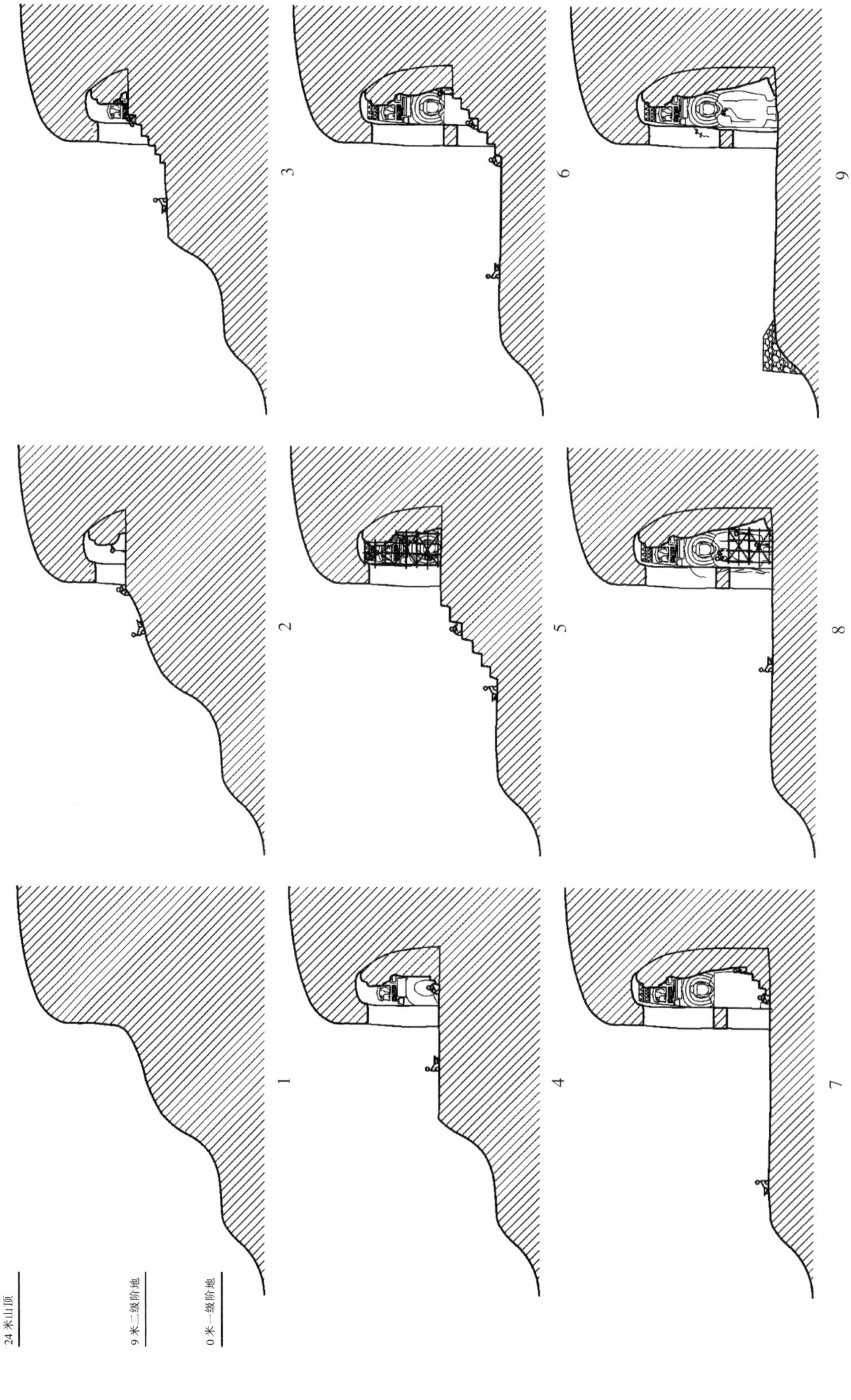

图 4.56　第 18 窟开凿过程示意图

山侧壁，反映出当时斩山空间的局促，该窟也是昙曜五窟中最小的一座，窟门狭长，这些都说明16窟的开凿工程可能较为紧迫。窟外壁面总高约20米，上开明窗，高5.5、宽4.3米，下开窟门，高5.3、宽2.7、厚2.2米。窟内平面呈马蹄形（图4.57），穹窿顶，宽12.7、深8.8、高15米，正壁主尊为立像，高14.4米（图4.58），其余壁面，上部满布千佛，中部似对称分布有5个早期龛像，下部杂乱分布有众多晚期龛像。

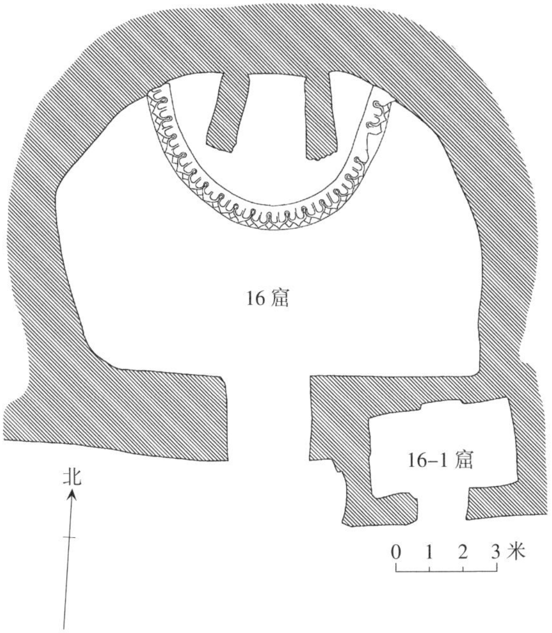

图4.57　第16窟平面图（［日］《云冈石窟》第十一卷）

图4.58　第16窟主尊立像（［日］《云冈石窟》第十一卷）

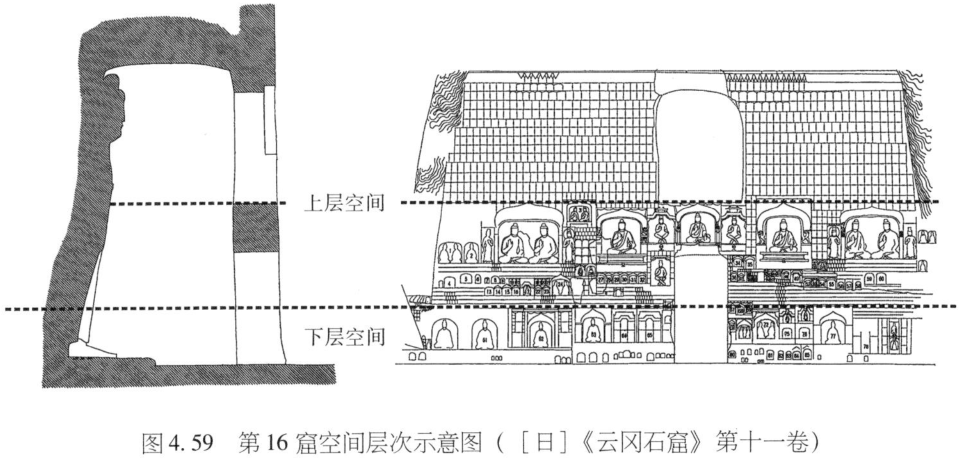

图4.59　第16窟空间层次示意图（［日］《云冈石窟》第十一卷）

16窟紧迫的工程，还直观地反映在窟内造像上，其虽属于云冈最早规划设计的洞窟，但主尊却着新式服饰，当为后期补凿完成，这说明16窟开凿工程进展得并不顺利，曾长时间停工。但正因为工程中断，16窟开窟施工的遗迹尚部分地保留下来，对于本书的研究提供了很好的材料。

2. 洞窟空间层次及壁面龛像关系

从洞窟窟形和壁面龛像的整体分布可知，16窟空间分上下两层（图4.59），其层位分隔线位于现窟内地平之上3米一线。在东西壁及南壁，这一线之下的岩体较上部凸出（西壁风化严重，但能看到局部凸出壁面的岩体残痕），主尊身光的底缘也正位于这一线。壁面中部5个早期大龛位于这一线之上1.5米的位置，而下层壁面龛像的上缘抵于这一线（图4.60）。

（1）上层空间

上层空间，以明窗底缘为线，又可以分为上下两个部分。其上部正壁以外的壁面，均满布千佛龛，千佛龛与主尊身光紧密相接，两者相互避让，说明它们协同施工，统一开凿。主尊身光外缘火焰纹及内部飞天样式均较早，壁面千佛龛也均为旧式，反映了这些部分的雕凿时代都较早，属于云冈一期工程，但它们并不是上层空间壁面最先开凿的龛像。

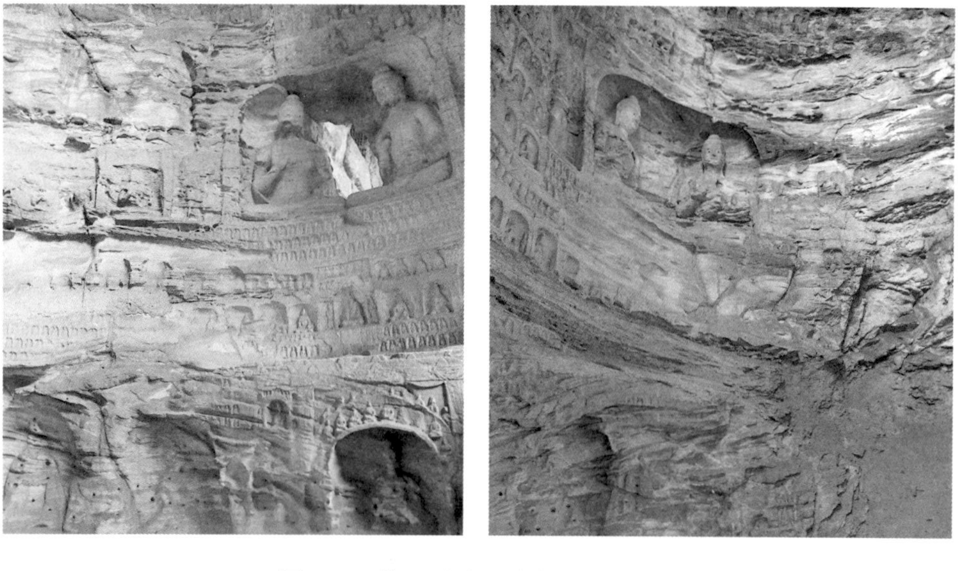

图4.60　第16窟东西壁底缘岩体凸出

图4.61 第16窟上层千佛龛对壁面中部大龛的避让关系（［日］《云冈石窟》第十一卷）

在上层空间下部，也就是东、西、南壁中部位置，一线分布5个大龛（从东往西编号），其中1、4、5号龛上部均处于千佛龛开凿的范围内，但并没有打破千佛，反而是千佛围绕它们分布（图4.61）。这种关系，在1号龛与2号龛之间分布的小龛上反映得尤为明显，从该龛与1号龛的关系，可知其避让1号龛开凿，而它的上部也位于千佛龛之中，千佛龛让出了它的位置，并在其间空隙壁面填以较小的千佛。这说明，千佛龛不早于壁面中部的5个大龛开凿，甚至不早于大龛之间填充的小龛开凿。那么大龛应该开凿有一段时间后，整个壁面才统一雕凿了主尊身光和千佛龛。

在这些大龛之下，上层空间底缘之上，还分布有许多杂乱分布的小龛，它们的规模明显受上部大龛和底缘凸出平台的限制，开凿时代当较大龛晚。

（2）下层空间

下层空间高度有限，各壁面主要分布着小龛，在接近上下层空间层次线位置，排布的龛相对较大，而下部则是散乱分布的小龛。

若将下层空间龛像与上层空间底部龛像联系起来看，这种龛像分布现状，反映了洞窟空间开凿的过程：尽管壁面小龛风化严重，但仍可以看到，在上层空间底端分布的小型龛像，部分还为旧式，而下层空间分布的小型龛像，则全为新式，这表现出上层小龛整体比下层早，但若上下层空间一开始就贯通，由于下层空间更接近地面，最先开凿的小龛就不会选择布置在上层空间底端，而会就近在下层空间壁面上开凿，与小龛现状的整体早晚关系相反，这说明上层空间开凿时下层空间还没出现，人们不得不在上层空间大龛之下有限的壁面开凿小型龛像。

（3）明窗与窟门

明窗两侧开凿的龛像散乱，样式相对于窟门两侧龛像偏早，除东壁底端的一小龛着新式服装外，其他龛均着旧式服装，而新式服装龛也与其上的旧式服装龛一体开凿，说明明窗两侧壁的龛像开凿于太和服制改革时期。

3. **开凿过程**

16 窟开凿分明显的上下两层空间，两层空间存在较长的时间间隔。上层空间最先开凿，其底缘的位置，高出窟外路面约 3 米，伴随上层空间的开凿，除为主尊留下坯体外，利用开窟过程中的工作面，工匠在主尊以外的壁面中部率先开凿了几座大龛，它们虽大体对称，但并不严格，可能并非 16 窟本来的设计。上层空间的开窟工程完毕，再统一搭架对大像进行雕琢，包括主尊及其外围的身光、壁面千佛龛等装饰部分，后者工艺相对简单，完成得较早，但主像复杂，可能只进行了粗凿，工程即停工。上层空间的工作面在此后保存了相当长时间，许多民间势力进入，利用这层工作面在上层空间下端壁面开凿了很多小龛，明窗及窟门上部两侧开凿的龛像可能也在这一时期。

直至太和服制改革后，16 窟主尊的造像过程才又开始动工，但这一时候，造像的样式和风格已经转变，因此续凿工程对原来的大像样式进行了改造，并将洞窟平面凿至与窟外路面平齐，这项工作应当一直持续到迁都前后。此后，16 窟各壁面还统一补凿了千佛龛，打破了部分原始龛像。

16 窟的上层空间，反映了洞窟原始工程停工时的状态，而停工之时，上层空间除主尊以外的壁面均已雕满龛像，这是说明“昙耀五窟”分层开窟造像最直接的材料。

（五）云冈二期洞窟

【第 13 窟】

1. **洞窟基本情况**

13 窟位于中区窟群西端，窟面与东侧 12 窟、11 窟齐平（图 4. 62）。三窟东西两侧有凸出窟面的岩体，且以 12 窟为中心，11 窟与 13 窟外观大体对称（图 4. 63），因此，一般认为，三窟为一组合窟。但现状所见，11 与 13 两窟窟门明窗的相对高度、大小、形式均有较大差异，而两窟内部空间形式更是完全不同，反映了石窟工程的

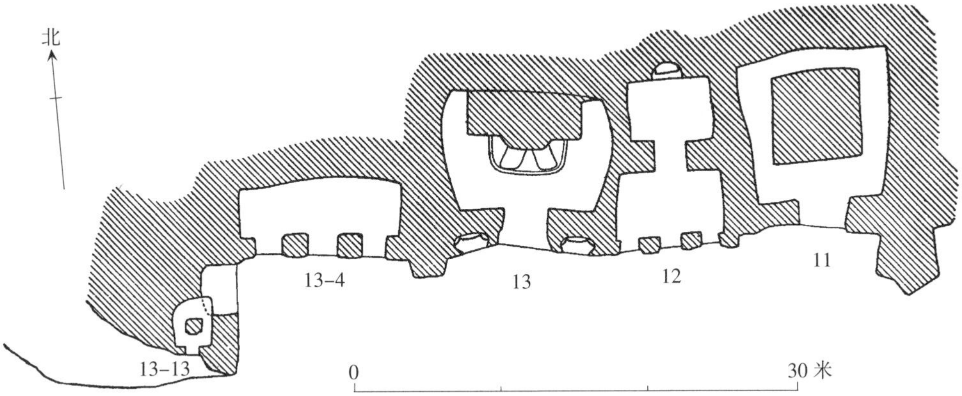

图 4.62　中区 11 窟以西洞窟平面图（［日］《云冈石窟》第十卷）

图 4.63　第 11 至 13 窟外壁面

复杂性，因此，本书将 11 至 13 三窟分开考察。

13 窟外壁面总高约 24 米，上开明窗，高 4.55、宽 4.1 米，下开窟门，高 3.8、宽 3、厚 2 米，窟门现状成圆拱形，但上方两端残存横楣，其原来的形式当如 9、10 窟后室窟门，为方形窟门上施横向的门楣，这与 11 窟圆拱形窟门有所差异。13 窟及左右侧洞窟外壁面上，均满布小型窟龛，它们依附于这几所大窟斩山崖面开凿，时代当较晚。

13 窟内部平面呈马蹄形，穹窿顶，宽 10、深 9、高 13.5 米。正壁设交脚弥勒大像，大像头冠接窟顶，总高亦为13.5米，除正壁外其他壁面上均排布龛像（图4.64）。

2. 洞窟空间层次及壁面龛像关系

由东、西、南壁龛像的组合及分栏布置关系看，13窟空间层次可分为上、中、下三层（图4.65）。

（1）上层空间

从窟顶至明窗底缘平面，高约5米，在东、西、南壁对应为一条水平分隔线，划分开东、西、南壁上中层窟龛，在正壁上对应主尊胸部以上部分。

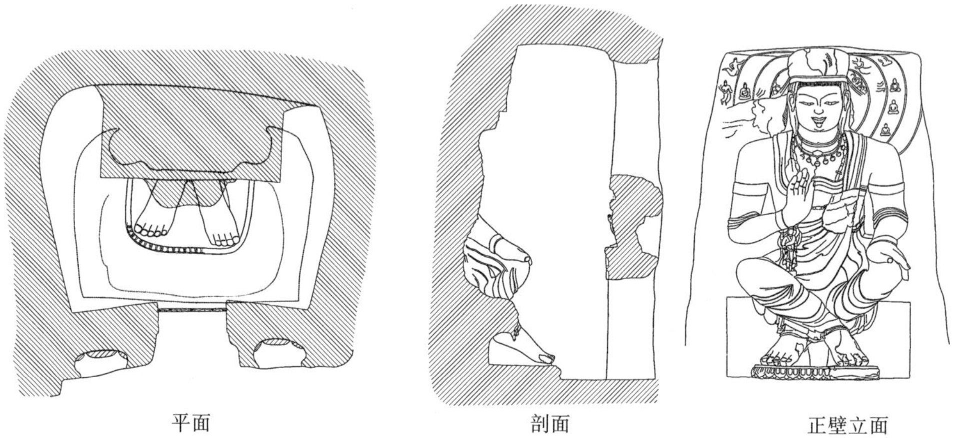

图4.64　第13窟平面、剖面、正壁立面图（［日］《云冈石窟》第十卷）

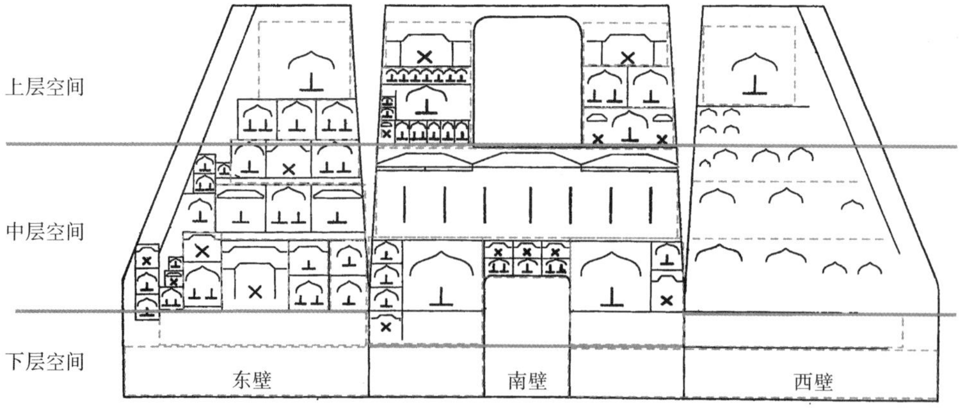

图4.65　第13窟东、西、南壁龛像分布图（虚线表示组合关系）

南壁明窗东侧开上下两大龛，上部弥勒龛，与明窗西侧弥勒龛对称，下部坐佛龛，龛下方及东侧空余壁面，也开凿了成组的小龛，从其形式和开凿的位置看，当依附于大龛开凿，时代大体相当；明窗西侧分上中下三层龛，应当为同一时期开凿，是否为组龛尚不清楚。

东、西两壁布局大致对称，上排为一坐佛龛，周饰千佛（西壁南端立塔），下排为并排的组合龛。

明窗两侧对称设置两胁侍菩萨像，上设飞天。

（2）中层空间

高约5.5米，其与下层的分隔面与主尊身下的基座齐平，主尊身后背光下端也止于此。在南壁略低，与窟门顶部留有约1.8米的高度，这可能是方便施工进出所设。

南壁：明窗与窟门之间为横排的七佛，均着新式服饰，分为三组，每组上方置屋顶，从屋顶中部金翅鸟与上层龛下缘的打破关系，可以判断其开凿时间晚于上层空间龛像。七佛之下，窟门之上，有两排三列六龛，当为组合关系，各龛内均为新式造像。窟门东西两侧，对称设置两大龛，东侧龛主像着新式服饰，而西侧龛主像着旧式服饰，反映了这些龛开凿的时间在太和服制改革时期，每龛边侧空余壁面纵列四小龛，也当为同时开凿。

东壁龛分三排布置，上排三龛下方的供养人像共同雕凿，造像题铭刻于正中，可知它们为一组龛；中排与上排类似，设置三龛，下方的供养人像也统一开凿，当为一组龛；下排为并排的四列龛，除左数第二列为一大弥勒龛外，其他各列均为上下两龛，左两龛上下一组，而右四龛为一组，它们都应该开凿于同一时期。在这几排大龛与主佛身光的间隙，也填入了数小龛，从形式上看，它们与相邻大龛近似，且在局部与大龛有相互避让的关系，因此，它们与壁面上排布整齐的大龛应该是同时开凿。这些小龛，有的顺主尊背光布置，有的又进入背光之中，反映了它们与背光相互避让开凿的关系，可见壁面龛像与主尊背光一体施工开凿。西壁被后期壁画遮挡，龛像分布已不明确，从露出的几龛轮廓看，它们的分布与东壁有对应关系。

（3）下层空间

高约3米，是窟门内的主体空间，正对北壁主尊脚部，而东、西、南壁均布置供养人行列。东西壁设上下两排供养人像，南壁略低，设一排供养人像，与东西壁下排供养人像相接。

窟门两侧属于原始工程，对称布置两力士，旁有卷草纹带，与窟门连为一体，力士上部各开一龛，打破下部力士头光，当为后期补凿，龛内造像风化严重。

3. 南壁中部七佛龛

13窟壁面大部分龛像为旧式，但南壁中部七佛及其下的两排三列六龛为新式（图4.66），学界多认为这是后期补凿所致，13窟最初的工程并未完成。这一认识，尚值得探讨。

南壁这一组七佛龛的范围很大，横贯东西，如果这一带原开龛造像，那么当七佛龛后期补凿时，就会先凿除这些龛像再开龛，造成这一带龛面较上下壁面陷入，但现状七佛像的剖面轮廓均与上下壁面齐平，并没有明显的后退，则说明七佛龛若为后期补凿，那么其补凿时，这一带壁面并没有利用，原始工程空出了南壁中部大幅壁面。

图4.66　第13窟南壁中部七佛龛（［日］《云冈石窟》第十卷）

但在七佛龛之下，南壁下层空间壁面上布置有成排供养人像，且与东西壁下层供养人像一体雕凿，规整统一，与洞窟主体造像及窟顶装饰呼应，是一体的设计。这些供养人像处于壁面最底缘，不论洞窟是分层施工还是统一搭架施工，一般都是工程最后完成的部分，其最终仍贯彻了洞窟的设计，保证了工程的完整性，说明工程有始有终，那么，在洞窟中部还留有大幅壁面不做处理就很难解释。

因此，七佛龛很有可能从属于洞窟原始工程，其与壁面大多数龛像样式的差别，反映的是同时代的不同样式，说明当工程进行到南壁中部这一阶段时，经历了太和服制改革。在七佛龛下方壁面上，于窟门左右两侧对称设置两大龛，龛内像设布局均相同，但主像样式也是一新一旧，这也说明了这一问题。退一步说，即使原始工程这一带没有造像，那么它空出如此大范围规整的壁面不做处理，也当是有计划的预留，从属于壁面整体设计，那么，七佛龛的开凿也在工程计划中。因此，七佛龛与壁面其他龛像也当是一体设计，只是施工较晚而已。综上，13 窟应为整体设计并一次施工完成的洞窟，南壁中部七佛龛的样式正反映了洞窟施工过程中经历了服制改革。

4. 开凿过程

参考其他大像窟的施工过程，13 窟工程当由明窗进入，凿出窟内上层空间，并可能在此空间内对正壁主尊头部、窟顶及各壁面进行了统一的造像工程，然后窟内空间继续下探，至与窟门上部打通后，形成中层空间，再进行各壁面龛像的统一施工，最后开凿下层空间，重复以上的步骤，完成了洞窟主尊基座及各壁面下层造像工程。13 窟工程一直连续进行，没有时间的停顿，是云冈石窟中完成程度最高、布局最完整的一座大像窟，窟内壁面龛像与主体像设很可能同时施工，分栏布置，每栏龛像多呈组合关系，一体设计，同时还充分利用了明窗与窟门两侧的壁面，这些都反映了 13 窟工程较昙曜五窟时期加强了对主尊之外壁面的控制力。壁面龛像新旧样式并存，新式龛像集中在壁面中下部，说明了造像工程经历了太和服制改革，其完成时间当在太和中期偏后，而洞窟动工可能早至太和初。

13 窟案例说明，洞窟内部龛像样式的新旧不一定反映开凿时代的绝对先后，而需将不同样式龛像之间的空间关系纳入洞窟整体开凿过程进行统一考虑。这一思路，或有助于分析第 11 窟、5 窟等新旧式龛像共存的洞窟。

【第12窟】

1. 洞窟基本情况

第12窟位于11、13窟之间，其外壁面总高24米，窟面作仿木构窟檐，总高10米，三间四柱，柱间（柱中线之间）面阔2.8米，柱高4.7米，窟檐风化严重，经清理发现有瓦垄、鸱尾等遗迹，可大体复原洞窟的原始立面①（图4.67）。

窟内分前后两室：前室平面长方形，宽7.2、深4.1、高6.6米；后室平面长方形，宽6.1、深4.8、高7.1米（图4.68），前壁上开明窗，宽1.4、高1.1米，下开窟门，宽2.2、高3.1、厚1.5米。后室正壁设上下两大龛，其余壁面皆分栏布龛。

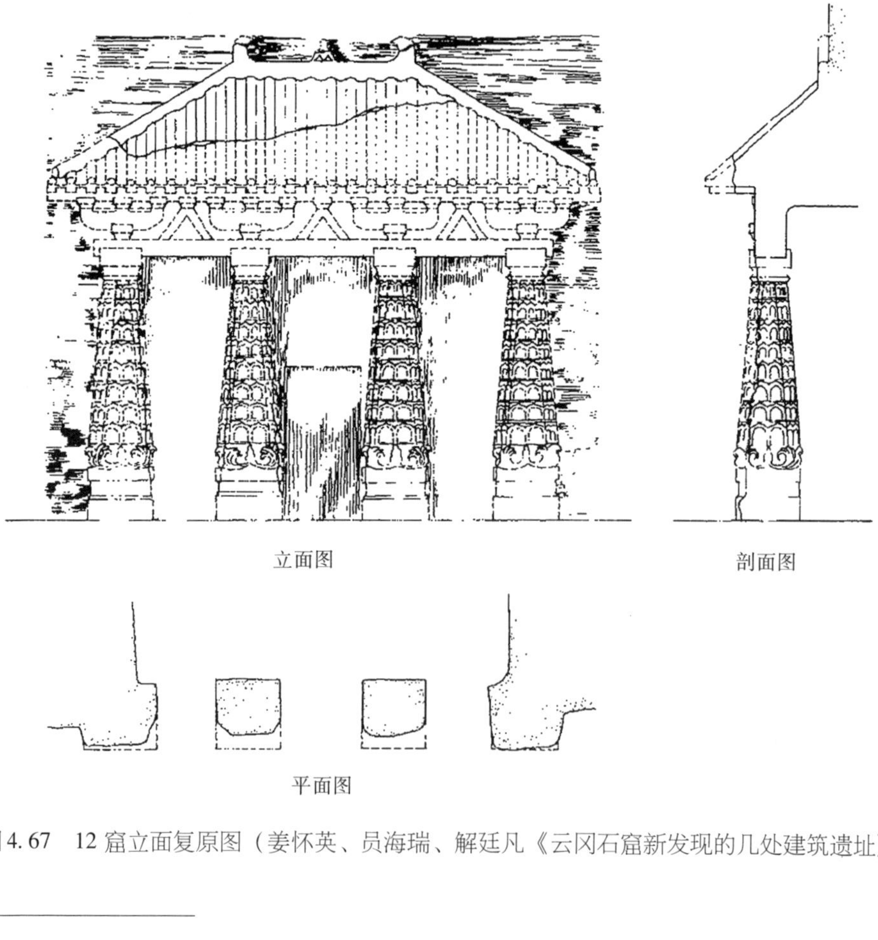

图4.67　12窟立面复原图（姜怀英、员海瑞、解廷凡《云冈石窟新发现的几处建筑遗址》）

① 姜怀英、员海瑞、解廷凡：《云冈石窟新发现的几处建筑遗址》，载于《中国石窟·云冈石窟（一）》。

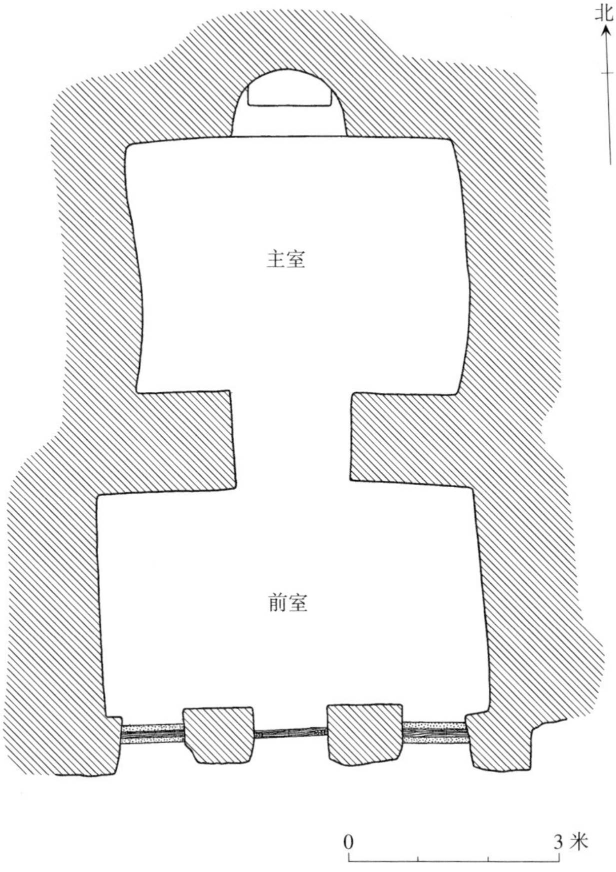

图4.68　第12窟平面图（［日］《云冈石窟》第九卷）

2. 洞窟空间层次及壁面龛像布局

洞窟前后室壁面龛像分布表现出不同的空间层次，并没有前后贯通，不具有整体的层次分隔，因此，本书分前、后室分别说明。

（1）前室

前后室的分界，位于前室后壁，前室东西壁与南壁窟檐部分为一个空间体系，而前室后壁与后室为另一个空间体系，这表现为：

①前室后壁与前室其他壁面分栏位置不同（图4.69），前室后壁在前室空间体系中是孤立的，但通过窟门、明窗与后室空间体系联系。

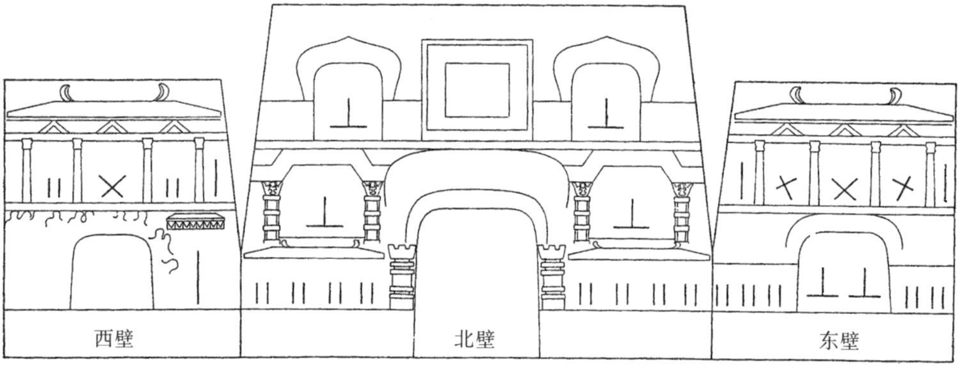

图 4.69　第 12 窟前室东、西、后壁龛像分布示意图（［日］《云冈石窟》第九卷）

图 4.70　第 12 窟前室窟顶凸出的天人设置（［日］《云冈石窟》第九卷）

②前室后壁与前室其他壁面开凿过程不同，主要表现在窟顶。窟顶每一道平綦下设有天人，它们为半圆雕造型，需要预留坯体，这些石坯从窟顶前壁、东西壁向内探出，唯后壁没有（图 4.70），这反映出前室后壁在开凿过程中没有预留坯体。

因此，前室的空间层次，以前壁和东西壁为一个体系，而不包含后壁。从壁面龛像分布看，前室空间可分为上中下三个层次。

上层空间：东西两壁上栏，浮雕建筑龛，以莲瓣纹带与下方龛像分隔，对应于窟檐立柱的上部。

中层空间：壁面中栏，正中设圆拱形龛，对应于窟檐立柱的下部。

下层空间：壁面最下栏，对应于窟檐立柱基座。

（2）后室

后室前壁，即前室后壁，上开明窗、窟门贯通前后室，壁面空间层次也与前室后壁一致（图4.71）。

上层空间：明窗层。以明窗下缘水平线分隔上、中层空间。

中层空间：窟门与明窗之间。在前室后壁，于窟门上部两侧各设一盝形龛；在后室前壁，于窟门上部两侧各设一圆拱龛，明窗与窟门之间设二佛对坐，两侧各一胁侍菩萨。后室东西壁，参照前壁形式，当对称设置两较大的圆拱龛，但西壁却明显不同，分排设置了许多小型龛像，这一特别现象后文将予以具体分析。

下层空间：窟门主体。前室后壁于窟门两侧各设四倚坐佛，其下与前室东西壁下层对应，被泥皮封护；后室下层均被泥皮封护，似成排开有数龛。

（3）后室后壁

与前两者三层空间层次结构都不同，后室后壁开上下两龛，以两龛之间为分隔，中分壁面为上下两层。

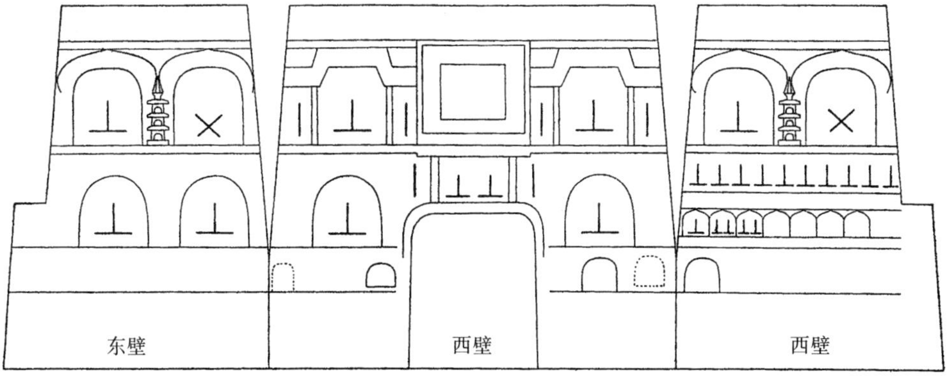

图4.71　第12窟后室东、西、南壁龛像分布示意图（［日］《云冈石窟》第九卷）

3. 后室壁面龛像所反映的问题——12 窟对 13 窟的避让关系

12 窟壁面龛像有两处不符合洞窟整体安排的地方：一处在后室明窗两侧，各设置一新式龛；另一处即前文所述的后室西壁中层，与东壁并不对称，分布有横排的数个小龛，样式也为新式（图 4.72），一般认为，这两处都是后期补凿龛像。

12 窟明窗两侧的小龛，将原像铲平，再开凿龛像，形成一下陷的龛面，明确打破了壁面原来龛像开凿，是典型的打破关系（图 4.10）。而 12 窟后室西壁的小龛，则属不同情况：如果其原始壁面上开凿有与后室东壁对称的大龛，则壁面会有大范围内凹，要补凿这些小龛，需在此基础上铲平壁面，这样龛面就会较周边壁面明显凹陷，但现状可见，小龛所在壁面与其上下壁面基本齐平，因此，这些小龛是在壁面上一次雕凿完成的。若为后期补凿，则原始工程中出于某种原因，而空出这一块壁面未加利用。

若将 12 窟与 13 窟联系起来考察，或有助于分析这一现象。12 窟后室西壁与 13 窟东壁实际上相隔很近（两窟交接的壁面可能曾出现穿透迹象，现在这一带壁面被保护砌体封护），且由于 13 窟的影响，12 窟后室西壁明显向内收窄，反映出 12 窟空间相对于 13 窟的避让关系（图 4.73）。作为大像窟的 13 窟为穹窿形的结构，从上至下窟形逐渐增大，因此与之相接的 12 窟西壁上部的石壁还有一定厚度，可以开龛造像，但向下两窟间的石壁就越来越薄，若开龛造像很可能打穿两窟之间的壁面。在这种情况下，12 窟为了避让 13 窟，不可能按原始设计在西壁中下部开龛造像。这之

图 4.72　第 12 窟后室西壁中部龛像分布（左图引自［日］《云冈石窟》第九卷）

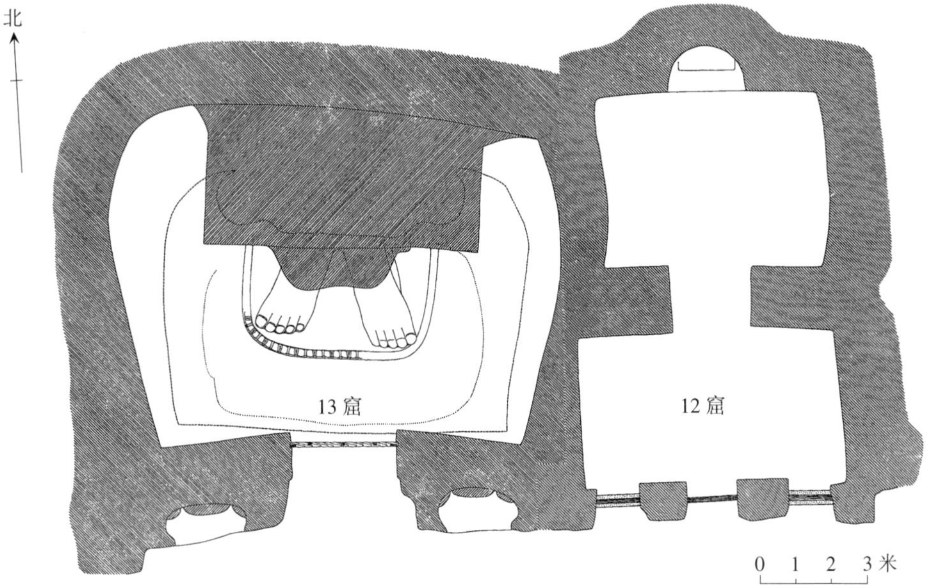

图4.73　第12窟与13窟平面关系图（［日］《云冈石窟》第九、第十卷图拼合）

后可能发生三种情况：一是12窟因此停工，后期人们才利用这一壁面开凿了小型龛像；二是12窟继续施工，但空下这一壁面未进行任何处理，后期人们才利用这一壁面开凿了小型龛像；三是12窟继续施工，重新设计了这一壁面，开凿了小型龛像。

前两种情况都是后人重新利用壁面补凿龛像，根据其他洞窟的情况，补凿的龛像一般都分布散乱，没有明确的规划。但这块壁面现状的龛像设置，分为三排，上面一排千佛，中间一排飞天，下面一排小龛，都是横向的组合关系，有一定的统一性，并非杂乱的安排，表明这三排龛像很可能不是后期补凿，而是顺接工程重新设计开凿，样式的不同只反映其处于服制改革时期，最下一排新式龛，也并非成熟的新式造型，具有初创性，反映其时代距太和服制改革不会太远。

综上可知，12窟为避让13窟空间，不能按照原始设计在后室西壁中部开凿较大的龛像，而只能设置较浅的龛像，工程很有可能因此重新设计，并继续进行。这种情况在云冈石窟并非孤例，在相邻开凿的5、6双窟中也能见到。

4. 开凿过程

12窟这类设计、施工都很完善的洞窟，壁面龛像完整统一，未留下施工过程痕迹，很难判断其施工过程。但通过12窟壁面龛像的分布看，其前室、后室、后室后壁表现出三种不同的空间层次，没有贯穿前后室的空间分层，特别是在前、后室同一空间中，后壁与左右壁和前壁的分层结构都不同，这说明12窟的造像工程不太可能分层施工，而是在12窟开窟工程整体完成后，再统一搭架进行造像工程，现各室壁面龛像的空间层次是由于分栏设计造成的。

12窟的施工当一体完成，中间并没有中断，进行到后室中部以下壁面造像的时候，已进入施工的后期，为避免穿透与西邻13窟的隔墙，对后室西壁的龛像设计有所调整，并与时俱进地采用了新的造像样式。说明工程过程中经历了太和服制改革，这与其两侧11、13窟的开凿历时过程相似，三窟大约同时施工。

【第11窟】

1. 洞窟基本情况

11窟位于中区偏西，外壁面总高25米，上开明窗，高4.2、宽3.9米，下开窟门，高3、宽3.5米，窟门厚2.2米。窟内平面方形、平顶，宽8.2、深10.3、高14.5米，中心柱方4.6米，分上下两层，四面开龛造像，与窟顶装饰结合，显示出整体的安排，但下层龛像均被后期改造，造像风格明显不同。洞窟四壁杂乱布置有许多小型龛像，分布没有规律。

2. 洞窟空间层次

从洞窟窟形及壁面龛像分布看，11窟内部空间分上中下三个层次（见图4.2）。

（1）上层空间

洞窟明窗向内，东西壁面略低于明窗底缘1米的位置，壁面向前凸出，形成一个宽约半米的平台，即使隔有中心柱，东西壁平台的水平高度仍保持一致，以此水平面向上为洞窟的上层空间，总高6米，其在窟形和壁面龛像分布上还表现为：

①洞窟南壁明窗下1米有一条水平的分隔线（图4.74），将壁面龛像分为上下

两部分，这道水平分隔线上部的龛像无论大小，底端均以它为界，而顶端高度并不一致，而其下部的龛像也无论大小，顶端均以它为界，底端高度并不一致。这说明南壁龛像虽然散乱分布，但均依照这条水平线开凿，该水平线也正在上层空间底缘位置。

②上层空间内，洞窟空间较规则，而上层空间之下，洞窟空间有明显变化，东西壁面内收，但南壁却向外扩展，在壁面轮廓线上形成明显的转折。

另若以龛像的分布看，在距窟顶4米一线，各壁面龛像被整齐地分隔成上下两部分。似以这一线为界，还存在空间的分隔，反映了洞窟开凿过程的阶段性。

（2）中层空间

上层空间之下，中下层空间的分隔较为明确，以中心柱后部尚未下凿的地平为界。中层空间总高6米，其底面高出窟外地面2.5米。该底面水平高度对应到洞窟四壁为明显的分隔线，主要龛像均分布在这一线以上，其下均为零散的小龛。

值得注意的是，中层空间内似还有前后空间的分隔：上层空间之下，东西两壁凸出，形成一阶梯平台，但平台的范围并非贯通整个壁面，在东西壁与南壁相接的部分，壁面不仅没有向内凸出，反倒有外扩的趋势。这一空间区隔在东西壁形成一道竖向的分界线，正对应于中心柱以南的空间。东西壁面龛像分布也以这一线为界，

图4.74　第11窟壁面龛像分布图（［日］《云冈石窟》第八卷）

南部壁面龛像与上层空间壁面顺接，而北部空间龛像明显较晚，特别是西壁，几乎满布服制改革后的新式龛像。

（3）下层空间

洞窟的最下层空间，原对应中心塔柱的基座层及各壁面的下栏。现中心柱以南的地平较低，但绕中心柱向北，地面逐渐升高，可知窟南部的地平有意下凿与窟外地平齐平，窟北部的地平未进行修整，这当是后期改造中心柱下层龛像时所为。洞窟下层空间在北魏时可能并未开凿，工程即已停工。

3. 壁面龛像关系

11 窟壁面龛像分布虽然较为散乱，但通过龛像之间的组合、协同关系，可以看到壁面被划分为若干区块，区块范围都在 1 米以上，一区块内或开一大龛，或开组合龛像，而各区块之间的小龛多利用空余壁面开凿，明显较晚。除此之外，11 窟壁面龛像的空间关系有几点值得注意。

一是洞窟上层空间各壁面基本都是旧式龛，唯东壁太和七年龛北侧为一新式龛，该龛南侧下端，与太和七年龛交接的位置，开凿一胁侍菩萨像，相对于龛的范围有一定外扩，而太和七年龛受此影响，龛左侧轮廓明显内凹（图 4. 75 左），其内的千佛龛及供养人像顺内凹的轮廓线进行了调整，特别是倒数第二排最外一个供养人，由于空间不够，压缩了造像宽度（图 4. 75 右），这反映了太和七年龛对新式龛的避让关系，至少说明新式龛的开凿不晚于太和七年，两者很可能同时协同开凿。北魏服制改革虽在太和四年即开始讨论①，但至太和十年才“班赐百官”②，正式施行，因此，这种新样式的流行当较晚，那么该窟所反映出的开凿时间就值得注意，它是后期改造？抑或就是一个极其罕见的初期实验作品？对于探讨新服制的产生和影响都是一个重要现象。同时，它与太和七年龛之间的关系也说明上层空间壁面各龛不论新旧，具有一定的共时性，可视作一个统一的工程，与中下层龛像样式进行整体比较。

---

① 《魏书》卷九十一《蒋少游传》，1971 页。

② 《魏书》卷九十一《蒋少游传》，1971 页。

图 4.75 第 11 窟东壁太和七年龛对北侧新式龛的避让关系（左图引自［日］《云冈石窟》第八卷，右图引自《中国石窟·云冈石窟》第二卷）

二是洞窟各壁面上方与窟顶相接的位置，雕刻有供养人或伎乐天行列，它们受各壁面顶部龛上端边界的影响（图 4.76），有的由于壁面空间不够，只做出头部或半身，反映了对壁面龛像的避让关系，这说明窟顶周边装饰不早于壁面龛像开凿。

图 4.76 第 11 窟窟顶供养天对其下龛像的避让关系（［日］《云冈石窟》第八卷）

三是壁面各区块相接的非常紧密，但互相之间没有打破和避让关系，这说明它们的开凿要么是统一规划一体进行，要么就是互相参照顺次开凿。考虑到龛像的布局较为散乱，且壁面上新旧式并存，从题记来看也经历了十余年开凿时间[1]，因此统一规划的可能性不大，那么各壁面的主体龛像当顺次开凿，而从壁面各龛的边线看，其总体参考上部龛分布，反映了其从上往下开凿，而在东西壁上，总体由南至北开凿。

四是中层空间各壁面龛像也以旧式龛为主，但西壁北部以七佛为主体的大小龛像整体为新式龛。

五是下层空间各壁面龛像均为新式龛，由于窟内仅南部向下凿出下层空间，龛像分布较少，但窟门下部两侧均分布小龛，这些小龛与上部小龛明显不同，规模很小，分布散乱，当为迁洛以后由平民开凿的小龛。

六是中心柱上层造像施工完成，而下层主体造像可能在北魏时只开凿有粗坯，至辽才补凿完成[2]。中心柱的造像均为新式，当与窟顶及边缘伎乐天同时雕凿，开凿时间晚于四壁龛像。

七是中心柱上层南面龛右侧有一竖向的凹槽，在此凹槽的下方还有一孔洞，左侧对应位置也有一孔洞，这两孔洞一线与明窗底缘齐平（图 4. 77 左）。南面龛中胁侍菩萨避让凹槽开凿，可知这一设置早于龛像布置。这样的遗迹，在西壁下部一龛右侧也能见到，也是一竖向凹槽下方有一孔洞的形式，但此凹槽打破该龛，说明该龛早于凹槽开凿（图 4. 77 右），在凹槽的正上方，壁面中部的位置，还有一竖向凹槽，反映这些设置具有一定的空间对位关系，应有一定的整体性，很可能与支搭脚手架相关。其晚于西壁龛的开凿时间，而早于中心柱上龛像的开凿时间，可知中心柱上造像较晚，甚至晚于壁面中下部较晚开凿的龛像，这说明，洞窟四壁大部分空间都利用开龛后，中心柱的造像工程才开始，并搭建脚手架一体施工。这与前文通过壁面龛像关系以及中心柱上龛像样式所做出的推断也是一致的。

八是明窗东西两侧壁开龛较晚。其东侧壁分上中下三层布龛，最上一层为一组双龛，龛内结跏趺坐佛，着新式佛衣，两龛两侧各立双塔；第二层并列两龛，不知是否为

---

① 11 窟内有纪年题记五处，其中最早纪年为太和七年，在东壁顶部，最晚纪年为太和廿年，在西壁下方，期间相距十三年。

② 宿白：《〈大金西京武州山重修大石窟寺碑〉校注——新发现的大同云冈石窟寺历史材料的初步整理》，载于《中国石窟寺研究》。

中心柱南面方孔与凹槽

西壁下部龛方孔与凹槽

图4.77　第11窟壁面施工遗迹（右图引自［日］《云冈石窟》第八卷）

组合关系，值得注意的是左边一龛，它的右上角受上层龛供养人位置限制，有一点下压，这说明它开凿晚于上层龛，同时，这一层龛的下部供养人行列和中部题记部分都没开凿，为未完成龛；第三层左侧为上下双龛，年代为太和十九年，右侧上部为一龛，下部散布小龛，右侧龛打破了左侧龛的边框，同时其下部杂乱的小龛，都说明这一区域是该工作面的尾声。整体来看，明窗东侧开龛从上至下，时间连续，当在太和十九年左右，考虑中层龛未完工，可能这部分工程经历了太和十八年迁都。明窗西侧壁分上下两层布龛，上层为二佛对坐龛，龛下有一层打剥平整的壁面，可能为未完成的供养人行列；下层左为千佛壁，右为一坐佛龛，两部分上框帷幔连续，当为一组龛，龛下层不一致，也尚存一段打剥平整的壁面明窗西侧有未完成的迹象，龛像形式与所对东侧龛相似，也当开凿于太和十八年左右。

4. 开凿过程

11窟龛像分布杂乱，又具有若干重要的纪年题记，其复杂的开凿过程引起了研究者的注意①。但以往的研究中均认为11窟为皇家工程，只开凿出了现状窟形，尚

① ［日］《云冈石窟》第八卷；赵昆雨：《云冈第11窟营凿的几个问题》，《2005年云冈国际学术研讨会论文集·研究卷》，北京，文物出版社，2006年。

没有进行造像即停工废弃，此后民间势力进入，并利用四壁开凿龛像。但现状11窟中心柱及窟顶都有完整的设计和施工，其造像形式和规模都不太可能是民间所为。如果认为11窟在废弃后，四壁被民间利用无规划地杂乱开龛，那么之后又对中心柱及窟顶重新进行统一设计、整体施工就很难理解，也难以解释民间势力先留下中心柱四面不加利用，而只在洞窟四壁开龛造像的现象。

因此，有关11窟壁面上分布较为杂乱的小龛是否是后期补凿的问题仍需讨论，它们有没有可能从属于洞窟原始工程呢？通过前文中各案例，尤其是昙曜五窟可以看到，主体像设之外的其他壁面，均有杂乱分布的小龛，它们开凿的时间并不晚于主体像设。这提示我们，11窟工程的主体有没有可能仅限于中心塔柱，而对洞窟四壁并没有预先规划，在开窟过程中引入民间势力开龛造像。那么，该窟的开凿过程可做如下推测：

11窟顺山体上部断崖向下斩山，最先开凿出明窗，向内开凿洞窟上层空间，上层空间可能分上下两阶段进行，每阶段开凿的高度在3米左右。伴随着开窟，在洞窟的四壁也同时进行造像活动，因此东壁上方的太和七年龛，实际上处于洞窟工程的较早阶段，其距11窟始凿当不会太久。明窗之下1米的上层空间形成后，壁面造像工程也当很快完成。然后，窟外再向下斩山，开窟门入内取石，由于要为中心柱留下石坯，因此在中心柱位置的两侧向上开凿隧道，先打通中层空间的前部，再进而向内开凿出绕中心柱的后部空间，中层空间前后部分的开凿可能有一定的时间间隔，因此伴随着开窟雕凿的壁面龛像就会表现出一定的早晚关系。在上中层空间打通后，洞窟才开启主体工程，搭脚手架对中心柱四面及窟顶进行统一造像，但工程至迁都时仍未完成，中心柱下层的主像可能只开凿出了石坯。洞窟的下层空间也未开凿，窟内地平较窟外地面高出2.5米左右。此后，辽金时期改造中心柱主体像设时，为方便进入窟内，将窟内前部地平下凿，使之与窟外地面齐平（图4.78）。

那么，11窟有可能始终在皇家的控制下开凿，并未废弃，壁面开龛虽是民间行为，但也是作为皇家工程的附属存在。伴随着开窟，有民间势力进入，但不能侵犯到中心柱和窟顶范围。由于开窟有阶段性并会持续较长时间，壁面龛像才会表现出上下整体的阶段性，并持续十余年，新旧样式杂处于一窟，说明洞窟的开凿工程经历太和服制改革。

图 4.78 第 11 窟开凿过程示意图

但无论如何，11 窟的工程进展得并不顺利，至迁洛时仍未完成。其与 6 窟规模相当，且 6 窟开凿得要晚，但 6 窟在迁都前已整体完工。另外，与其同时开凿并可能有组合关系的 12、13 窟也都基本顺利完成，这都说明 11 窟的工程遇到了问题。这一问题，可能有历史原因，也可能受工程自身的影响。11 窟对壁面的控制不足，较多的施工团体介入，可能会影响到工程的施工组织，延缓施工进度，阻碍开窟和造像工作的顺利交接，实际上，采用同样组织形式施工的昙曜五窟都有中断和拖延的迹象，这或许也是云冈二期洞窟更多地加强壁面控制，统一设计施工的原因所在。

【第 9、10 窟】

1. 洞窟基本情况

9、10 窟位于中区窟群正中，为一组双窟，外壁面总高约 24 米。两窟外部两侧，各立一塔，东塔柱完整，而西塔柱上方有后期补凿小龛，龛的形式与 9、10 窟内壁面龛像相同，时代当相差不远，塔柱下部基座也还是粗坯形式，这说明，西塔柱在工程开凿时就出现了问题，并未完工，此后不久即废弃。现双塔柱面向洞窟的壁面凸出，似雕凿有狮座，上部当为碑、塔类形象，可能是两侧对称塔柱无法实现后采取的补救措施。

两窟窟檐均作仿木构，现状损毁严重，残高 12.5 米，每窟三间，柱间（柱中心线之间）面阔 3.8 米，柱高 8.3 米。窟内空间基本对称，均作前后两室，9 窟前室平面横长方形，宽 11.8、深 4.2、高 10.3 米；后室平面近方形，宽 11、深 7、高 10.3 米，前壁上开明窗，宽 2.1、高 2.5 米，下开窟门，宽 2.4、高 2.8、厚 2.1 米，正壁设大像，其余壁面皆分栏布龛，10 窟与之规模、格局基本相同（图 4.79）。

2. 洞窟空间层次及壁面龛像布局

洞窟前后室空间层次统一，从壁面龛像的分栏布局看，分上中下三个空间层次（图 4.80）。

（1）上层空间：从窟顶至各壁面上栏龛像底缘（也是后室明窗底缘）所在平面，高约 4.5 米。

前室上层空间：南壁对应于双窟立柱上的天宫；东西壁设置屋形龛，龛分三间，当中布置交脚佛与交脚菩萨，两侧各一尊胁侍菩萨；北壁于后室明窗两侧对称布置二佛对坐龛。各壁面上缘装饰天宫伎乐，与平綦装饰的窟顶相接。

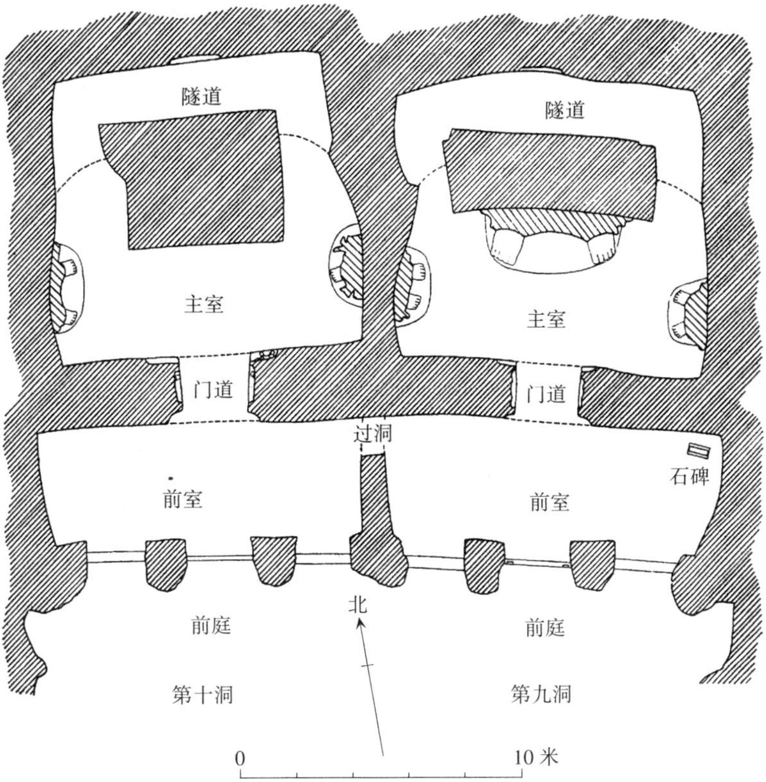

图 4.79　第 9、10 窟平面图（［日］《云冈石窟》第六卷）

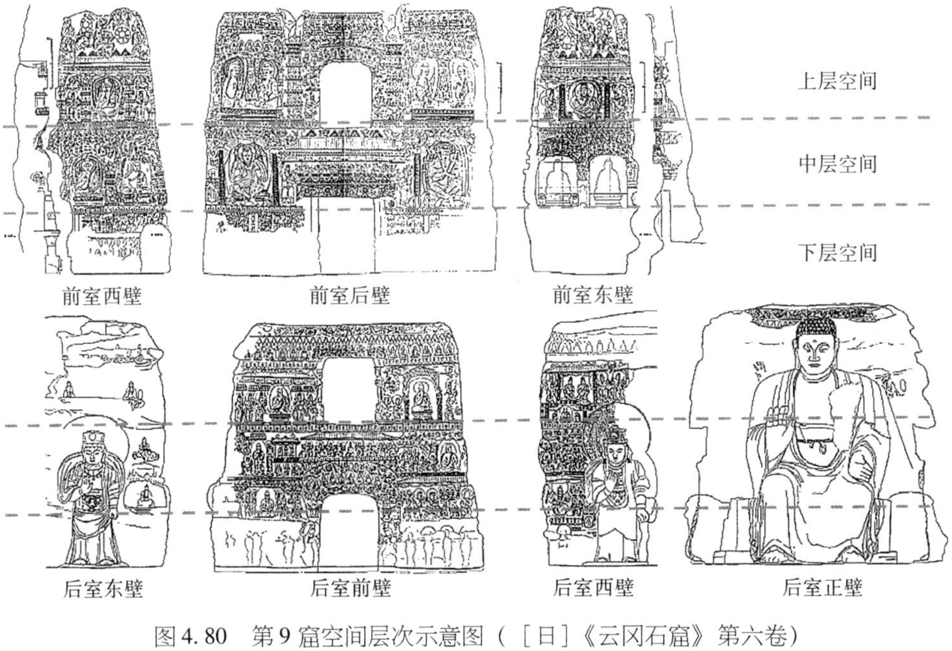

图 4.80　第 9 窟空间层次示意图（［日］《云冈石窟》第六卷）

后室上层空间：南壁于明窗两侧各置一坐佛龛；东西壁于两胁侍立像之上，开凿数个小型的屋形龛，围绕着立像的头光分布；北壁对应于主尊头部。

（2）中层空间：中层空间从上层空间底缘至各壁面中栏龛像底缘所在平面，高约3.5米。

前室中层空间：南壁对应于窟檐立柱基座之上柱体；在东西壁各置两圆拱龛；在北壁后室窟门两侧各置一盝形龛，后室窟门之上作仿木构屋檐。

后室中层空间：在南壁窟门两侧，分两排布置列龛，在窟门之上，横置一排列像（9窟为当中坐佛，左右四尊半跪的菩萨像，10窟为七佛列坐）；在东西壁胁侍菩萨外侧就势开龛，反映了壁面龛像对胁侍立像的依附关系；在北壁，对应于主尊基座以上部分。

（3）下层空间：从中层空间底缘至窟内地平，高约2.3米。

前室下层空间：南壁对应于窟檐立柱的基座部分；东西北三壁均分两排，上排设置浮雕本生故事图像，下排设置成排站立的供养人像。

后室下层空间：南壁及东西两壁均设一排供养人列像；正壁对应于主尊基座部分，在基座两侧开高约2.5米的隧道绕于主尊身后，隧道两侧雕成排的供养人行列，上饰飞天。

3. 空间层次间的关系

9、10两窟前后室有统一的空间层次，这是洞窟分层施工造成，还是洞窟有计划的分栏设像造成？需要分析各空间层次之间的关系。

在两窟后室东西壁，均设一胁侍菩萨，菩萨的主身在中下层空间，但头光却处于上层空间之中。在这头光两侧，紧密分布有数个龛像，各龛的范围和装饰均受制于菩萨头光外缘雕凿，可见它们有很强的协同施工关系，至少也说明壁面龛像不早于菩萨头光雕凿（图4.81）。而菩萨头光的位置和大小，则与其下主身的位置和体量紧密相关，要确定上层空间中菩萨头光的范围，势必在中下层开凿并至少确定菩萨主身粗坯之后。因此，上层菩萨头光两侧龛像雕凿时，洞窟中下层空间已经开凿。则从这一空间关系，可知洞窟不太可能分层造像。

另外，洞窟后室中层空间底缘基本与后室窟门上部相齐，若分层施工，则中层空间施工时，并没有沟通前后室的水平通道，而需要在下层空间开凿后，才能从窟

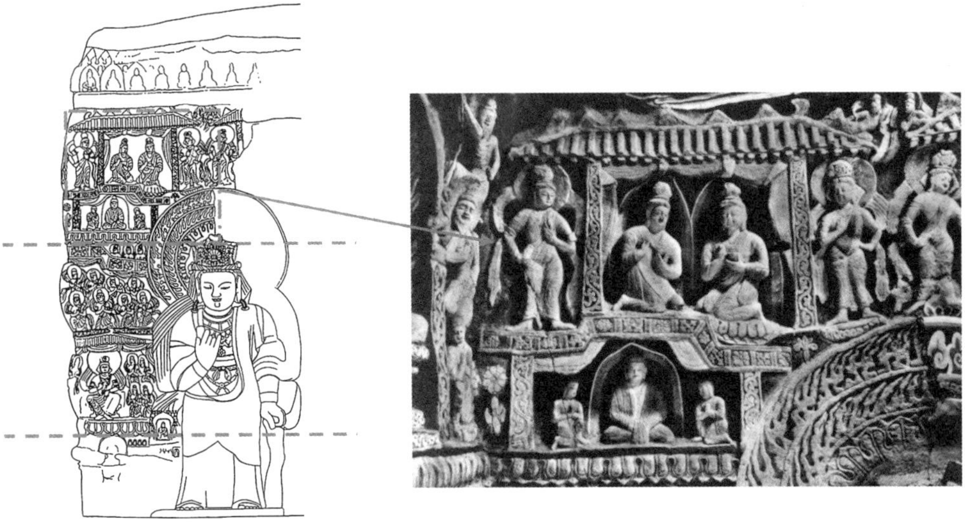

图4.81　第9窟后室西壁菩萨头光周边龛像分布（［日］《云冈石窟》第六卷）

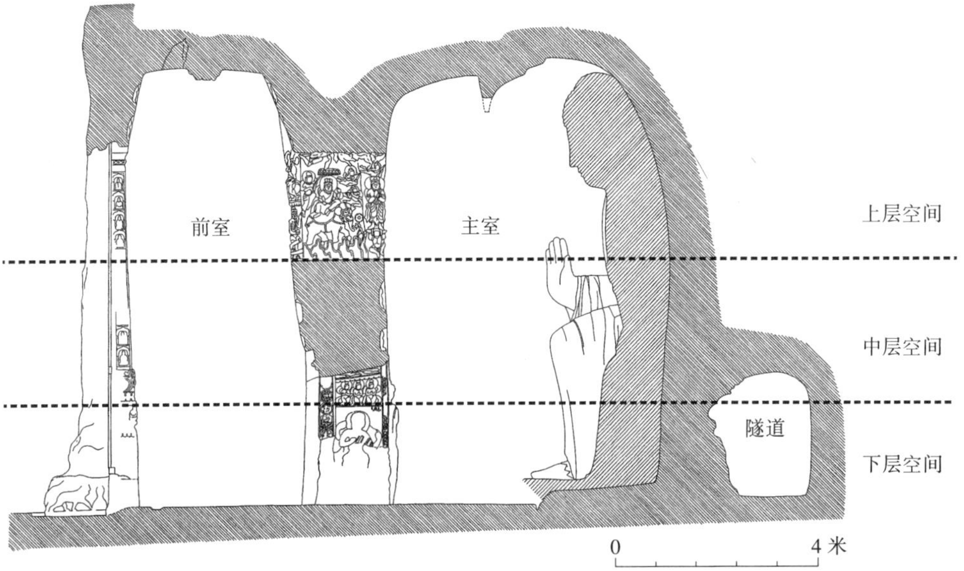

图4.82　第9窟剖面空间层次示意图（［日］《云冈石窟》第六卷）

门进入后室（图4.82）。因此本书倾向于认为9、10窟当开凿出整个窟形后，再进行造像工程。

4. 两窟主尊

9窟主尊虽经后期敷泥彩妆，但仍反映造像原始体量。与其对比，10窟主尊不仅体量较小，身形、基座的样式也较晚，明显经过了后期改造，像身后仍残存原始造像肩部、两侧衣纹及头光、身光，可推测原像当为一交脚弥勒像，与两侧思维菩萨形成组合布局。

9窟主尊大像紧贴后壁，并没有占据后室的主体空间，这与云冈一期大像窟中主尊占窟内绝大部分空间有明显差别。而剖面上，主尊像身笼罩于其上方所设华盖的覆盖范围内，由于洞窟空间层次的上下统一性，可知华盖和主尊当一体设计，后室正壁最初很可能开凿为一弧形前凸的石坯，再统一搭架雕凿像身，而石坯上部则加工为华盖。也就是说，9窟主尊体量虽大，但开凿工程并未围绕它设置洞窟空间，而是待洞窟空间开凿完成后再在北壁上雕凿像身，主尊只限于北壁壁面范围内，实则一大型的壁龛。这反映出洞窟窟形以大像为主体向以窟室空间为主体的转变。9、10窟还保留有大像设置，原始后壁也略向前凸出，正反映了这一转变的过渡状态，而后期的窟室则多在直壁上雕凿龛像，龛像的设置对窟室整体空间已没有影响（图4.83）。

5. 后期打破龛

10窟后室南壁明窗与窟门之间，七佛龛上原有一排三角形帷幔和莲瓣带，后期被人为凿除，并补凿了四座并排的小龛（图4.84）。

这四龛均新式造像，与12窟后室明窗东西两侧壁的打破龛形式和位置相似，时代当在北魏迁都之后。这些打破龛开凿的位置较高，需要支搭脚架，并持续施工一段时间，不可能发生在皇家控制石窟时期。因此，可认为10窟与12窟两处打破龛的开凿，反映了太和迁洛后，皇家放弃了云冈石窟的管理控制。小龛特意选择在规整完善的洞窟内部打破壁面雕饰开凿，这种情况在云冈石窟中并不多见

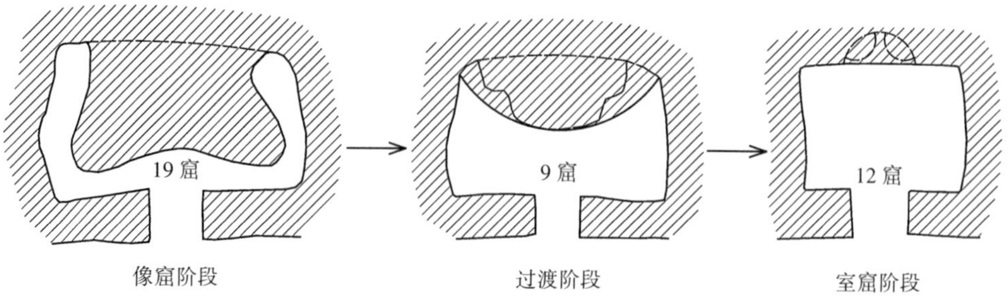

图4.83　第9窟主尊开凿所反映的过渡阶段特征

图4.84　第10窟后室前壁中部补凿龛（［日］《云冈石窟》第七卷）

（其他打破现象都是局部小范围的打破，被打破的对象也多为洞窟整体设计之外的小型龛像），它们也与一般的民间开龛不同，并未随意设置，而是限定在很小的区域，并且各小龛在洞窟中轴线上对称分布，位置相对隐蔽，显然是有意而为。因此，推测这些小龛的开凿当有特殊目的，或反映了迁洛后洞窟管理和功能的变更（可参看附录2）。

【第7、8窟】

1. 洞窟基本情况

云冈7、8窟位于整个窟群中区偏东，为一组双窟，两窟窟前之间立一大碑，下施龟趺。两窟内部空间对称，分前后两室（图4.85），前室平面方形，敞口露天，宽8.9、深7.7米，两侧壁布置千佛和分栏浮雕的本生故事和供养人行列等；后室平面长方形，宽9.3、深5.4、高13米，南壁上开明窗，宽2.8、高2.8米，下开窟门，宽3.2、高4、厚1.4米，室内北壁上下两大龛，其余壁面皆分栏布龛。

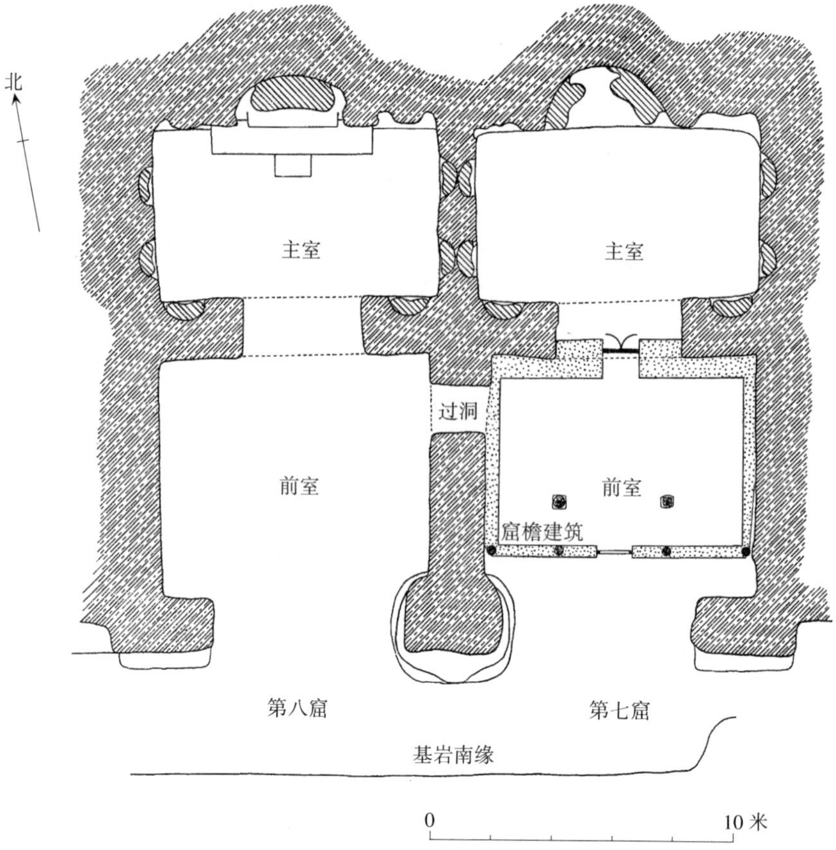

图4.85　第7、8窟平面图（［日］《云冈石窟》第四卷）

2. 7、8 窟与两侧洞窟的空间关系

两窟窟前平台比中区其他窟都高，其东5、6窟与7、8窟外壁面相接的位置，有一下降的阶梯，此阶梯位于7窟范围内，现还能看到明显的取石痕迹（图4.86），说明5、6窟的斩山范围打破了7、8窟，开凿时间当较晚。而7、8窟西侧与9、10窟相接的地方，也有类似的取石痕迹，所形成的阶梯位置也进入8窟范围，表现出9、10窟斩山范围打破了7、8窟。由此可知，7、8窟在东西相邻的几座洞窟中当最早开凿。

3. 前室原状分析

双窟前室均为露天，清代曾在前室内搭建木构窟檐，至日本学者调查云冈石窟，7窟木构窟檐尚存，中华人民共和国成立后，按7窟样式在两窟前室重建了木构窟檐（图4.87）。

图 4.86　第 6 窟斩山西侧壁侵入 7 窟范围

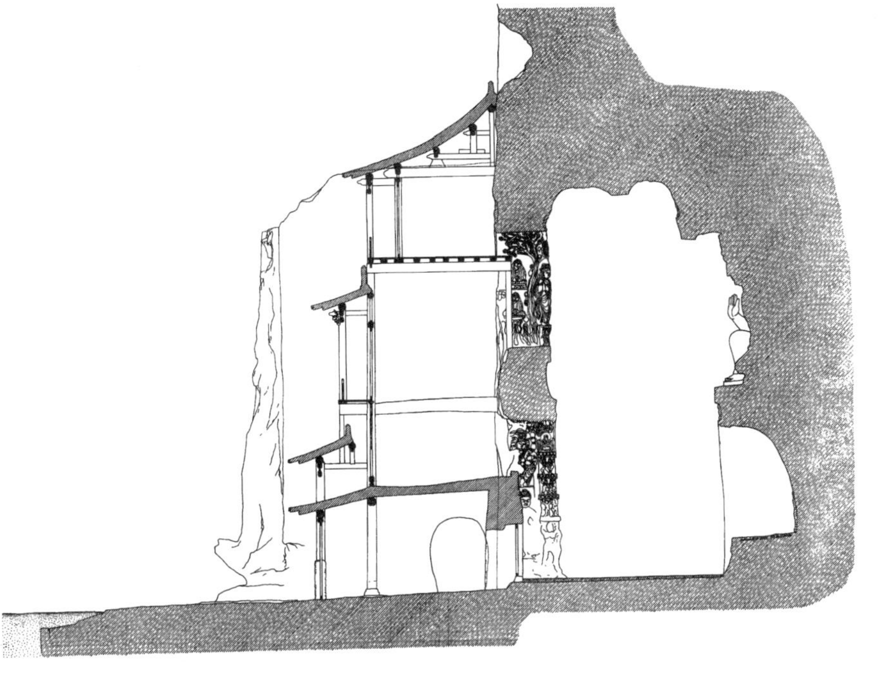

图 4.87　第 7 窟纵剖面图（［日］《云冈石窟》第四卷）

这种露天的前室，在云冈石窟中罕见，它是否是 7、8 窟最初开凿的原状？以往学者多根据前室东西壁尚存的本生故事、千佛及供养人浮雕，认为该前室上部原应覆有木构屋顶，以保护这些浮雕不受日晒雨淋。若如此，则 7、8 窟的实际斩山面应较两侧其他洞窟退入了前室的进深，这不但极大地增加了斩山工程量，而且造成了前室空间露天，在设计上缺乏合理性。因此，有必要对 7、8 窟前室原状再做探讨。

我们注意到，双窟上方壁面原有的营造痕迹有助于分析 7、8 窟的原状问题，但后期崖壁加固工程覆盖掉了部分壁面营造痕迹（图4.88）。因此，首先需要在现状调查的基础上，结合历史照片尽可能全面地复原相关营造遗迹（图4.89）。

这些营造遗迹，以窟檐建筑遗迹为主，但值得特别注意的是东侧的几处窟龛遗迹（图4.90）。在历史照片中，残存的窟龛包括一小型洞窟及其下方两小型龛像，它们与5、6窟平台上部及龙王沟一线窟龛处于同一水平高度，与编号6－13的小窟相邻。这些小型窟龛的开凿条件，当如5、6窟平台上部及龙王沟窟龛一样，具有离小窟窟门下缘不远的工作平台。若无高度适宜的工作平台，将无法在7、8窟上部悬空开凿这些窟龛。云冈其他区域壁面上后期雕凿的小型窟龛距地面的高度也远不及此处遗迹的高度。特别是两个雕凿在窟下部的小龛，这属最低规格的造像工程，龙王沟一线也能见到类似的情况（图4.91），这样低规格的小龛不可能雕凿在据地平如此高的位置，则说明其下缘附近原应有工作平台。

而7、8窟上方壁面上的梁孔痕迹，也与龙王沟一线的小窟有关，它们基本处于同一水平层，且上下两长方形相叠的梁孔形式在龙王沟一线壁面也有发现（图4.92），根据龙王沟窟前地面的发掘，这类梁孔可能是辽代在窟前建造木构屋檐的痕迹。从这些梁孔的大小判断，当时的窟檐建筑规模也不会很大，也说明其下方不远处当有施工平台。

图4.88　第7、8窟上方遗迹现状

图4.89 第7、8窟上方遗迹历史照片（［日］《云冈石窟》第四卷）

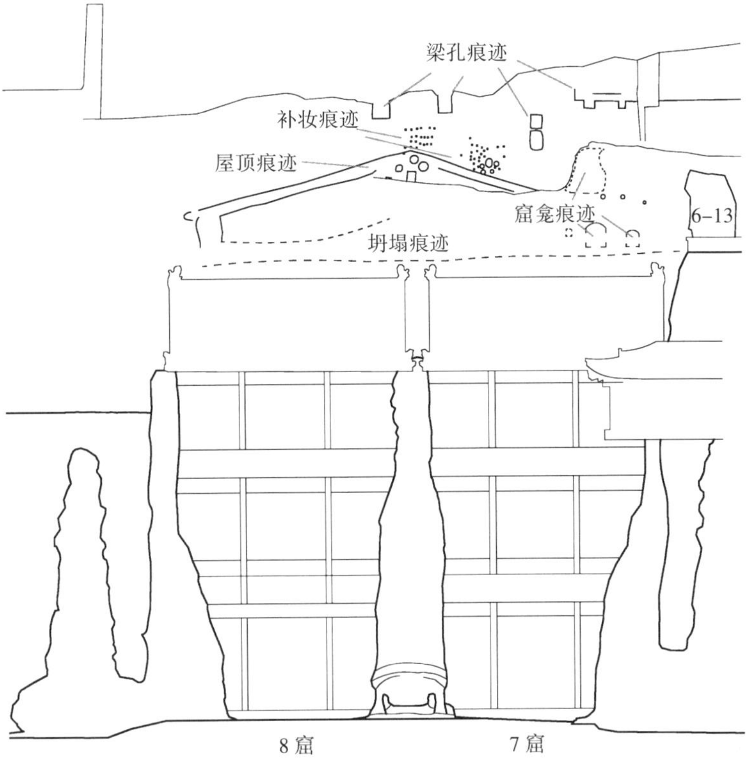

图4.90 7、8上方遗迹测绘图（虚线为根据日本学者照片所示的相对位置补充的相关信息）

图4.91　龙王沟区域小型龛像在壁面底缘分布

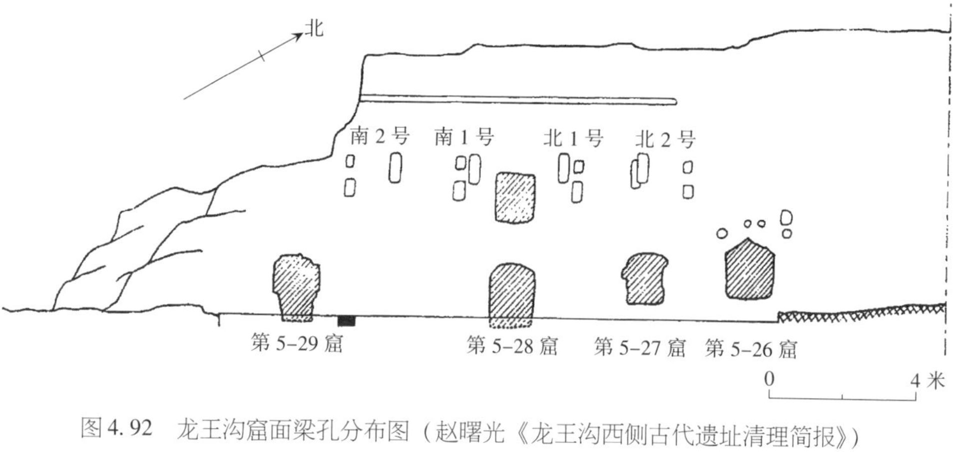

图4.92　龙王沟窟面梁孔分布图（赵曙光《龙王沟西侧古代遗址清理简报》）

因此，现5、6窟上平台原应向西延伸至7、8窟之上作前室窟顶。7、8窟上部的小型窟龛，当是借助窟顶上方平台开凿，后来壁面上出现的梁孔，也是在上方平台加建木构窟檐所留下的痕迹。如按龙王沟考古简报的推断，梁孔可能为辽代遗迹，则7、8窟前室窟顶平台可能至辽代尚存，并在上面兴建窟檐建筑。可能正是由于窟檐建筑的建造，使7、8窟前室顶部承受了巨大的压力，以致坍塌，现壁面所见的山花向前的屋顶痕迹当建于此次坍塌之后。

那么，既然7、8窟前室原有窟顶，它的前室立面是怎样的呢？从7、8窟前室两侧壁面满布的千佛龛看，其分布的上缘较为明确，应该反映前室的顶部位置，与后室高度大体相当。而洞窟前壁情况，可以依据以下几点现状做一定的推测。

①窟前中间大碑下的龟趺雕出腹部，且其下基座两侧还有雕饰，说明当时龟趺是整体外露的。

②两窟前壁东西两端，似各雕一塔柱，从其坍塌的现状看，其靠洞窟一侧的边界明显，不太可能有岩体与中间大碑相接，说明双窟两侧当为独立的柱体，其高度可能与大碑一致。

③两窟前室地面上，均存门槛痕迹，其一端接抵于龟趺后侧，一端与塔柱相接。

因此，7、8窟前室窟门当较宽，其两侧位置当在现状龟趺大碑与塔柱残迹的位置，可能为上下贯通的立柱式外立面，两侧立柱作塔的样式，中间立柱作碑的样式(图4.93)，其上是否有仿木构窟檐尚不得而知，但它显然与昙曜五窟明窗窟门式外立面不同，开云冈中期仿木构窟檐设计的先河。

4. 空间层次及壁面龛像布局

7、8窟龛像分布齐整规则，但前室损毁严重，因此只能以后室壁面龛像布局，对洞窟空间层次做初步分析。后室正壁分上下两龛，以两龛之间分隔线为水平线，可把后室其他壁面龛像分为上下两层（图4.94)。这条水平线正位于洞窟正中，上下

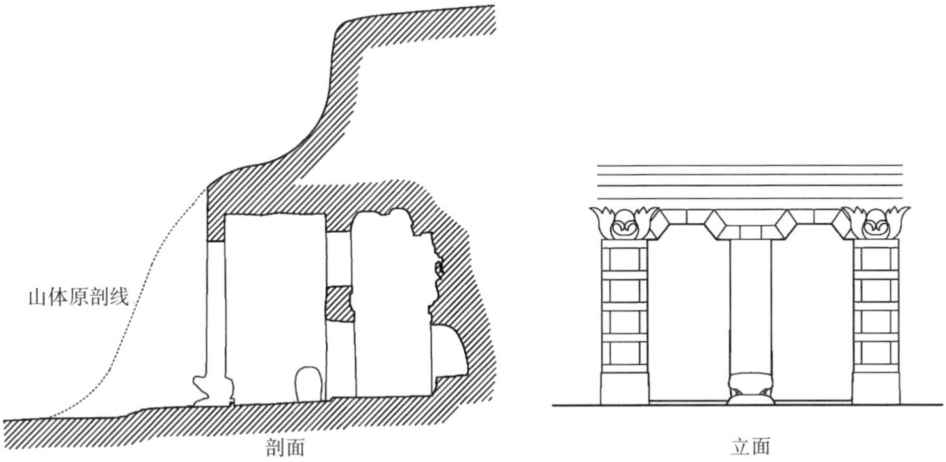

图4.93　第7、8窟原始剖面、立面复原示意图

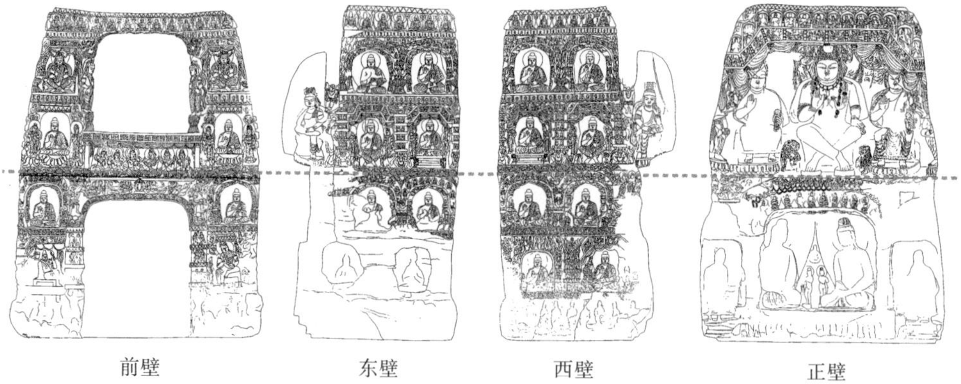

图 4.94 第 7 窟后室空间层次分析图（［日］《云冈石窟》第四卷）

空间均高 6.5 米，上层空间各壁面略向上收拢，而下层空间各壁面基本竖直。

上层空间除正壁大龛外，壁面主体分两栏设龛，栏间设莲瓣带分隔，两栏之上设一排坐佛过渡至窟顶。在后室前壁，上下层分隔线较明窗底缘低 1.5 米，在明窗之下的这一空间中设横列的六供养人像以填充。

下层空间龛像布局与上层空间相似，唯正壁二佛对坐龛两侧，各设置一立像龛，而正壁以外的壁面，均分两栏设龛，两栏之下与洞窟底部相接的壁面设一排供养人立像。

7、8 窟设计、施工都很完善，龛像满布壁面，没有任何施工过程遗迹。这类洞窟，很难通过现状推断它的施工过程，也无法判断洞窟是有计划的分层施工，还是开窟工程结束后再统一搭架一体造像。但这类洞窟具有完美的一体性，基本实现了洞窟的原始设计。在云冈主体洞窟中仅 1、2、6、7、8、9、10、12 几座属于这种情况，它们可作为分析洞窟设计意图的实例。

【第 6 窟】

1. 洞窟基本情况

6 窟位于中区窟群东端，与 5 窟东西相邻。两窟外壁面齐平，两窟之间、外侧均立塔，三塔的体量、高度相当。中央塔下设置龟趺，而两侧塔下设置象座，象座的样式、高度以及下方的力士雕饰均有明显的对称关系，说明三塔为统一设计。则塔间两窟的位置、规模也是统一规划的，具有一定的组合关系。但两窟外立面及内部空间形式却完全不同（图 4.95），反映出工程的复杂性，因此本书将两窟分别考察。

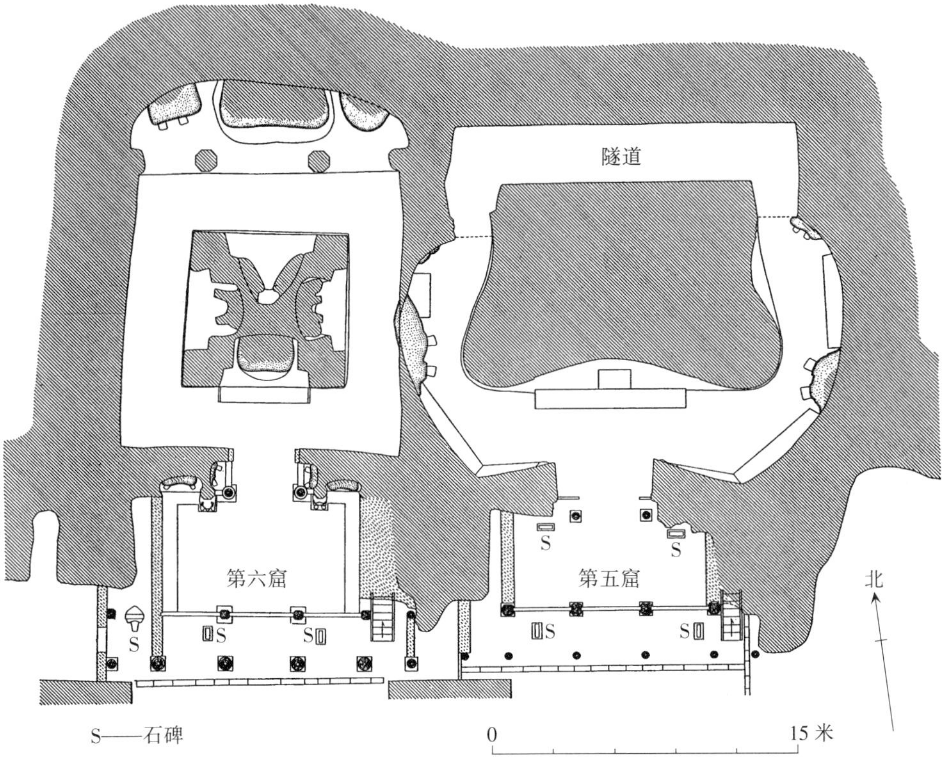

图 4.95　第 5、6 窟平面图（［日］《云冈石窟》第二卷）

6 窟外壁面总高 20 米，上开明窗，高 5.2、宽 4.8 米，下开窟门，高 3.3、宽 3 米，窟门厚 2.2 米。窟内平面方形、平顶，宽 13、深 13、高 14.5 米，壁面分栏设龛，北壁下层开大龛，龛前立柱，龛内设一坐佛二胁侍立佛；窟室中央设中心柱，方 7.5 米，分上下两层，上层四角设方形塔柱，四面塔柱间设立像，下层四面开龛设像。

2. 窟内空间层次及龛像布局

从洞窟窟形和壁面龛像分布看，6 窟分上中下三个空间层次（图 4.96）。

（1）上层空间

上层空间对应于洞窟四壁上层与中心柱上层，其底面在明窗向下约 1 米的位置，总高 6.5 米。这层空间在整个洞窟内部空间中较为独立。

上层空间中心柱，较其下整体内收 1 米，形成一阶梯平面，被利用雕凿为中心柱下层的屋檐。上层中心柱主体为四立像，下方为象座，立像底缘与明窗底平面齐平。

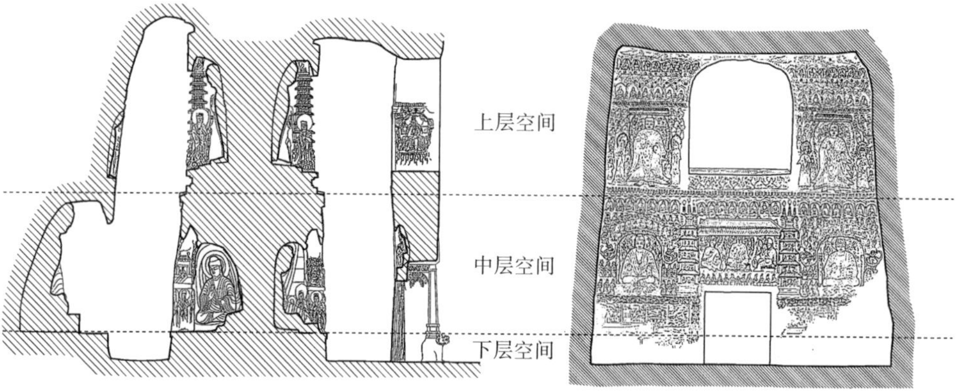

图4.96　第6窟空间层次示意图（根据［日］《云冈石窟》第三卷、《中国石窟·云冈石窟》第一卷绘制）

上层空间四壁，主体为一排立佛龛，在龛的上下布置莲瓣纹带，再上布置千佛和飞天装饰，与窟顶相接。壁面立佛与中心柱四立佛对应，形成了一个以立佛为主体形象的上层空间。

明窗两侧壁雕思维菩萨像，表现了山中思维、犍陟吻足的佛本行故事场景。

（2）中层空间

中层空间对应于洞窟四壁下层与中心柱下层，其底平在窟内地平上1.2米的位置，总高6.5米，中层空间是第6窟空间的主体，与上层空间的像设差异较大。

中层空间中心柱，四面设重楣大龛，龛内设坐佛，周边饰以佛本行故事雕刻。

中层空间东西南三壁，主体为一排坐佛龛，在龛的上下布置莲瓣纹带，再下布置佛本行故事浮雕。壁面坐佛、本行故事浮雕与中心柱坐佛、本行故事雕刻相互呼应①，绕中层空间回廊分布，形成了一个整体。中层空间北壁凿出了大龛的空间，形成了一外立龛柱、上承帷幔、内坐三佛的纵深空间，这强调了6窟的主尊设置。

① 水野清一、长广敏雄：《云冈石窟》第三卷，京都，京都大学人文科学研究所，1955年；杨泓：《云冈第六窟的佛本行故事雕刻》，《现代佛学》1963年2期，收录于云冈石窟文物研究所编：《云冈百年论文选集（一）》，北京，文物出版社，2005年；赵昆雨：《云冈第6窟佛本行故事雕刻内容再识》，《文物世界》2004年5期。

中层空间窟门两侧及前壁，雕有四龛，内塑力士，龛的底缘由于后期改造已下陷，从龛后壁身光及周边装饰看，龛底缘原始位置应对应着中层空间的底面。

（3）下层空间

下层空间对应于洞窟四壁底层与中心柱基座，总高1.2米。

下层空间中心柱，四面雕刻为须弥座。

下层空间东西南三壁，雕刻供养人行列，北壁为主尊大龛下方的须弥座。

下层空间在窟门两侧，对应着窟门外立柱下的象座，反映窟内空间的分隔也延续至窟外。

3.6窟对5窟的避让关系

6窟东壁与5窟西壁相接，从平面上看似为5窟打破6窟开凿，但壁面龛像的空间关系，却反映了6窟避让5窟开凿：

①6窟中心塔柱，绕塔的回廊东侧比西侧窄约1米，现东侧壁面与5窟西侧壁面几乎穿透，以至于东侧回廊不能加宽至与西侧回廊对称。

②6窟壁面龛像配置均相对于洞窟中轴线东西对称，唯中层东壁中部未开龛，与西壁龛像配置不同（图4.97）。结合5、6两窟总平图可以看到，6窟东壁中层中部这一块壁面后部即为5窟西壁立佛，两窟在这里距离最近，若6窟在这一位置开龛，则会打穿5、6窟间石壁，因此6窟为了避让5窟空间而改变了原来开龛的安排，不设深龛，而改凿较浅的千佛。

由上可知，6窟的开凿不早于5窟，但6窟基本一体完工，其造像形式与5窟壁面龛像的型式非常接近。6窟东壁避让5窟开凿，但在同一区域，也可看到5窟西壁避让6窟的现象（详见下节），因此两窟施工时间当大体相当，工程组织略有交替。

4.6窟与其上6-11窟的协同关系

5、6窟外壁面较其上二级阶地后缘断崖凸出约6.6米，形成一个自然的平台，利用这一平台，在断崖崖面上开凿有许多小窟。这些小窟绝大多数开凿于北魏迁洛后，唯6窟上方的6-11窟[①]（图4.98），具有较早的特征。该窟是平台上最大的一

① 员小中：《云冈石窟第5、6窟相关问题探讨》，《文物世界》2009年3期。

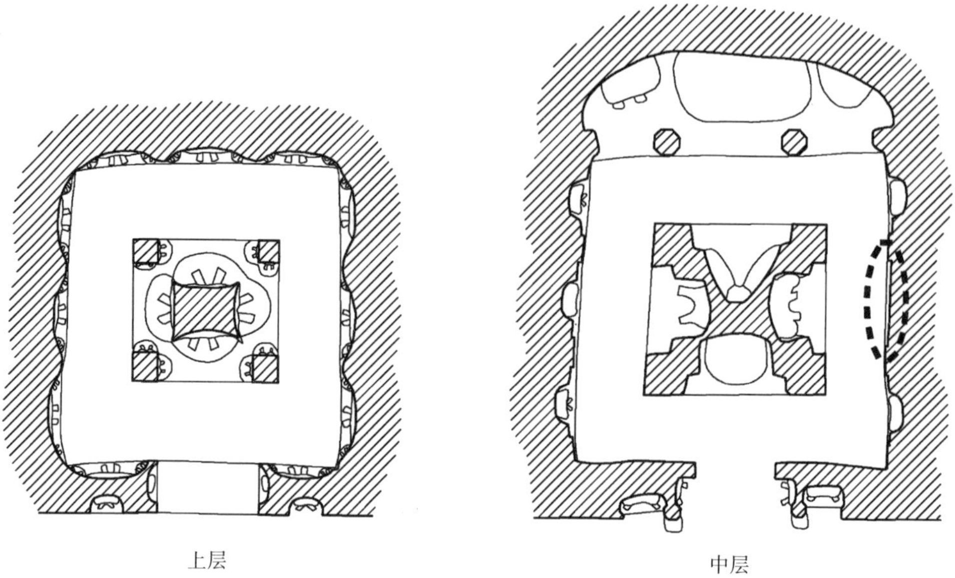

图 4.97　第 6 窟上中层龛像配置示意图

图 4.98　第 6 窟与其上 6 – 11 窟的对位关系

窟，开口宽近 6 米，平面马蹄形，穹窿顶，正壁设一佛二菩萨，原像风化严重，但从洞窟东壁的菩萨衣纹和壁面千佛看（图 4.99），它明显是服制改革以前的样式，结合该窟的窟形特征，可知该洞窟开凿可能较早。

该窟空间位置也较特殊，其位于 6 窟正上方，窟内主尊位置也在 6 窟中心柱的正上方，这种上下对位关系，提示 6 窟与 6 – 11 窟的开凿工程可能相关。从窟形及造像样式看，6 – 11 窟当不晚于6窟开凿。但6窟规模巨大，其左右两侧大窟又比它更早定位，因此它的开凿位置已被限定，而上方6－11窟位置的选择余地较大。那么，两窟的上下对位关系如果是有意设计的话，6－11窟参照6窟确定位置的可能性较大。因此，两窟很可能同时施工，而6－11窟利用自然崖面开凿，不需要斩山，洞窟规模又较小，其工程进度当远快于6窟，在其完工的时候，很可能其下的6窟尚处于斩山工程阶段，因此，才呈现出6－11窟造像样式较6窟更早的现状。

图4.99　第6－11窟东壁胁侍菩萨与千佛现状

5. 开凿过程

综上，6窟不仅从属于5、6窟双窟工程，还可能有空间的延展。6窟上部的6－11窟与其有协同关系，可能也属于6窟的工程范围，借助6窟上部阶地平台良好的施工条件先行完成。

而6窟自身的开凿过程有两种可能：一种是洞窟分层开凿，并分层造像，先完成上层空间的所有工程再进入中层空间，最后完成下层空间；另一种可能是洞窟虽分层开凿，但从上到下完成整个开窟工程后，再统一搭架一体开龛造像。

从现状来看，不能做出肯定的结论，但前者的可能性更大，以下细节值得注意：

①洞窟内造像虽基本都是新式，但在壁面顶部与窟顶相接处的千佛中，有旧式造像。这并非装饰元素转变较晚造成，因为这些旧式千佛，也只出现在南壁及东西壁与南壁相接的位置，在东西壁大部也都为新式，这反映出洞窟的造像工程可能从外向内进行，有一定的时间过程，而非一体施工完成。

②洞窟的主体在中层空间，特别是6窟最有代表性的佛本行故事画，集中在中层空间，而上层空间除明窗两侧表现“可以各自独立，成为一单独故事”[①] 的佛本

① 杨泓：《云冈第六窟的佛本行故事雕刻》，《现代佛学》1963年2期，收录于云冈石窟文物研究所编《云冈百年论文选集（一）》。其表现形式和内容均完全不同，且不能确认这与其下本行故事有无关系。

行故事题材外，都没有相关内容。而主体造像上，上层空间均为立像，中层空间均为坐像，且中层空间中心柱四面龛均作双重龛面，加强龛的纵深感，中层后壁大龛的设计，也通过在龛面设置立柱，龛内加大纵深，形成类似洞窟的空间，这都反映了上、中层空间在像设题材和龛像空间设计上都有明显分化。

③上、中层洞窟四壁主体龛虽然规模相似，但上下没有对位关系，在东西壁尤为明显，上层各龛靠外，中层各龛靠内，两者上下相错，与中心柱位置也不对应，似非一体设计施工完成（图 4. 100）。

图 4. 100　第 6 窟东壁立面图（《中国石窟·云冈石窟》第一卷）

当然，以上三点都并非直接证据，6 窟这样工程宏大、规整完善的洞窟究竟如何开凿，仍有不同可能。以上现象说明该窟虽具有整体的统一性，但各部分也有不同点，已有学者从考古类型学的角度，注意到 6 窟四壁和中心柱造像样式可能有时代差异①，这方面的细化研究或有助于对 6 窟的营造过程做进一步的探讨。

【第 5 窟】

1. 洞窟基本情况

5 窟外壁面总高约 20 米，上开明窗，高 6.1、宽 6 米，下开窟门，高 5.3、宽 4.8 米，窟门厚 3 米。窟内平面马蹄形，穹窿顶，高 17.5、宽 21.2、深 11.5 米，正壁结跏趺坐大佛，总高 16.8 米，两侧壁各一立佛，各高 7.5 米，立佛与坐佛之间还立一尊胁侍菩萨，菩萨内侧开隧道绕于主尊身后。除大型造像外，窟内各壁面，包括窟门与明窗均分栏满布龛像。

2. 洞窟空间层次

从 5 窟壁面龛像的分布看，其窟内空间分上中下三个层次（图 4.101）。

（1）上层空间

从窟顶至明窗底缘平面，高约8.5 米。在东、西、南三壁对应于壁面上部三排龛像；在正壁对应于主尊胸部以上部分。

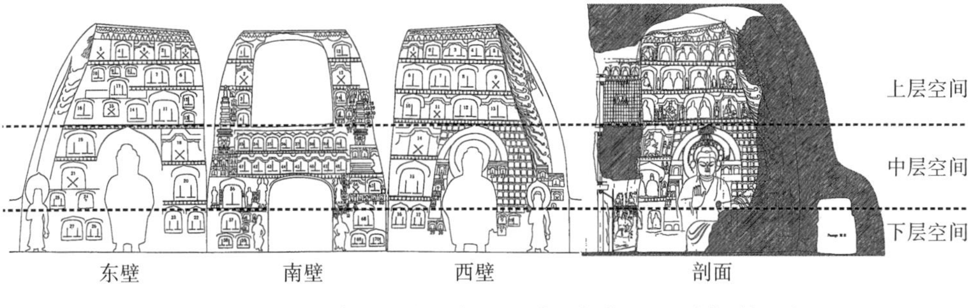

图 4.101　第 5 窟空间层次示意图（［日］《云冈石窟》第二卷）

① 小泽正人、陈悦新均指出 6 窟上层四壁立像与中心柱立像存在型式的差异，参见小泽正人：《云冈石窟第 6 窟上层龛如来立像制作一考》，云冈石窟研究院编：《2005 年云冈国际学术研讨会论文集·研究卷》；陈悦新：《读水野清一、长广敏雄〈云冈石窟〉》，《文物》2009 年 1 期。

（2）中层空间

自上层空间底至主尊腿部表面所在平面，高约5.8米。在南壁对应于窟门与明窗之间列龛，以及窟门两侧上部龛像；在东、西对应于胁侍佛上半身，两侧分别布置有数小龛；在正壁对应于主尊身部。

上、中层的分界不仅反映在龛像布置上，也反映在洞窟四壁的走向上，特别是洞窟南壁，以明窗底缘为界，上下均往外扩，形成一整体内凸的弧面①，这反映了洞窟空间在相当于明窗底缘高度的位置有一转折。

（3）下层空间

从中层空间底缘至窟底，高约3.2米。在正壁对应于主尊腿部；在东、西、南三壁，壁面上开龛散乱，但在东西壁底缘、胁侍佛南侧位置，虽风化严重，现仍能看出一排供养人立像的残迹②，其所在壁面一般是洞窟最晚施工的地方，但仍统一对称雕凿有成组的造像，且符合中区石窟壁面下栏设计的一般规制，这说明5窟壁面原始造像工程一直进行到窟底，并没有中断。

3. 壁面龛像关系

5窟中下层壁面，有多处明显的后期补凿龛像（图4.102中阴影标出），它们大

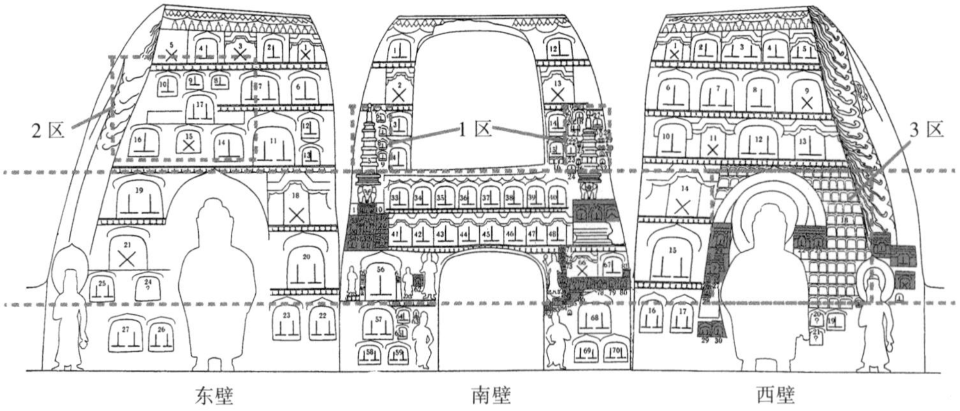

图4.102　第5窟壁面后期打破龛及杂乱开龛区域

① 水野清一、长广敏雄两先生最先注意到这一现象，并认为这是云冈石窟普遍存在的，参见［日］《云冈石窟》第二卷。这种现象普遍存在也是洞窟空间层次适用于云冈石窟分析的表现之一，在5窟表现得尤为明显。

② 这一带残像，近年拆除窟底缘砖砌墙基才暴露出来，但已风化严重。

多打破原始龛像开凿，龛面较周边壁面凹陷，样式也较晚，容易识别。

但排除掉这些后期打破龛后，5 窟虽整体分栏布龛，在局部仍有散乱布龛的现象(图 4. 102 中虚线框出)，这些龛像也容易被当作后期补凿龛，而实际情况并非如此。

1 区：南壁明窗两侧区域

明窗两侧各立一塔，塔的开凿导致整个南壁在近塔的壁面整体陷入，而相近的莲瓣带、像龛均依就这陷入的壁面开凿，表现出明显的依附关系，可知两塔是壁面上最先开凿的①。在塔的两侧杂乱分布有数个小龛，位于塔与塔侧上下两列龛之间，似后期补凿，但仔细观察各小龛与其旁列龛的关系，可看出列龛位置受小龛影响，紧贴壁面边缘开凿，规模压缩，列龛边界也表现出对小龛的避让（图 4. 103)，这说明这些小龛不晚于壁面列龛的开凿，很可能是依托塔的开凿而顺势施工，与 19 窟明窗两侧立佛附近开凿的小像类似。结合小龛的规模及其处于壁面较高位置的情况，可判断它们应借助开窟工作面依附两塔开凿。

图 4. 103　第 6 窟南壁双塔两侧小龛分布（［日］《云冈石窟》第二卷)

---

① 两塔下方，均由一立象驼承，在西侧立象之下 1 米处还有一须弥座，而东侧立象下端附近还存有几段云纹雕饰，可知原来立象之下还有装饰，并以须弥座承托，原始的设计比现状更高，而现状这一区域被后期龛打破。

图4.104　第5窟东壁上层龛像分布（［日］《云冈石窟》第二卷）

2区：东壁上层偏北区域

与东壁相对，西壁上层壁面整体分栏布置龛像，每一栏整齐排列数龛，为横向的组合关系，但在东壁偏北的这一区域，却散乱分布数龛（图4.104），从立面上看，它们似打破了壁面原来的分栏布局，但从各龛龛面位置看，它们与周边整齐排布的组合龛齐平，并无明显凹陷，因此不可能是打破其他龛开凿，而是这一区域壁面最早开凿的龛像。周边分栏排列的龛像实则避让它们开凿，横向的莲瓣带也避开这一区域。由此可知，这些散乱分布的龛像不晚于壁面分栏龛像开凿，其与分栏龛像的形式又基本一致，协同施工的可能性更大，其布局散乱，可能与壁面岩体在这一带有空洞、裂隙有关。

3区：西壁中层胁侍佛周边区域

西壁胁侍佛四周千佛集中于其北侧，这一带壁面没有明显凹陷，说明开凿千佛前这一带没有造像。那么壁面的原始工程，或直接于此区域开凿千佛，或空出了这一区域没做任何雕饰。参考与之对称的东壁胁侍佛，其两侧的壁面均分栏开凿列龛，而西壁胁侍佛南侧也是如此布龛，则空出胁侍佛北侧不设列龛当另有原因。实际上，5窟西胁侍佛北侧这一区域正是5、6两窟最相接的壁面，若开龛很可能打破岩体，因此才采取了平铺千佛的方式，这与6窟东壁这一区域采取的方式相似，说明两窟相互避让，当协同施工，两窟内部空间和像设虽然迥异，但外立面统一设计，内部施工也相互照应，可能仍是一组双窟。

综上可以看到，5窟壁面造像工程，整体分栏布置龛像，局部受岩体条件和相邻第6窟开凿的影响，多灵活处理，与一期大像窟工程对比，可看出5窟工程明显加强了壁面控制，反映了云冈一、二期洞窟施工组织方式的转变，但5窟壁面龛像布局还有部分引入社会力量无序开龛的现象，说明其正处于这一转变的过渡阶段。

4.5 窟新、旧样式及其反映的问题

5窟的旧样式，主要表现在整体窟形和像设布局上，窟内马蹄形平面，穹窿顶，正壁设结跏趺坐大像，两侧壁设胁侍立像，都与20窟非常相似，是云冈一期大像窟的标准形式。而窟内壁面局部造像、装饰也存在旧样式，如5窟主尊身光、头光外缘火焰纹（图4.105），也仅见于一期洞窟20窟、19窟中，是一种早期样式①；又如窟门、明窗左右侧壁，均设置旧式龛像（图4.106）。

5窟的新样式，则主要表现在主体造像和壁面龛像上，窟内主尊及两侧胁侍佛虽被敷泥彩妆，但从其改造样式及被剥落泥皮的西胁侍佛样式，都不难看出原像均为新式。窟内各壁面龛像，即使不是后期补凿的龛像，也都是新式龛像。而在主尊头光、身光旧型式的火焰纹间，也分布有数栏新式的飞天、坐佛；在窟门、明窗旧式龛像上方，也有新式龛像分布。

图4.105　第5窟主尊头光、身光新旧式混杂（右图引自［日］《云冈石窟》第二卷）

① 杭侃：《云冈第20窟西壁坍塌的时间与昙曜五窟最初的布局设计》，《文物》1994年10期。

图4.106　第5窟窟门与明窗两侧旧式龛像（［日］《云冈石窟》第二卷）

由上可见，5窟在总体格局属旧式；在壁面龛像和装饰上，是新旧式混杂（新式占主体地位，旧式仅在局部出现）；在主体造像上，则均为新式。若以形式的新旧划分工程次序，则可以将5窟的施工分为两阶段：洞窟总体窟形，以及窟门、明窗左右侧壁和主尊头光、身光外缘等局部壁面的造像工程较早完成；而其他壁面内容和主体像设在服制改革后完成。从其他大像窟的开凿过程和造像的基本次序看，壁面龛像先于洞窟主体像设完成是可能的，因此这种推测有一定合理性，但也存在两点疑问：一是壁面龛像均为新式，按此划分应属于第二阶段的工程，但它们与主尊头光、身光同属于壁面工程，且两者紧密相接，分开进行的可能性不大；二是主尊头光、身光中，也存在新旧式造像，且分布相互交错，分成两阶段施工的可能性很小。

因此，上述的两阶段可能并没有时间的间隔，而是一贯通的施工过程，从这个层面考虑，5窟内的新旧样式很可能是同时的，“说明提倡新服制的皇室所开凿的洞窟中，在新旧服饰交替时期，也难免出现混杂情况”①，5窟工程初期当经历服制改

① 宿白：《〈大金西京武州山重修大石窟寺碑〉的发现与研究——与日本长广敏雄教授讨论有关云冈石窟的某些问题》，载于《中国石窟寺研究》。

革，略早于6窟开工，但造像工程以新样式居多，反映了其主体工程历时当与6窟大体相当。

根据5窟现状，尚无法明确判断其营建方式是分层造像还是统一支搭脚手架一体造像，但其造像经统一规划，从窟顶到壁面上中层分栏布龛、再到下层的供养人像设，都从属于洞窟的整体设计，说明洞窟施工并未中断，工程有始有终。因此，5窟的工程应为一次完成，只是局部壁面有灵活处理，加上后期补凿小龛的扰乱，易形成工程未完成的假象。

【第1、2窟】

1. 洞窟基本情况

1、2窟是云冈编号洞窟中最东端的一组双窟，所在区域山体高度相对较低，外壁面总高11米。两窟空间形式基本相同（图4.107），1窟整体保存相对完整（2窟前壁坍塌，现状是参照1窟复原维修而成，以下以1窟为代表介绍），上开明窗，高1.6、宽1.2米，下开窟门，高2.5、宽2.1、厚0.9米。窟内平面方形、平顶，宽8.5、深10、高5.7米，壁面分栏设龛，后壁下层开大龛，龛前立柱，龛内设一坐佛二胁侍立佛；中心塔柱方2.5米，分上下两层，每层塔柱四面均开龛设像。

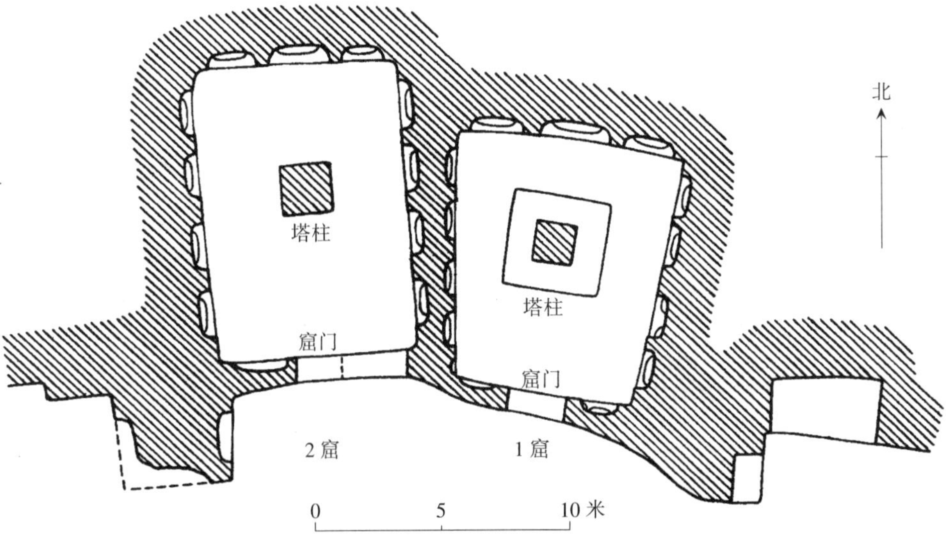

图4.107　第1、2窟平面图（［日］《云冈石窟》第一卷）

2. 洞窟空间层次及壁面龛像布局

1、2 窟空间层次基本相同，以 1 窟为例进行说明，其内部空间分上、中、下三层（图 4. 108）。

（1）上层空间

从窟顶至明窗底缘所在平面，高约 2. 2 米。在洞窟四壁为各壁面上部雕饰，以一排千佛为主体，上饰三角形帷幕，再上雕一排天宫伎乐与窟顶相接。

两窟中心塔柱的形式差异较大，1 窟为两层塔，2 窟为三层塔，但两窟中心塔上层结构和相对高度基本一致，顶部均凿盘龙与窟顶相接，下设华盖，华盖之下为塔的主体，1 窟直接设塔身四面开龛造像，而 2 窟设塔檐，檐下设塔身四面开龛造像。

（2）中层空间

从上层空间底缘至中心塔柱基座表面所在平面，高约 2. 5 米。在洞窟四壁，均布置成排的龛像，这是整个洞窟的主要设置。东、西两壁对称布置四龛，龛与龛之间以塔分隔，尖栱龛与盝形龛交替设置；南壁于窟门两侧各设一屋形龛，表现文殊维摩诘相对的场景；北壁开一主二次的三龛，1 窟采用盝形龛的形式，中设交脚弥勒，

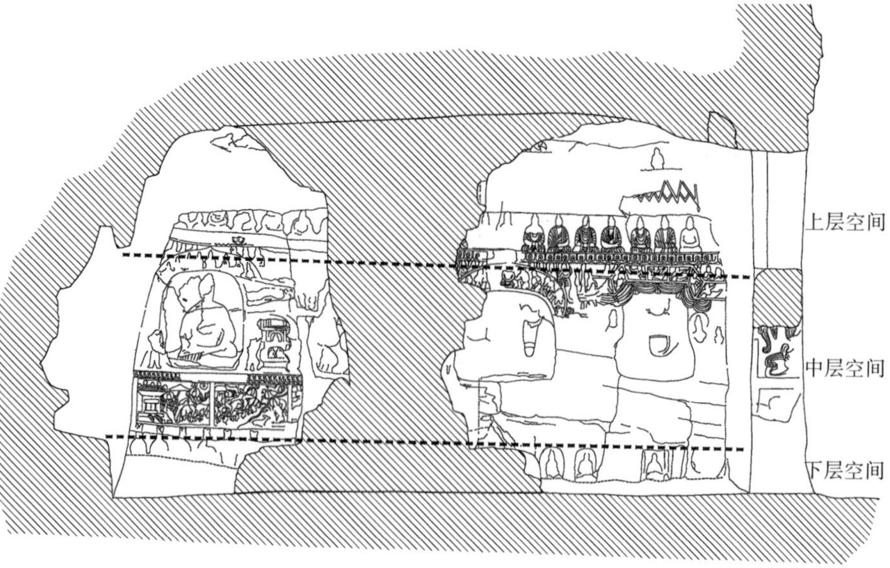

图 4. 108　第 1 窟空间层次示意图（［日］《云冈石窟》第一卷）

两侧各一舒相坐菩萨，2 窟采用尖栱龛的形式，中设结跏趺坐佛，两侧各一胁侍佛。北壁三龛较大，为洞窟的主体造像，而东、西、南三壁列龛较小，于龛下设置一排本生故事浮雕填充。

两窟中心塔下部结构差异较大，1 窟设一层塔檐，檐下塔身每面开一个大龛，而 2 窟设两层塔檐，檐下每层塔身较矮，每面分设三小龛置像。

（3）下层空间

从中层空间底缘至洞窟地面，高约 1 米。洞窟四壁下层现风化严重，从北壁下层残存的造像看，可能设置有一圈供养人行列。中心塔柱下层设置基座，素面，没有装饰。

值得注意的是，洞窟空间层次不仅反映在壁面龛像布局上，与龛像样式的整体变化也有对应关系。两窟中心塔上层各龛造像均为旧式，而中下层造像均为新式。对应于四壁龛像看，也是上层旧式千佛、飞天伎乐，中下层新式龛像。这种整体分层表现的上旧下新的龛像样式，说明洞窟各层施工可能存在一定的时间间隔。

3. 倾斜的空间层次及其说明的问题

两窟还存在一个特别现象，即各层空间分隔线越往窟内（由南往北）越高，但东西各壁面造像仍保证与水平地面垂直（图 4. 109），这种倾斜的层位分布的形成原因值得考虑。

一般而言，石窟中的倾斜分层可能是开窟造像时顺山体岩层走向施工形成的，但在 1 窟东壁，由于上部造像脱落，露出了背后的基岩，可以看到 1 窟所在的岩层走

东壁

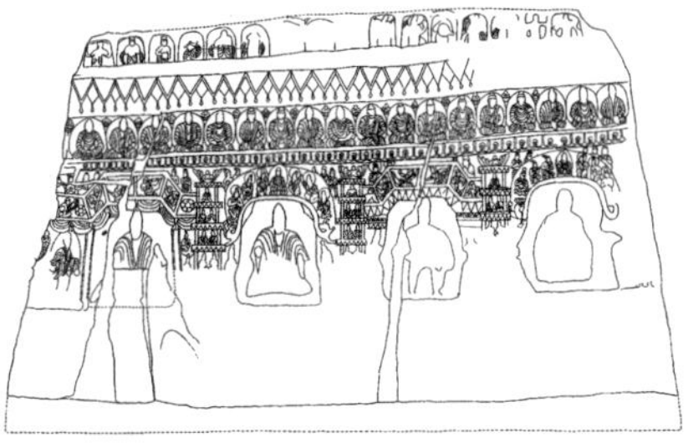
西壁

图 4. 109　第 1 窟东、西壁测绘图（［日］《云冈石窟》第一卷）

向水平分布，与现在空间层位走向成很大的角度（图4.110）。这说明倾斜的层位分布并不受岩层影响，而是人为形成。

若在工程中搭建脚手架在壁面开龛，脚手架一般都水平、竖直架设，不可能倾斜如此大的角度，在脚手架上施工，也就不可能开凿出斜向分布的龛像。这说明，1、2窟这样的层位分布，并非统一搭架施工形成，而很有可能是洞窟分层施工的结果——洞窟分层开凿，工匠不易掌握各层工作面的水平，在从前往后的开窟过程中，越往后地平越高。那么，各层空间开凿后再跟进造像的话，由于各层空间高度适宜，不用搭建脚手架，借助开窟的工作面或支搭临时的支凳就能在壁面上造像，因此容易受到倾斜的工作面的影响，形成斜向的龛像分布。

4. 开凿过程

综上，本书倾向于认为1、2窟分层施工，工程由明窗向内开凿出上层空间后，即开始在各壁面及中心塔柱四周开龛造像，然后再向下开凿洞窟中层空间，并跟进造像工程。待主体造像工程全部完工后再向下开凿下层空间。

图4.110　第1窟东壁岩层方向与龛像分布方向不一致

由于洞窟分层施工，上下层存在一定的时间先后，因此表现出造像形制的整体变化，这说明，石窟工程经历了新旧服饰的更替，处于太和服制改革时期，其开工当在改革之前，而完工当在改革后不久。

（六）分期存疑洞窟

【第14、15、16－1窟】

14、15、16－1三窟位于整个西区窟群的东端（图4.111），是在昙曜五窟东侧斩山壁外再次斩山开凿的洞窟，各窟空间形式、规模虽然差异较大，但各窟的开凿时间和施工过程大体相同，具有一定的关联性，很有可能是一体的工程（详见后文），因此将三窟作为一个整体进行分析。三窟西与昙曜五窟相接，东侧斩山壁即标志着西区石窟的东界，是研究昙曜五窟之后，石窟群如何发展、续凿的重要材料。

1. **三窟基本情况及空间关系**

三窟均为方室窟。其中14窟为前后双室窟，15、16－1窟为单室窟。

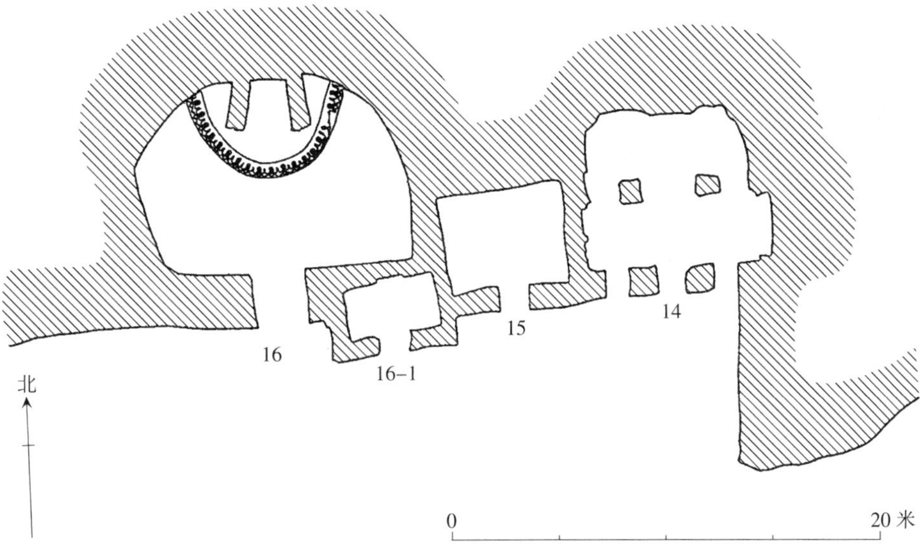

图4.111　第14至16窟总平面图（［日］《云冈石窟》第十一卷）

14窟前室坍塌，平面上仍存两檐柱柱基①，说明窟口原当立柱，分为三间，可能上承仿木构窟檐。前室平面横长方形，宽7.3、深3.1、高7.8米，东西壁分栏开龛，后壁为前后室之间的过渡，也设两柱三间，上承盝顶。后室平面横长方形，宽7、深2.9、高7米，东西壁分栏开龛，后壁风化严重，在壁面上方残存背光火焰纹，在壁面下端尚存主尊立佛和两侧二胁侍的衣摆。

15窟窟前壁上开明窗，高1.7、宽1.1米，下开窟门，高4.7、宽1.2、厚1米，窟内平面近方形，宽6、深4.4、高9.6米，壁面满布千佛，因此该窟也被称为“千佛窟”，除南壁之外的各壁面，千佛之间均布置有中心龛，而各壁面的下端也开凿有龛像。15窟位于14窟与16窟之间，空间狭窄，形成瘦高的窟形。该窟与16窟相接的壁面有穿透现象，间距不过10厘米，其壁面走向也明显受16窟窟形挤压。而该窟满壁千佛的设置，也有防止开龛打破东西壁面的作用，因此15窟从自身窟形到与相邻洞窟的空间关系再到壁面设置，都表现出对14、16窟的避让关系，开凿当较晚。

16－1窟窟前壁坍塌，窟内平面宽4.2、深2.5、高6.5米，各壁面上分栏开龛。16－1窟前壁较附近各窟凸出，其西端是昙曜五窟的东斩山壁，而东端是15窟的西斩山壁。其上部壁面与东西窟齐平，如第三章所述，这当是原来自然的断崖所形成的一线齐平的壁面，那么16－1窟凸出壁面的分界线，很可能是当时断崖的底缘。16－1窟开凿不选择断崖直壁，而以断崖底缘为顶端向下斩山开窟，主要是因为其所在位置断崖的后方即为16窟，在这之上开窟没有足够空间，因此转而向下并靠前斩山，让出了开窟空间，但即使这样，窟内后壁与16窟前壁也只隔几厘米，这从近代偷盗壁面上的造像所留下的孔洞可以清楚的看到。16－1窟选择在如此紧迫的空间开窟，规模不大，但不利用原来的断崖直壁，这说明该窟以东，也就是14、15窟的位置，原始的自然直壁很可能已经被占据，因此16－1窟才被迫在16窟前向下斩山，腾挪出更多的空间，从这一选址和斩山过程看，16－1窟在三窟中相对较晚开凿。

综上，14、15、16－1三窟中相对较早开凿的是14窟，其余两窟略晚，15窟可

---

① 根据日本学者的清理，可知前室南壁立两檐柱，将窟口分为三间，现在的修复工程即按这一格局进行了复原。

能早于16－1窟。

2. 洞窟空间层次及壁面龛像关系

14窟外部东侧斩山壁上，在高出现地面3米左右的位置，有一道斩山阶梯，向内缩进约1米，这反映了窟外斩山可能不是一体进行，而是分两个阶段施工，第一阶段先斩至现阶梯表面高度，第二阶段再斩至现地平高度。而与窟外斩山阶梯对应，三窟窟内均可分为上下两层空间，各窟层位分界线水平高度基本一致，并且与窟外斩山阶梯表面在同一水平高度（图4.112），这种洞窟内外和横向的一体性，也是本书将三窟整体考虑的主要原因，以下对各窟内部情况具体说明。

（1）第14窟

洞窟空间分上下两层，在保存较好的前后室东西壁上，空间层次的分界线位于壁面上层组合龛的下缘，高于现地面3米左右，这一分界线也对应前后室之间立柱上千佛分布的底缘（图4.113）。

图4.112 第14至16－1窟外部斩山层位线（［日］《云冈石窟》第十一卷）

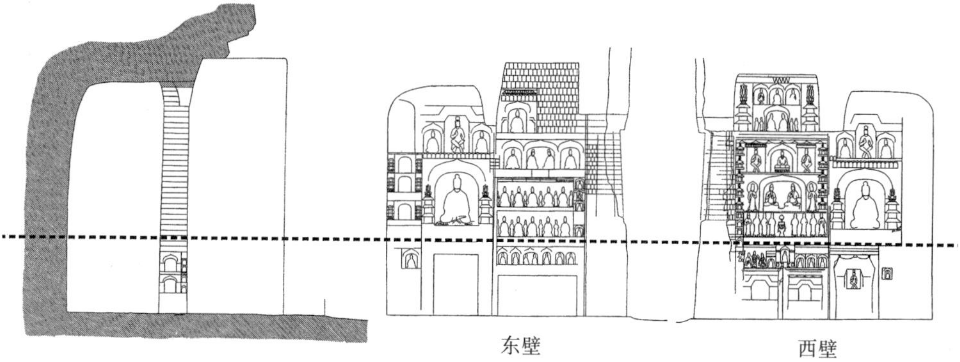

图4.113　第14窟空间层次示意图（［日］《云冈石窟》第十一卷）

在上层空间中，前室东西壁有一定的对应关系。其西壁主体分三栏开龛，上两栏两侧装饰连续的单层塔，表明其组合关系，而下栏为供养人行列，也当属于这一组合之中。这一组龛之上，分布一铺上下组龛，两侧立三层塔。而东壁主体也分三栏开龛，上栏为并排的三连龛，中下栏各为五坐佛，它们是否为组合关系尚难判断。这三栏龛之上，另开有一小龛（图4.114）。后室上层空间，东西壁完全对称，均为上栏弥勒配二佛，下栏坐佛。不论前室还是后室，这些具有一定对应关系的龛像皆分布于上层空间。而在下层空间中，壁面龛像的布局较为零散，特别是前室西壁及前后室之间立柱的下端，皆开凿有杂乱的小龛。

上层空间各龛的形制，以前室西壁三栏组龛为例（图4.115），其最上栏主尊通肩袈裟，两侧菩萨雕饰出散开的裙褶。而中栏的对坐的二佛，胸前不系带，右衣襟绕颈垂下后搭于左手腕，在双腿间成弧形，这道弧形衣纹没有搭在腿上，露出了两腿下散开的裙褶。这样的形式在第6窟大量使用，其他洞窟内就较为少见，可能是太和改制后还没有定型的样式。从上层空间中保存较好的造像看，这种形式在上层空间造像中较为普遍，说明上层空间造像的时代较早，应不晚于迁都。而下层空间的龛像，从仅存的几个较大龛的龛楣装饰看，已经普遍使用方形帐帷装饰，时代当较晚。

（2）15窟

15窟壁面满布千佛，但以窟内地平之上3米为分界，上下千佛龛并不相同。上层千佛龛较小，纵横对位排布，而下层千佛龛较大，纵向错位排布。以此可将洞窟分为上、下两层空间（图4.116）。

图 4.114　第 14 窟前室东壁（［日］《云冈石窟》第十一卷）

图 4.115　第 14 窟前室西壁（［日］《云冈石窟》第十一卷）

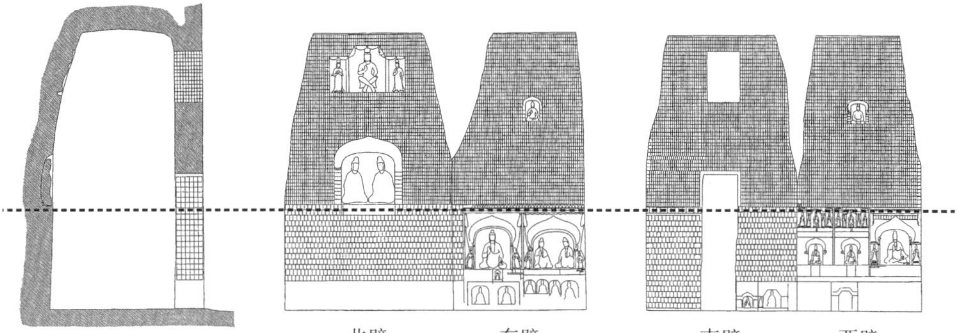

图 4.116　第 15 窟空间层次示意图（［日］《云冈石窟》第十一卷）

上层空间壁面满布千佛，东西壁上部开一中心龛，正壁正对明窗开一弥勒龛，下部二佛对坐龛。窟顶装饰对角线交叉的平棊分格，交叉位置雕刻莲花，格内雕刻蛟龙。整个上层空间规划严谨，满壁开龛造像。

而下层空间则并不规整：东西壁开凿有大龛，但无对称关系，正壁没有开龛，南壁仅壁面底端凿有小龛，其他壁面上均满布千佛龛，这些千佛龛的分布围绕大龛排列，特别是东壁，两大龛并排开凿后，在其北端尚留有一纵列的空余壁面，千佛龛也填补了这些壁面，这说明，下层空间的千佛不早于壁面龛像开凿，其形式与窟门及明窗两侧的千佛龛一致，并延续至窟外，与14～20窟外壁面整体布局的千佛龛一体，是后期在窟内外统一补凿的。

（3）16－1窟

从洞窟现状可知，该窟空间分上下两层，空间层次的分界线在现存的各壁中栏龛的下缘（图4.117）。上层空间布局严谨，为三壁重龛的形式；下层空间布局随意，其龛的样式明显晚于上层空间①。

在上层空间中，上下栏各龛的龛楣是横向贯通的，因此，它们是一个统一的组合。

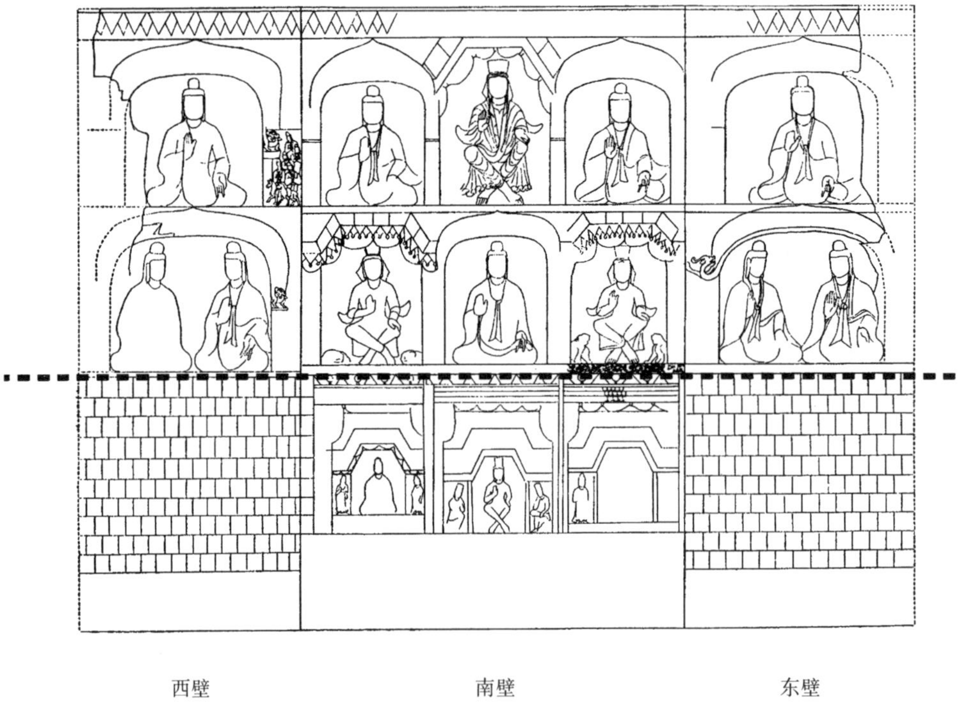

图4.117　第16－1窟空间层次示意图（［日］《云冈石窟》第十一卷）

① 参看赵昆雨：《云冈石窟造像服饰雕刻特征及其演变》，《文物世界》2003年5期。文中对16－1窟有详细论述，认为16－1窟上层空间龛像为太和迁洛前作品，这里不再赘述。

而下层空间中，只有正壁分栏开龛，各龛大小一致，布局也很齐整，应当是同一时间开龛，但各龛均有边框，相互分隔，不好判断是否为组合关系。东西壁千佛与正壁龛交接的位置，顺应正壁龛的边框分布，有的千佛龛只雕凿半个，这说明，千佛龛的雕凿不早于正壁开龛。千佛壁蔓延至窟外，与14 ~20 窟外壁面千佛连为一体，是一次统一的补凿工程。

3. 洞窟开凿过程

14、15、16－1 三窟均有明显的上下空间层次，上层空间壁面龛像不仅规整完善，样式也早于下层空间，两层空间存在较为显著的时间间隔。这一现象在三窟具有统一性，不受各窟自身空间影响，反映出这是一组整体工程，若是统一开凿洞窟空间再分层施工造像，不可能刚好完成好上层空间即停工，因此，这很可能是分层开窟造像所致。洞窟的开凿过程，是伴随窟前分阶段两次斩山，窟内地面分阶段下凿至与西区整体的洞窟外部地面齐平的过程。

三窟的初始工程，内外地平均高出现地面 3 米左右，是一个值得注意的现象。其原因，可能与昙曜五窟工程相关。昙曜五窟最东端 16 窟，是五窟中较晚开凿的洞窟，根据前文的考察，该窟与其他大像窟一样，也是分层施工，但进行到洞窟底层时即停工，因此在 16 窟前，应当留下了施工时的漫坡，与 16 窟内部施工面相通。从 16 窟内壁面留下来的残迹可知，该施工面的高度距现地面也在 3 米左右，与 16－1、15、14 三窟内外的初始地面是齐平的。而从龛像的形式看，16 窟在太和服制改革后启动了续凿工程，以上三窟上层空间龛像的样式与 16 窟基本相同，很可能也雕凿在这一时期。由此推测，三窟很可能依附于 16 窟的续凿工程进行，始于云冈二期后段，借助于 16 窟外漫坡向东继续斩山开窟，因此，初始工程的高度也就参照于漫坡的高度（图 4. 118）。

三窟开凿时间总体一致，14 可能较早定位，15、16－1 窟相对较晚，因此空间局促。后两洞窟的原始设计，当仅限于现状洞窟上层空间，没有计划整体空间的下探。其中 15 窟，原来的明窗、窟门大小应该相当，窟内空间也较为均衡；而 16－1 窟，当设计为三壁重龛的形式。但后来开凿洞窟下层空间，使窟内地面与窟前道路齐平，才造成两窟被整体架高的现状。而 14 窟，其后室正壁底缘还有立像衣摆残迹，尚不清楚这是后期工程改造还是原始设计，因此不能肯定其原始设计的地平高度。

图4.118　第14、15、16－1三窟与16窟开凿关系示意图

综上，14、15、16－1三窟为一个整体，分层施工，上层空间工程开凿依附于16窟补凿工程，在太和迁洛前，而下层空间工程在迁洛后。但与昙曜五窟有计划的分层施工过程不同，三窟的现状形式和分层施工过程并非最初规划，下层空间工程很可能是后期参照窟前道路地平增设的，这改变了三窟的原始设计。

【第13－4窟】①

1. 洞窟位置及外壁面

13－4窟位于中区窟群的最西端，西侧直抵与窟面垂直的斩山侧壁，侧壁南缘较13－4窟外凸近10米。窟东侧与13窟隔一突起石柱，石柱因后期开龛凿毁，现残存柱墩。石柱西侧至斩山岩壁近12米，即13－4窟的总面阔。

窟前壁面较11～13窟壁面前凸，仿木构建筑立面，辟三门，窟门高约4.5米，上部残存向外挑出的窟檐，现檐口距地面6米，再上的斩山壁面与11窟以西的斩山壁面基本齐平（图4.119）。窟外壁面满布小龛，它们均利用13－4窟斩山壁面开凿，

① 本节内容的现场考察和测图绘制，由陈豪、袁怡雅协助完成。

立面　　剖面

图 4. 119　第 13 – 4 窟立面、剖面图（陈豪、袁怡雅绘制）

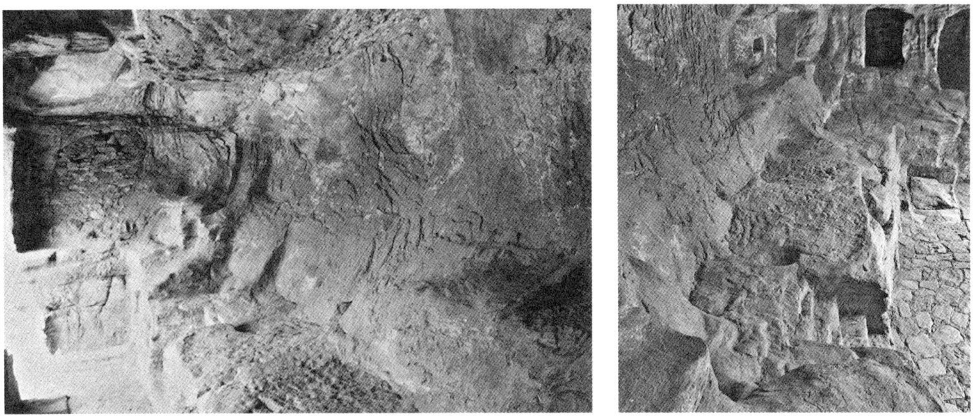

图 4. 120　第 13 – 4 窟内部现状

时代较晚。

2. 洞窟空间层次

窟内尚处于开窟取石阶段，未形成规整的窟形。窟内单室，东、西、北三壁上部均向山体开凿，形成了上下两层空间（图 4. 120）。

上层空间极不规则，较下层空间向东、北、西三面外扩，形成一石台。上层空

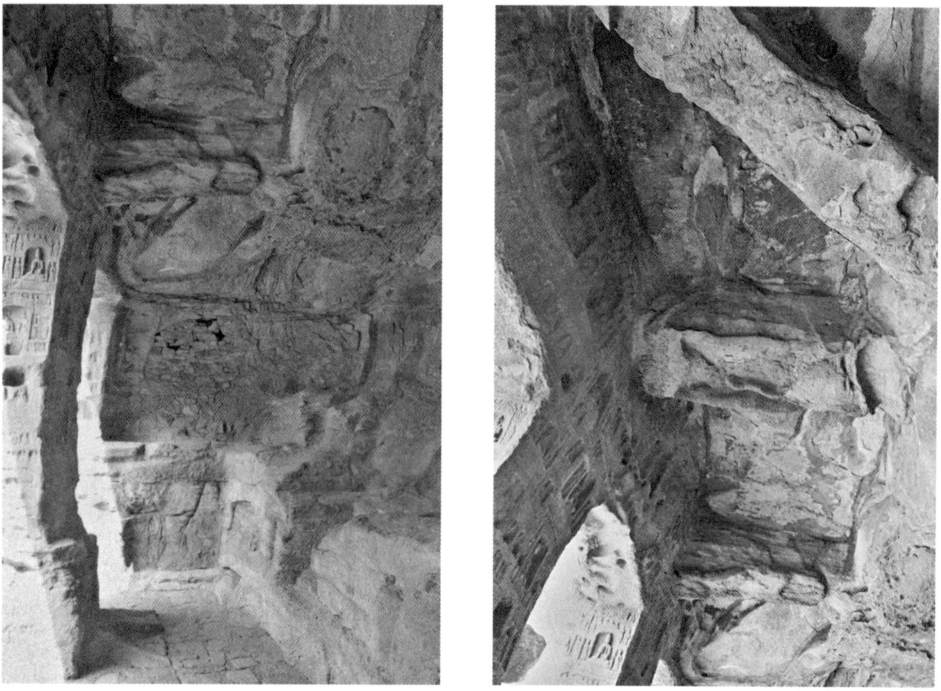

图 4. 121　第 13 – 4 窟上层空间及窟顶梁坯

间各壁，补凿了许多晚期龛像。窟顶距地面约高 6 米，分为前后两部分。前部雕有四道梁状坯体，南北长约 2. 4 米，与窟外檐下皮同高。窟顶后部为一不规整平面，与梁下皮同高，与正壁相接（图 4. 121）。

下层空间西高东低，平面近长方形，底面与窟外地面平，东西最宽处 9. 3 米，南北最宽处 2. 3 米，底面及四壁留有开窟取石的痕迹，其平面各边缘线，实则由一段段的取石线组合而成，且东西、南北有对位关系，说明原取石面如同云冈第 3 窟窟内东部，被整体分解成一块块石方向下开凿，将各取石线端点纵横相连，即可大体将原取石平面复原（图 4. 122）。其分为南北四排，每排 10 方石材，石柱每面占约两方石材的宽度，柱间隔两方石材。在西柱北侧及底层东北角，地面上尚存未被完全取走的石材，在它们与石壁相接处錾有沟槽以分隔石材，可说明取石线与取石行为的对应关系（图 4. 123）。

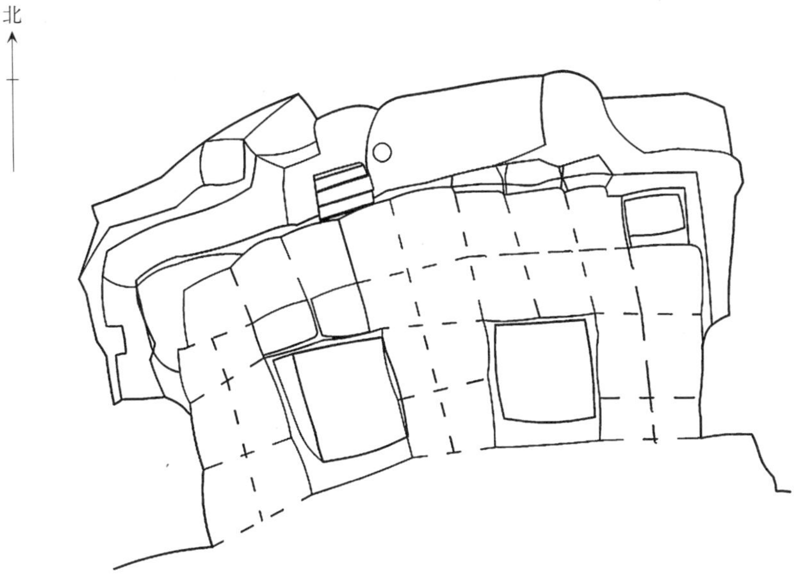

图 4. 122　第 13－4 窟原取石平面复原图

西柱北侧

下层东北角

图 4. 123　第 13－4 窟未被完全取走的石材

经测绘，窟底平面和窟顶前部平面有明显的上下对应关系。窟底北侧边线与窟顶前部北侧交接线上下对应，窟底南侧柱基内边线与窟顶前部南侧边线上下对应，窟底东西两侧边线与窟顶前部东西两侧边线上下对应（这些边线共用全站仪获取 275 个控制点，上下平面拟合图像如图 4. 124、彩版三所示）。

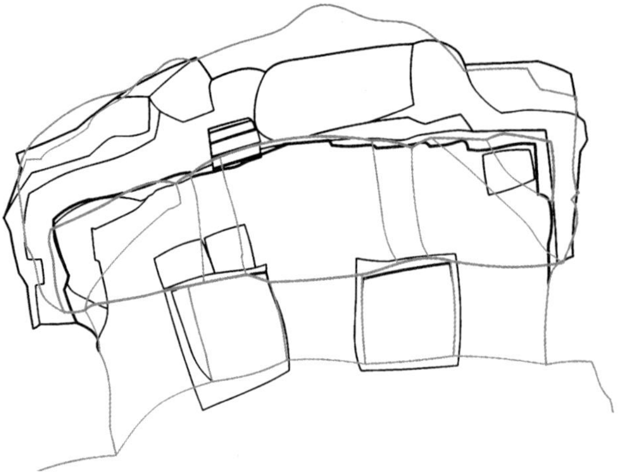

图4.124 第13－4窟窟底与窟顶的对应关系

这样的空间对应关系提示我们，窟顶前部所据的这部分上层空间与下层空间是一个组合关系，而上层向东、西、北三面所凿出的空间并非最初的窟内空间，而是后期补凿，这也反映在壁面的开凿痕迹上：一方面，窟下层平面较规整，取石工程系统性强，而上层壁面取石痕迹杂乱；另一方面，窟顶规整的前部与窟下层平面有空间对应关系，而窟顶后部明显为无规划的延伸。

3. 开凿过程

综上，13－4窟最初工程开凿的只是洞窟前部空间，这一空间可能分上下两层完成，两层空间的分隔位置在现柱下基座一线，约与现上层空间底缘齐平。也正是顺着这一空间分隔，后期补凿工程在上层空间进行，向四周拓展出不规则的空间，并在壁面上开窟造像，同时还利用立柱各面开龛，造成立柱上部岩体内陷。这一过程，约如图4.125所示（右图虚线以内即为左图初凿时即开凿的空间）。

13－4窟为仿木构建筑窟室，根据云冈9、10、12、14同类洞窟的形式，可知它原来很可能计划开凿前后室，而工程只完成了前室空间即停工。从13－4未加工的窟檐、前室顶部的梁状坯体看，窟面及前室的开窟工程虽已大体完成，但造像工程并未展开，可知，该窟计划在开窟工程全部结束后再统一进行造像工程。

4. 13－4窟与11～13窟关系探讨

13－4窟较11～13窟壁面突出，完成程度也很低，很难将它与11～13三窟视为一体工程。13－4窟与13窟相隔一凸起柱体，但13－4窟的雕凿与该柱体连为一体，整个壁面位置也比13窟靠前，因而该柱体似由于13－4窟的开凿而产生。

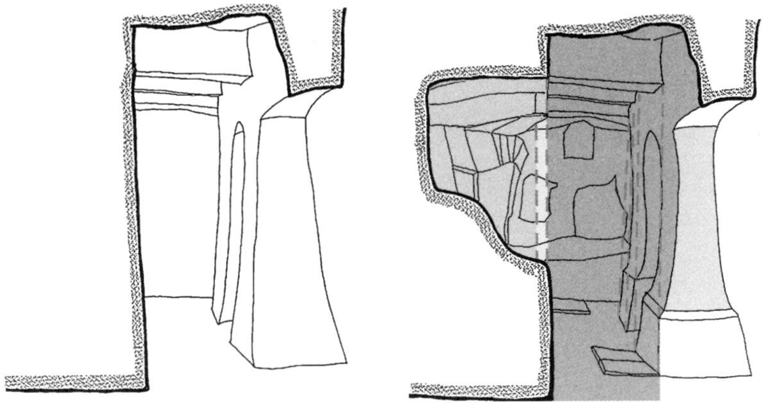

图4.125 第13－4窟最初施工空间及后期补凿空间示意图（陈豪、袁怡雅绘制）

但13－4窟上部的崖面，与11～13窟是齐平的，这一崖面，由其西侧的斩山侧壁看，很大一部分并非自然崖壁。如果11～13窟开凿时，斩山侧壁只及13－4窟东侧，则13－4窟所在山体剖线当如其西侧壁所示，崖面较高，那么该窟独立开凿时，就没有必要斩出上部的崖面，至与东侧三窟齐平，因此，13－4窟上部斩山壁很可能随11～13窟一体开凿。13－4窟窟檐上缘与13、11窟明窗下缘、12窟窟顶一线大体齐平，当时可能统一斩出了这一线以上的空间，计划开凿四窟，但最西一窟当时并未开工，后来才利用崖面下方开凿了13－4窟，大概因为迁都影响，工程并未完成。

【第4窟与13－13窟】

4窟与13－13窟均为中心柱窟，规模相当，且都是未完成的洞窟，两者对比，可以看到两种不同的施工次序，这对于本书的研究是难得的实例材料。

1. 第4窟

4窟位于3窟西侧，距离较近，以往的研究认为，4窟为3窟的附属窟，其原因是3窟最上部崖面涵盖4窟，且其上椽眼也覆盖到4窟上部的一部分①。但3窟上部崖面为自然断崖，其涵盖4窟并非人工所为；而3窟壁面上的大型梁孔只覆盖3窟范

① ［日］《云冈石窟》第一卷。

围，再往西的只有椽孔，其下没有梁孔，结构上难以延伸到4窟上方，只能起到保护3窟窟檐建筑侧面的作用。所以，无论从石窟自身的范围还是窟檐建筑的范围看，3窟都不可能涵盖4窟，两窟没有明确的从属关系。4窟的规模较小，所处的位置又距离路面较近，斩山规模有限，应是在3窟开凿之后选择有利的山体就近开凿的，时代当较晚。

4窟斩山空间保存得较为完整，其斩山正壁上部两侧开明窗，下部中间开窟门，窟前斩山平台和斩山侧壁都保留了下来，其中斩山东侧壁较完整，西侧壁尚存下部，4窟的范围被明确限定，其外壁面总高9.3米，东西宽7.2米，斩山平台深5.8米。4窟西侧编号4－1的小窟，斩山开窟打破了4窟的斩山西侧壁，形成了4窟西向上的阶梯（图4.126），这说明4－1窟的开凿晚于4窟。值得注意的是4窟的东侧壁，下宽上窄呈阶梯状，一级阶梯位置略在正壁明窗下缘，与窟内明窗下的分层开窟痕迹对应。二级阶梯之上的崖面可能为自然的断崖。

4窟内平面方形，平顶，宽6.6、深5.2米，中心柱宽3.3、深1.9米。窟内分上下两层空间（见图4.1）：上层空间底缘略低于明窗，已开凿完成，高约3米，而下

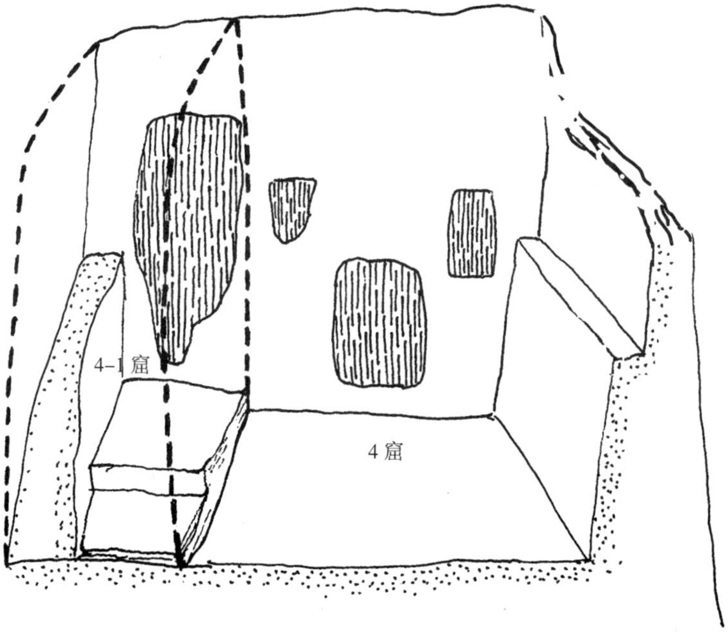

图4.126　第4－1窟打破4窟斩山西壁

层空间只开凿了从窟门到中心柱正面的空间，高1.5米。值得注意的是，现窟门底缘高出窟外斩山平台约1米，这并不易于进入洞窟，如果洞窟底平最终要完成至与窟外地平齐平的话，则窟内还有尚未开凿的底层空间，这层空间一般对应着中心柱的基座和四周壁面下栏。

上层空间东西南三壁均开若干小龛，而北壁没有开龛造像，壁面风化严重，各龛像之间的关系并不明显。它们分布杂乱，壁面空间也没有完全利用，显非规划开凿。与此形成鲜明对比的是，中心柱四面布置整齐的造像，窟顶也分隔出平綦。

上层空间四壁开龛杂乱，而中心柱四面和窟顶的龛像有明确规划，但这两部分的早晚关系不易判断。若中心柱四面和窟顶最先凿像，而洞窟四壁完整留下不做雕饰，也是一种特殊的现象，即使是工程停工所致，也说明这两部分被区分对待，并将中心柱及窟顶作为首先开凿的内容。而若四壁伴随着开窟率先凿龛，其后再统一完成中心柱和窟顶，说明洞窟设计中并未对四个壁面作严格控制，这与一些大窟的开凿过程类似。不管是哪种情况，都说明了洞窟四壁和中心柱这两部分在开凿过程中被区别对待，而中心柱才是此类洞窟的主体。

4窟的停工现状也说明，洞窟施工有明确的计划，在上部空间开凿的同时或稍后，造像工程就已经展开，充分利用从明窗进入的工作面，这是云冈早期工程常用的方式。

2. 第13－13窟

13－13窟位于中区的最西端，在中区窟群西侧斩山壁的外侧（图4.127）。其窟前斩山空间保存得相对完整，斩山西侧壁虽仅残存底缘，但仍能标志出斩山的西界。13－13窟斩山正壁高9.5米，宽4.5米，窟前斩山平台深4米。与中区大窟相比，13－13窟斩山位置靠前，斩山平台也较高，反映了当时工程有意减小斩山的工作量，这与该窟内部空间的规模是相称的。

13－13窟前壁开明窗、窟门，窟内平面方形、平顶，宽4.2、深5米，中心柱方1.5米。与4窟不同，13－13窟先开凿出了明窗和窟门入内的上下层空间，总高4米，然后才统一造像，但造像工程似刚开始进行就停工，洞窟壁面上还残存多处未完成的龛像。如明窗两侧有明显对称的造像设置，但仅有粗坯；而窟内东西壁面似乎也被分为了上下两栏，开凿了部分龛像，风化严重，有的似已完成，有的尚处于粗坯阶段。

而与4窟相同的是，13－13窟窟内现状地面也高出窟外斩山平台1米左右，也

图 4. 127　第 13 - 13 窟斩山空间与中区一线大窟斩山空间对比

就是说 13 - 13 窟也保留了底层空间岩体，当在上下层施工完成后再继续开凿。

3. 两窟施工过程对比

4 窟与 13 - 13 窟窟内空间均可分上层空间、下层空间和底层空间三层，其开窟工程从上往下进行，但造像工程跟进的时间却不同。4 窟很可能分三层分别开窟和造像，而 13 - 13 窟则可能在上下层空间开窟工程完成后，统一造像，最后再进行底层空间的工程（图 4. 128）。

与 4 窟相比，13 - 13 窟造像工程的统一性更强，但也并非开凿出整个洞窟空间后再造像，施工时仍保留了底层空间，其上下层空间与底层空间分别进行，造成了工程空间、时间的间隔。由此可以看出，分层开窟并造像是最基本的施工模式，而随着施工经验的积累，工程组织的进步，才逐步采用打通层间间隔后统一造像的施工模式，以加强洞窟造像的统一性，13 - 13 窟正反映了这一转变过程。

【第 3 - 1 窟及其东未编号窟】

3 - 1 窟又称为碧霞洞，洞窟近道路开凿，其东侧还有一斩山空间，由于不便续

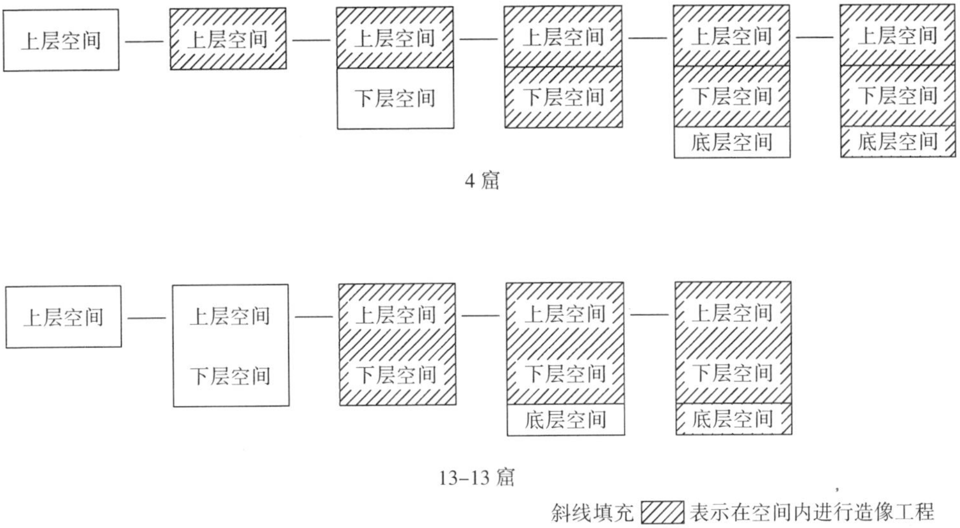

图4.128　第4窟、13－13窟开凿过程对比

图4.129　第3－1窟外立面

图4.130　第3－1窟窟内

编窟号，本书暂称为3－0窟，另外在2窟西侧也有一斩山空间，本书暂称为2－0窟，这三窟都没有施工完成，尚处于斩山或开窟的状态。

3－1窟上三明窗下三窟门，窟内空间基本开凿完成，但没有凿像。这是开窟和凿像明确分开的工程（图4.129、4.130）。

3－0窟斩山空间距路面较高，与3－1窟对比，两窟斩山宽度一致，斩山的上端高度也相同，但3－1窟斩山平台较低（图4.131）。在其斩山正壁，开有一洞口，可能为向内开窟的明窗（若为窟门，则洞口太小，整个洞窟高度也不够）。

2－0窟斩山空间距路面较高，与3－0、3－1斩山宽度大体一致，都在7至8米之间，但高度也较矮，与3－0窟相当，其斩山面没有开凿完全，尚有许多地段有凸石未凿平（图4.132）。

将以上三窟结合起来，按2－0到3－0再到3－1的顺序，可看出中型洞窟从斩山到开窟的连续施工过程。如3－1窟这样的斩山空间并不是一蹴而就的，最先是在较高的位置开凿一定宽度的上层斩山空间，这一宽度是主要的控制数据，而斩山过程可能较为随意，凿下的多为散碎的石片，并不是非常规整地往下取石，最终只要能斩出如3－0这样的斩山空间就达到目的，在这层斩山平台上再开凿明窗，向内开凿洞窟上层空间，再向下斩山，逐渐接近路面高度，并借助下层的斩山平台，在正壁开窟门，进而向内开凿洞窟下层空间（图4.133）。

图4.131　第3－0窟现状

图 4. 132　第 2 - 0 窟现状

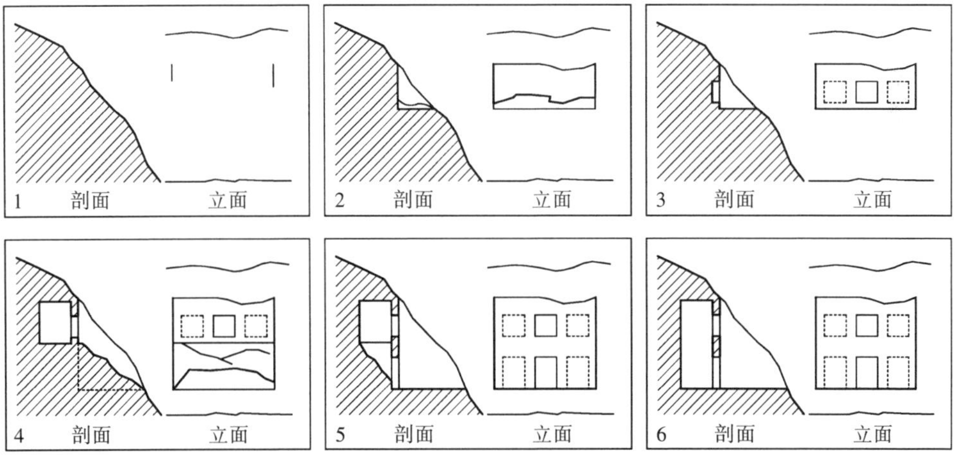

图 4. 133　斩山开窟过程示意图

（七）参考案例——云冈三期未完成小窟

图4.134　第13－29窟所在位置

1. 第13－29窟①

13－29窟位于13窟明窗东侧1.2米，距地高8.6米，坐北朝南（图4.134）。窟口几乎完全坍塌，只存西侧上部一角，借此可知窟的南壁位置从而复原窟内空间大小。窟面上方有一处取石痕迹，成不规则的长方形，东西宽0.7、高1.4米，周围有宽0.1米的沟槽，深0.2米。

窟内平面近方形，平顶，东西宽1.9、南北深1.6、高1.8米，三壁置坛设像，正壁一尊坐佛，两侧壁各并立一佛（近窟口）一菩萨（近正壁），各造像从窟口到窟正壁完成程度逐渐降低（图4.135、4.136，另见彩版四）。

西壁　　正壁　　东壁

图4.135　第13－29窟各壁面现状

① 本节内容的现场考察和测图绘制，由王子奇协助完成

图4.136　第13－29窟平、立面测绘图（王子奇绘制）

正壁坐佛仅凿出坯形，整体高1.6米，分为头部、身部及座部（含腿部）三大段，每段分别高0.5、0.65、0.45米，宽0.3、0.9、1.3米。其头部为近椭圆形的石坯，未做任何雕饰；身部凿出肩形和手势，并预留了手臂上搭附佛衣的石料；座部大略凿出了佛腿部与基座的界限。石坯上的凿痕间距3厘米，斜向，加工粗糙，造像的各结构要素尚未区分。

侧壁里端的两菩萨完成度较正壁高，整体高1.45米，分为了冠部、头部、颈部、上身、下身、基坛六部分。冠部已凿出轮廓，呈前高后低状，最高处13、宽12厘米。头部区分了额发与脸部，额发中分，脸部呈椭圆形，宽14、高16厘米，两侧双耳垂肩。颈部高5、宽10厘米。上身高30、宽30厘米，已凿出左右手的手势，左手举于胸前，持拂尘，右手下垂，身前桃尖形项圈，从肩上搭下交于胸前的披巾均已雕凿出轮廓。下身较粗略，高57、宽34厘米，只区分了两腿的位置，留出了腿两侧下搭的披巾。基坛高20厘米。菩萨像已基本具备造像的基本特征，但錾痕仍较稀疏，加工面略显粗糙。

侧壁靠近窟口的两尊立佛已完成，整体高1.65米。东西两佛整体造型相同，均高肉髻，素面发，面部清秀，长颈，着褒衣博带式袈裟，内着僧祇支，胸前系带，右手施无畏印（东壁残），左手下垂，衣角与下裙外摆。但细节却有差异：东壁佛没有表现衣纹，而西壁佛却雕刻有细密的衣褶；东壁佛左手下垂掌心向内执衣角，而西壁佛施予愿印。这种差异可能是不同工匠的技法所致。

另外值得注意的是，在未完成的菩萨和坐佛的脸部石坯正中还残存竖向的辅助线，在菩萨冠部、脸部还有几道横向辅助线，分别对应发髻、眼、鼻尖的位置。将未完成的菩萨与已完成的立佛的面部进行对比（图4.137），

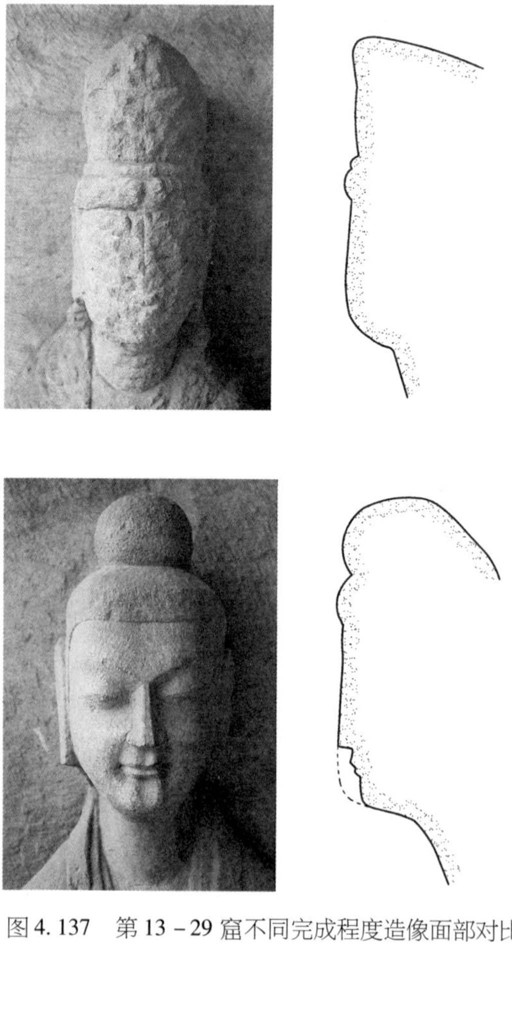

图4.137　第13－29窟不同完成程度造像面部对比

可发现其已具备从额头至眉心、鼻梁一线的断面轮廓，下颌底缘位置也已确定，在圆坯上纵横的辅助线，确定了面部各细节的比例，下一步当参考这些辅助线向石坯内凿去多余的石料，雕刻出佛像的五官。

该窟窟顶平整未加雕饰，仅正中绘有一重瓣莲花，花心白色，花瓣红色，外缘一圈黑色。尚不能确定是何时彩绘（图4.138）。

13－29窟保存有数尊完成程度不一而又前后相互衔接的造像，较完整的反映了当时的凿像工序。窟东西壁对称但细节作法略有差异，说明这一小窟当时也

图4.138　第13－29窟窟顶现状

可能由不同工匠分区施工。

2. **第13－30窟**

13－30窟位于13窟明窗西侧1.5米，距地高度9.7米。

窟口尚存，但轮廓已风化，现成一椭圆洞，横宽近1.5米，纵高近2米，门厚约20厘米。由于长期雨水冲刷，窟外立面不存任何雕饰。窟平面为不规则的横长方形，窟底东西最宽处1.8米，南北最深处1.2米，从窟底向上48厘米处，向东西两壁凿入，形成方台，其上凿像，正壁于同样高度设龛。窟顶为略弧的穹顶，从窟底至顶部中心高2.05米（图4.139）。

正壁设圆拱尖顶龛，宽1.15、高1.2、深0.8米，龛内雕二佛对坐，两佛均未凿完，但外形的各要素已具备，分头、身、腿三部，头部已凿出肉髻、发髻、耳、眉、眼、鼻、嘴，西侧佛还做出白毫，但均只雕出轮廓，还未细致加工，因此佛像脸部较已完成佛像显得更大而浑圆；身部已凿出双领下垂的衣纹走势，还能看出右领衣纹下垂后在身前搭附于左手前臂。二佛像均右手施无畏印、左手施予愿印，东侧佛像还区分了手部各手指位置，并划分了衣纹内部主要衣褶。两佛像身体与脸部一样，也未细凿，满布錾痕；腿部基本覆于佛衣内，只表现了大体轮廓。二佛之间的龛内壁正中有明显的分界线，东侧龛壁内密布一寸二錾的粗凿痕，西侧龛壁则经过打磨，没有錾痕。以此分界线可将窟分为东西两部，两部分完成度不同（图4.140）。

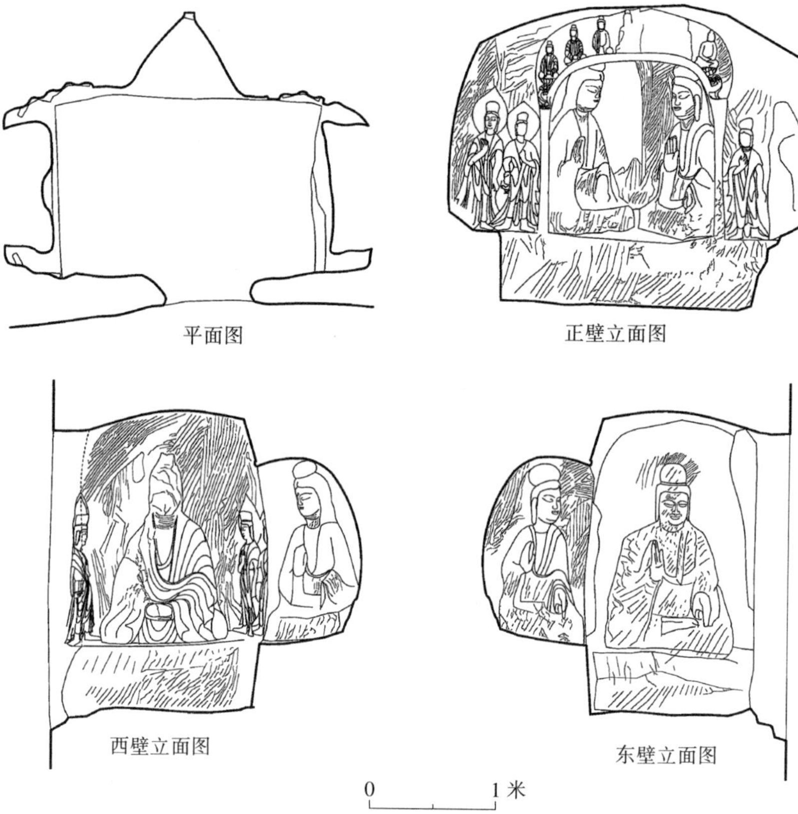

图 4. 139　第 13 – 30 窟平、立面测绘图

图 4. 140　第 13 – 30 窟正壁现状

西侧龛柱上兽头已雕完，前足直立，头回顾，头大身小；东侧兽头仅凿出轮廓，但其耳部的轮廓、嘴部的大小与西侧兽均不相同。龛楣内七坐佛，大小基本相同，宽 13、高 25 厘米，也以中线分东西两部分，西部均完成，而东部仅雕出坐佛的整体轮廓。西侧完成的 3 尊坐佛虽大型相同，但着衣形式各不相同，西端坐佛双领下垂，第二坐佛通肩，第三坐佛则只见右领下垂，无左领，较为少见，龛楣中部坐佛已残毁。龛两侧各立一胁侍菩萨，从脚至头光尖通高 90 厘米，西侧菩萨除脸部外均完成，其两手残，左手举于胸前，应有持物，右手下垂执披巾一角，脸部仅有外轮廓，未凿五官；东侧菩萨与西侧姿态、服饰基本对称，但只凿出坯体，未凿出头光，身体各部分只具轮廓，衣纹也没有细部，满布细錾痕。两菩萨外侧还各有一站立的菩萨，他们分别朝向东西壁坐佛，位置上虽然在正壁，但却属于东西壁造像的一部分。

西壁方坛上结跏趺坐佛，通高 1.3 米。佛像头部以下，衣纹打磨光滑，已经完成，佛头部虽毁坏，但残存的颈部尚存粗錾痕，可推测头部未完成。佛像手部虽残，但可见结禅定印，双领下垂，下裳前弧搭附在坛上，但坛上衣纹还未雕凿。佛两侧协侍菩萨均已完成，北侧一尊位于正壁，南侧一尊位于南壁，菩萨从脚至头光尖通高97 厘米，右手举于胸前，左手下垂，披巾交于胸前。佛及菩萨身后壁面未凿背光，满布粗錾痕（图4.141）。

东壁方坛上亦结跏趺坐佛，但完成度远不如西壁。佛通高 1.25 米，只凿出了大体形态和主要衣纹走向，可见其双领下垂，左手施予愿印，右手施无畏印，脸部凿出五官轮廓，佛身上满布錾痕。佛身后凿出了背光轮廓，背光内部壁面已用细錾凿平。两侧协侍菩萨只存北侧的一尊，完成程度最低，只具粗坯，通高 95 厘米，头部正心刻有竖向的辅助线，当为进一步加工石坯的中心线（图 4.142）。

南壁无雕饰，其上部连同东壁南部原已坍塌，后补砌。平面上现存南壁底部，借此可知窟内大小。

窟内地面未整平，窟东、西、北三壁底部边缘线可看出取石痕迹，每面分两段。东壁南北两段分别为57、53 厘米，北壁东西两段分别为75、106 厘米，西壁南北两端分别为60、54 厘米。在各壁下缘还能也能看到取石留下的斜錾痕，可推知当时取

图 4.141　第 13－30 窟西壁坐佛现状

图 4.142　第 13－30 窟东壁坐佛现状

石高度约 20～30 厘米（图 4.143）。综合可见，开凿此窟时，剖取石材分层向下进行，每层分作四块截取，每块成横长方形，厚度约 20～30 厘米。

窟顶未整平，遍布錾痕，正中刻有内外两圈圆环，内圈直径 35 厘米，外圈直径 66 厘米，可能是雕凿莲花的轮廓线（图 4.144）。

由 13－30 窟的造像和开凿痕迹可看出，在开窟过程中，该窟分为东西两区分别施工，两区设计有总体规划，布局和像设大体对称，但西区进度明显快于东区，各造像细节作法也因工匠不同而略有差别。

3. 其他未完成小窟及说明的问题

云冈小型洞窟的开凿始于二期后段，洞窟平面一般为方形，宽、深不过 2 米，四壁或开龛凿像，或直接凿像，窟顶多有装饰。但这许多洞窟，并非都全部完工，除上文已详细介绍的 13－29、13－30 窟这两个典型洞窟外，云冈石窟现存有 20 余个未完成小窟，它们的基本情况见下表（表 4.2）：

图 4. 143　第 13 - 30 窟窟底

图 4. 144　第 13 - 30 窟窟顶

表 4. 2　云冈石窟未完成小窟统计表

洞窟编号	开窟完成度	造像完成度	总体完成度
5 - 36 东壁小窟	完成	正壁佛像衣纹已打磨，唯独手部和头部没有加工	接近完成

续表

洞窟编号	开窟完成度	造像完成度	总体完成度
12－4下未编号窟	尚未凿出窟形，存剖石痕迹	未造像	低
13－20	基本完成，窟底尚存向下剖石痕迹	造像基本完成	接近完成
13－29	基本完成，窟底尚存向下剖石痕迹	见上文	较高
13－30	完成	见上文	较高
13－33	完成	未造像	低
13－4东壁小窟	尚未凿出窟形，存剖石痕迹	窟门外壁造像已完成	低
22－1	完成	正壁及西壁主尊未完成，已疏凿成坯，粗具佛的体态。正壁龛楣下部尚未完成。	接近完成
23?	完成	东壁残毁严重，西壁雕二立佛，南壁残毁严重。窟可能未完成，或后期破坏严重	不明
24－2	完成	窟内主尊已雕出衣纹和面部，尚未磨光	接近完成
26－2	完成	正壁佛已凿出石坯，尚未雕饰面部、手部，未磨光	接近完成
26－3	接近完成，壁面及窟顶可见錾凿痕迹		低
26－4	接近完成，壁面上可见錾凿痕迹，	西壁主尊已凿出石坯，未雕出面部、手部	较高
28－2	接近完成，窟顶、东壁、西壁可见錾凿痕迹。	正壁雕一坐佛，二胁侍，已完成	接近完成
29－2	完成	造像皆已凿出石坯，未雕出面部、手部，未磨光	较高
32－9	完成	正壁上层诸像已凿出石坯，未雕出面部。下层亦未完成	接近完成
32－11上未编号窟	尚未凿出窟形，存剖石痕迹	未造像	低

续表

洞窟编号	开窟完成度	造像完成度	总体完成度
33-4	完成	西壁上层雕方形龛，内雕交脚像，未完成。窟顶雕飞天及莲花，可见錾凿痕迹	接近完成
35-2	接近完成，正壁、窟顶可见錾凿痕迹。	正壁胁侍仅凿出石坯，主尊面部已完成	较高
37-1	完成	正壁龛内主尊及龛外胁侍仅凿出石坯，龛楣亦未完成	较高
40-4	完成	主尊及胁侍仅头部和手部未完成，窟顶可见錾凿痕迹	接近完成
40-5	初具窟形，壁面残存剖石痕迹	未造像	低

这些洞窟的工程进度各不相同，可作为石窟开凿工序的各个节点，将其前后贯穿，可大体了解小窟开凿过程，主要有以下几点：

①小型洞窟不进行斩山工程，多利用大型洞窟的斩山崖面或修整自然断崖开凿。

②先开凿出方形洞窟，再进行造像工程。

③先完成辅助造像，如胁侍菩萨、弟子及龛楣上的坐佛、飞天、供养人等装饰题材，其后才是主像。

如上文介绍的13-29窟即先完成了两侧壁外端的立佛，其次为两胁侍菩萨，而正壁主佛仅具雏形；又如22-1、32-9、33-4、37-1等窟，壁面龛楣上的装饰题材已经完成，但诸像仅凿出石坯，尚未细凿。从现状看，有两座洞窟与上述工序不尽相符。一是28-2窟，该窟方形平顶，正壁主尊已雕凿完毕，但两侧壁却开有许多无规律的小龛，当为后加，窟顶部也有未完工的錾凿痕迹；另一座是35-2窟，该窟亦方形平顶，正壁主尊已雕凿完毕，但两侧胁侍仅疏凿成坯，两侧壁也与28-2窟类同，有后期增开的小龛，窟顶亦有錾凿痕迹。这两座窟形式相似，且窟内原始设计均没有执行，颇怀疑主尊很可能也是后期利用原始坯体改凿，因此是否属工程顺序上的例外还有待进一步研究。另外值得一提的是13-4窟东壁的一未完成小窟（图4.145），窟内仅掘凿出基本的空间，但窟口两侧力士、窟门上尖拱门楣及供养人像已雕凿，此例提示我们，窟面的雕凿工程很可能先于窟内。

④单尊造像，特别是主尊造像，各部分并非一体完成，往往留出头部和手部最后加工。

如上文介绍的13－30西壁主像已基本完成，独颈部以上还留有錾凿痕迹；又如5－36东壁小窟正壁佛像衣纹已打磨，唯独手部和头部没有加工（图4.146）；再如40－4窟，窟内仅主尊和胁侍头部未完成。头部和手部直接表现造像姿态神情，最难雕刻，也容易出现工程问题，因此多留在最后处理。以手部为例，许多造像整体完整，唯抬起的手部残缺，但由于整个开窟造像工程繁复，在最后关头出现了失误，一般并不会放弃整窟，而是采取补救措施。现在看到的部分手部残缺的造像，都在断处凿有圆孔，部分有可能是当时装榫补救的痕迹。

图4.145　第13－4窟东壁未完成小窟

图4.146　第5－36窟东壁小窟正壁像

小窟的造像过程，有明显的主次之分：在洞窟布局层面，主体造像为主，各壁面龛像为次；在单体像设层面，造像头部、手部等表现形态特征的部分为主，衣纹装饰为次。由上文分析可知，次要的部分往往较主要的部分先完成。通过实验考古模拟开龛（参见附录一），也可见这一现象。究其原因，是次要部分内容简单，不需要太强的造型能力，一般工匠就能胜任，施工速度较快，能直观地显示工作量，而主要部分则需要精雕细琢，需要经验丰富的匠师承担，也施工较慢，因此多放在最后阶段完成。

从前文大、中型洞窟案例中，也可见同一空间层次中，壁面龛像早于主体造像雕凿的现象，这与小窟的施工过程有类似之处，因此，对于这些未完成小窟施工过程、特别是造像过程的细化分析，对大窟的研究有一定的参考作用，也有助于分析产生这种现象的原因。

五　云冈石窟营造工程综论

（一）云冈石窟工程施工

石窟的施工过程与洞窟规模、空间形式、施工组织紧密相关，较为复杂。为避免繁琐，本节先以大型洞窟为例总结工程必须的工事活动，再讨论主要工事活动安排次序的不同模式，而有关洞窟规模、组织等方面的问题在后面章节再分别说明。

1. 施工工事

石窟工程最主要的两项工事活动是开窟和造像。而配合这两项工作有许多辅助和后续的工事活动，如工具打磨、石料运输、脚手架搭建、彩绘等。

（1）开窟

开窟按空间位置的不同，分为外部斩山和内部开窟两部分：外部斩山的目的是在自然山坡上凿出窟面直壁，同时也形成了窟前斩山空间；而内部开窟的目的是掘凿洞窟的内部空间。尽管目的不同，但两者均是对原始山岩进行大体量的减凿，施工的工具和方法基本一致，因此广义上可合称为开窟，而狭义的开窟单指洞窟内部空间开凿。

通过窟前考古发掘，开窟产生的石料分为两类：一类是石片、石屑，它们或大量堆积在河滩上，或经挑选叠砌于河岸边形成护堤①；而另一类则是规则的石块，它

---

① 山西省考古研究所、大同市博物馆、云冈石窟文物研究所：《关于云冈石窟窟前遗址发掘工作成果的初步报告》。

们当用于附近地面建筑基台、柱础等石材构件①。由石料的不同形态可知施工的基本方法也分两种：一种是使用铁锹、铁镐等大型工具，削减岩石，剥落石片、石屑；另一种则是使用铁锤、铁錾、铁撬，按计划地开采规则石块。大型洞窟的施工，两者当协同进行，先使用大型工具整理自然的岩体，形成较平整的施工面，再使用较小型的工具，规则地取石。根据3窟窟内的考古发掘（图5.1），其石块揭取的具体方法如下：

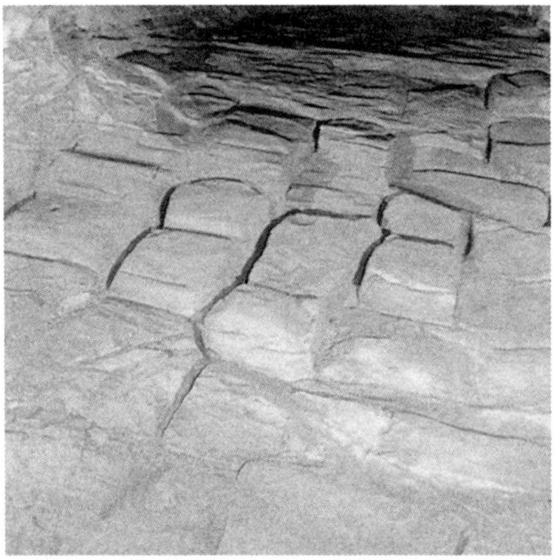

图5.1　第3窟取石遗迹

首先，在岩面上掘凿出纵横相交的沟槽，分割为一块块方形岩体，沟槽深30厘米左右，宽10～20厘米。

其次，选取石块的一端，在沟槽底部斜向打入铁楔，再用前端弯折的铁撬顺楔入方向撬起石块。

最后，顺次揭取石块，一层工作面取石完毕后再进行下一层，或呈阶梯状的多层揭取，顺次推进。

这种取石方式，可能即文献所称“剖石”②，类似于近世开山采石方式，清《河工器具图说》卷四《储备器具》③ 即有详细记载：

> 凡开山采石山，有土戴石、石戴土之分，见山面露有浮石，必先用鋘锤击之，审定其下有石，然后刨土开采。
>
> 凡开山既见石矣，须审山之形势，顺石之脉络，度量所需石料长短厚薄，划定尺寸。先凿沟槽，约宽三寸，深二寸，每尺安铁楂三根，击以鋘锤。用水

---

① 云冈石窟文物研究所、山西省考古研究所、大同市博物馆：《云冈石窟第3窟遗址发掘简报》，《文物》2004年6期。

② 刘勰：《梁建安王造剡山石城寺石像碑》：“椎凿响于霞上，剖石洒于云表，命世之壮观，旷代之鸿作也”，录于孔延之：《会稽掇英总集》卷十六，邹志方点校，北京，人民出版社，2006年；摘录于欧阳询著：《艺文类聚》卷七十六《内典部上》，汪绍楹校，北京，中华书局，1965年，1302页。

③ 麟庆纂辑：《河工器具图说》卷四，万有文库第二集，北京，商务印书馆，1937年，293～296页。

浸灌刻许，然后用锤、錾尽击开采。

不仅如此，书中对施工过程所用工具也有详细记载，“皆采石所必需”，主要有以下四种（图5.2）。

①铁锤——鎯锤（大）、手锤（小）

《扬子方言》：

锤，重也，东齐曰鋘，宋鲁曰锤。鎯锤之制，铸铁为首，大者形长而扁，两头皆可用，中贯藤条或竹片以为柄。小者两头一方一圆，以木为柄，约重十五六斤，均专备劈裁石料之用。手锤，尖头，圆底，约重三斤。

②铁撬

《集韵》：

撬，举也。又铁撬以铁锻成，长一尺六寸，重十余斤，为撬起石块之用。

③手錾

《说文》：

錾，小凿也。手錾，圆脑，尖嘴。

④铁楂——即铁楔

楂见字典而无考。铁楂，圆脑，扁嘴，长四五六寸不等。

再楂名不同，在平处为劈楂，直处为錾楂，兜底横处为抬楂，抬楂得施以铁撬而石出矣。又黑麻、豆青等石皆用铁楂，渐击渐入，匠人谓之含楂，独黄麻石用钢楂，一击即起，匠人谓之跳楂，必须系以线索不致跳远，则又石性之不同耳。檝与榝同，侧击也。铁檝，上宽下窄，其用与楂同。

书中所记开山采石的施工方法，与云冈石窟相似，其所用铁锤、铁撬、铁錾、铁楂等工具，也能在云冈石窟找到对应的施工遗迹，两者可相互印证，说明石作施工过程和工具历代变化不大，其所记施工过程及工具当可为云冈开窟提供一定程度的参考。

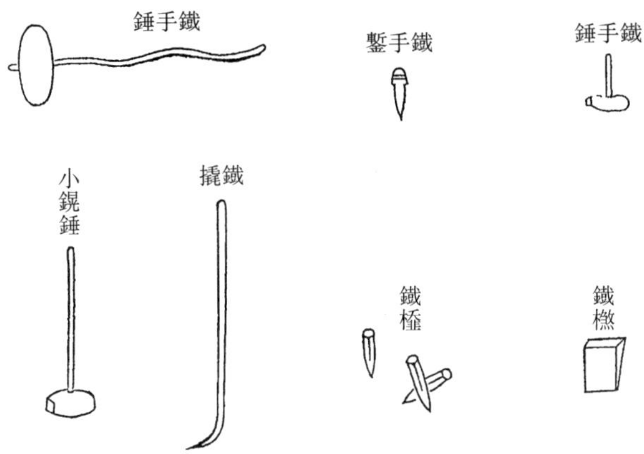

图5.2　《河工器具图说》所载石作工具

（2）造像

在云冈石窟工程中，开窟只提供必要的空间和壁面，造像才是最终目的。造像可分为两类：一类是在开窟预留下的凸出壁面的岩体上进行半圆雕造像，这类造像一般都是洞窟的主体造像，规模较大；另一类是在平整壁面上开龛造像，这类造像的规模较小。但后者主像的雕凿，仍需向壁面内凿出凸起的石坯，进行半圆雕的造型，因此以上两类造像的差别主要在规模上，施工的基本次序和方法当一致，根据未完成小窟所反映的情况，开龛造像的具体过程如下：

起坯：开窟后的壁面仍不平整，需先用铁錾在壁面上疏凿一道道的錾道，打剥掉凸起岩体，整平壁面，为龛面、龛楣等部位的雕饰提供施工条件，再在壁面中开龛取石，同时预留出主像的粗坯，此粗坯只具有像头、身、座三部分的大概体块。

粗凿：使用较粗的铁錾削减石坯，将主像主体部位的轮廓凿出，如发髻、头、耳、颈、身、手、腿及基座等部分，也包括像身上衣纹、配饰的基本轮廓。

细凿：使用较细的铁錾对造像进行加工，将造像的各细节表现出来，其中头部的五官和手部的指、掌，由于艺术性较强，难度较高，一般最后完成，且当由经验丰富的匠师承担。

打磨：使用平头的铁刀将造像表面的錾痕整平，或用砂石水磨完成。

造像施工所用工具主要为不同规格大小的尖刃器：铁錾①（也可称为铁凿）。根

① 现在一般木工所用称凿，石工所用称錾。而古时，錾、凿均可指石作工具，两者只是大小之分，《说文》、《广韵》均载：錾，小凿也。

据方山永固陵考古发掘材料，经考古人员仔细辨识，推测可能为当时石作加工铁錾①（凿）。这些雕刻工具一般长度在10～15厘米，头部大小差异不大，但形式有平头、半圆头、尖头之分，尾部大多缩小为椎状体，部分还残留木屑痕，可见当时是插入木柄中使用（图5.3），这说明“这些工具均为石雕过程中修细所用。平凿用以打光做细部，半圆凿薄刃来雕衣纹和细部，尖头凿用来雕刻不同的细纹、剔刻细小角落等”。

（3）其他

工具打磨：无论是开窟还是造像，都要使用大量的铁质工具，而当时铁器的钢度较低，极易磨损钝化，因此需进行大量的打磨工作，根据实验考古，工匠一般批量准备施工工具，并多选择在天黑收工后打磨，或安排小工在施工过程中辅助打磨。

石料运输：开窟和造像都会产生大量的石料，这些石料的石方量巨大，不可能堆放在窟口或窟内，在施工过程中，就要运输到河滩或者更远的地区。云冈石窟工程主体洞窟的施工位置距河岸25～30米，虽相对较近，但仍须专人负责石料运输，其运输方式可能肩担或使用推车，而较大的石块运输，则可能需要多人合力进行。另外，平城郊区明堂遗址的发掘说明，部分云冈石窟的石料甚至可能用于都城建筑的建设，这么远的距离石料如何运输，发掘者推测当是在寒冬时节，借助于武州川水结冰，在冰面上将石块运至都城②。

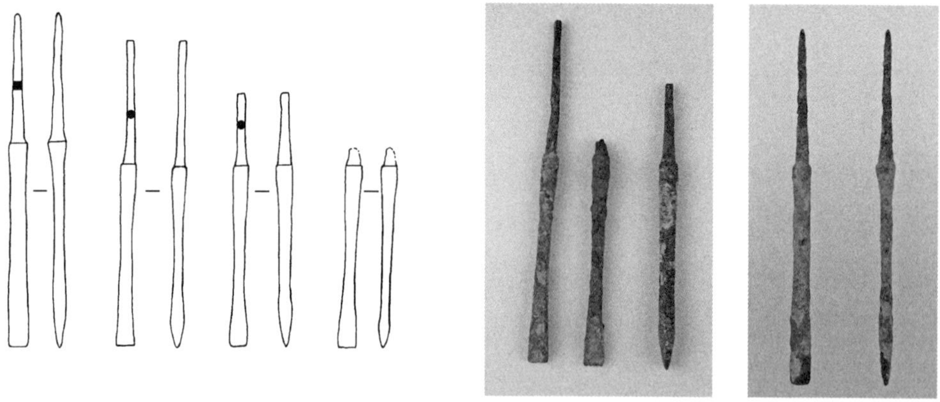

图5.3　大同方山永固陵出土雕刻工具（王雁卿《大同北魏方山永固陵出土的雕刻器具》）

① 王雁卿：《大同北魏方山永固陵出土的雕刻器具》，《文博》2012年4期。

② 王银田、曹彦玲：《北魏平城明堂遗址研究》，山西省考古学会、山西省考古研究所编：《山西省考古学会论文集（三）》，太原，山西古籍出版社，2000年。

脚手架搭建：搭建脚手架主要是辅助造像工事，便于在较高壁面作业。其施工所用材料，在云冈所在的北方地区，多使用自然圆木，取材于当地的乡土树种，参考20世纪70年代云冈石窟保护修缮时所搭建的脚手架（图5.4），可看到木料粗细长短均不同，用材规格灵活。因此，在搭建过程中，架网没有统一高宽的间距，不可能严格地纵横对位，同时，为稳固脚手架，在一侧还要根据受力情况支撑较长的斜杆，对技术要求较高。

彩绘：云冈石窟距今久远，后代又有大规模的重妆工程，现在所见彩绘是否能上溯至北魏，尚无明确证据①。因此，当时造像工序完成后，是否有彩绘这一道工序还存有疑问。由于这方面研究牵涉到具体的分析、测年技术，本书暂无法涉及。但从文献中可以了解到，在同一时代南朝的石窟工程中，已有在石像上彩绘的做法②。

图5.4　20世纪70年代修缮所搭脚手架（云冈石窟文物研究所编《云冈保护五十年》）

---

① 关于云冈彩绘颜料和工艺的分析，参考周国信、程怀文：《云冈石窟古代壁画颜料剖析》，《考古》1994年10期；李海、陈顺喜、陈昆松、贾云波、解延凡、黄继忠：《云冈石窟彩绘颜料初步分析》，《文物》1998年6期。

② 刘勰：《梁建安王造剡山石城寺石像碑》载造像工程最后："故光启宝仪，发挥胜像。磨砻之术既极，绘事之艺方骋"，有打磨、彩绘之工序。录于孔延之著：《会稽掇英总集》卷十六，摘录于欧阳询著：《艺文类聚》卷七十六《内典部上》。

2. 施工模式

开窟和造像是石窟工程的主要工事活动，它们之间如何协调安排，是石窟施工过程研究的重点。由前文的个案分析可知，开窟从上往下分层进行，有一定的阶段性，而造像工序虽必然在开窟之后，但操作中造像工序是伴随开窟分层跟进，还是在开窟工序整体完成后再统一进行，则属完全不同的施工方式，影响到洞窟最终的空间形态及壁面龛像布局。为便于讨论，本书将以上两种施工模式分别称为分层造像和统一造像，并定义如下：

分层施工——开窟分层进行，造像也伴随开窟同时分层施工，两者协同进行。

统一施工——开窟分层进行，但待开窟整体完成后，才统一进行造像，两者独立进行。

以上两种施工模式，反映的是造像工序与开窟工序的协同关系，一是二者协同进行，一是二者分离进行。而实际工程中，很多是介于两种模式之间，如13－13窟，虽上、下层空间是待开窟工程全部结束后再统一造像，但洞窟底部还保留有底层空间未开凿，其仍有一定程度的分层施工。

（1）分层施工

在大型洞窟工程中，采用分层造像模式施工较为安全，也便于开窟和造像工事的分配组合，是一种较为科学合理的施工方式。通过个案研究，可知现存诸多大型洞窟都有分层施工的迹象，而3窟、4窟、11窟这类未完成洞窟所保留的停工状况，也说明分层开窟、并分层跟进造像的施工模式并非逻辑推想，而的确曾在云冈石窟工程中有所应用。特别是最早开凿的昙曜五窟，洞窟空间层次明显，各层空间都有相对的独立性，且层间有一定的时间间隔，均表现出分层施工的特点。这说明分层施工是云冈石窟最早使用也是最基本的施工模式，反映了当时工匠在施工条件有限的情况下，对大型工程的分解、简化。

但分层的施工模式势必影响到大像艺术造型的一体性，从云冈大像窟的空间层次看，大像被分为了头、身、腿（座）三部分，每一部分分别雕凿，不仅需要准确的比例设计，还要预想到大像完成后的整体效果，这无疑对造像工程提出了很高的要求，其操作的可行性值得讨论。

云冈现存的大像均已完工，无法说明分层施工的影响。但后代石窟中大像的开凿过程能够提供一定程度的参考。如乐山大佛，其开凿的时代虽较云冈晚近三百年，但仍分层施工。根据唐贞元十九年（803 年）大佛竣工时剑南西川节度使韦皋所撰《嘉州凌云寺大弥勒石像记》的记载，可知大佛自唐开元元年（713 年）创建以来，工程两度中辍，分三次工程才开凿完成。其第一次工程“不数载而圣容俨然”，完成了大佛头部，而第二次工程，继续向下开凿，完成了大佛身部，但“从莲花座上及于膝，功未就者几乎百尺”，这一部分经第三次工程才最终完成。乐山大佛倚座于山岩之中，分为头、身、腿三部分从上至下先后雕凿，现状仍浑然一体，这不仅源于高超的造像技术，更是对造像各部位合理分层施工造成的。

离乐山大佛不远的仁寿县牛角寨大佛，也是唐代所造，在山崖上部雕凿有大佛头部，头部以下双手合十于胸，与头部比例不太协调，可能为后代所凿①，而胸部以下部分没有雕凿，由现状所见，牛角寨大佛至少分头部、胸部和胸部以下三部分从上往下开凿。又如甘肃炳灵寺唐代大佛，总高 27 米，善跏趺坐，其上半身直接雕凿于崖壁上，而前凸的腿部则为在崖壁前泥塑而成，可见大佛工程至少分为上下两部分施工。另如较晚开凿的四川屏山大佛，为一高 32 米的立像，但大佛膝部以下没有雕刻，现状仍为自然崖壁，说明大佛也当从上至下分层开凿②（图 5. 5）。

四川仁寿县牛角寨大佛　甘肃炳灵寺大佛　四川屏山大佛

图 5. 5　分层开凿大佛

① 邓仲元、高俊英：《仁寿县牛角寨摩崖造像》，《四川文物》1990 年 5 期。

② 这种施工方法也见于现代大佛工程，如四川南充凌云山景区于 2012 年开始依山雕凿一高达 99 米的立佛，即采用了分层开凿的方式，初期完成了大佛胸部以上的工程，预计还要 5 ~ 6 年才能完成，参见萧易：《巴蜀大佛多》，《中国国家地理》2012 年 12 期。

实际上，整体造像被分解为不同部分雕凿，只要规划合理，也完全在云冈工程匠作的能力范围内。如18窟上层壁面上近乎圆雕的十大弟子像，由于前后的遮挡，就有几尊造像只雕凿了半身，但其整体的形象仍呼之欲出。又如窟顶和龛楣部分的众多供养人、伎乐像，也多由于空间的限制只凿半身，但丝毫不影响其头身的比例关系，若能再向下继凿，也当自然完整。但这些毕竟都是小型造像，在处理大像的比例和整体效果时，难度必然大幅上升。从昙曜五窟各大像的现状看，其头部比例较大，而越往下的部分比例越失当，这在18、19、20窟表现得尤为明显，17窟的弥勒像，由于腿部预留高度不足，还不得不向下开凿空间，都一定程度地反映了分层造像的施工难度，这些比例失当的现象应反映了云冈石窟营造工程的真实状况，而非单纯为整体视觉效果所做的艺术处理。

（2）统一施工

与分层施工相对，统一施工保证了造像工程的独立性，不受空间层次的分隔和制约，强化了壁面龛像的整体设计。因此，表现在工程最终成果上，多为完整统一的洞窟壁面。但分层施工若规划合理，将每层空间壁面的造像工程控制于总体设计范围内，也能形成统一的洞窟壁面。云冈二期洞窟多方室窟、中心柱窟，与大像窟不同，其开窟工程不用留下大像坯体，造像工程又在直壁上进行，因此分层施工和统一施工都较易实现，其施工结果从理论上说也不会有太大差异。实际上，云冈中东区诸窟，虽然壁面平整，龛像分栏布局，但无法明确判断是否为统一施工；第9、10、12、13－4等窟表现出统一施工的可能；1、2、6窟表现出分层施工的迹象。另如第13－13窟这样的中型窟，既残留有分层施工的作业层，又表现出统一施工的倾向。这说明，在云冈二期，石窟工程中仍存在分层施工的模式，但已开始出现统一施工的洞窟，并影响到工程对壁面统一性的重视，即使分层施工的洞窟，也都预先进行了全窟的施工设计，加强了各层工程的照应和壁面的控制力度，力图营造出规整完善的洞窟。

另通过未完成小型洞窟调查，可知小型洞窟一般都是统一开窟后再进行造像工程，这是云冈三期洞窟最常见的施工模式。这可能有三个原因：一是洞窟规模有限，施工难度较低，便于整体控制壁面龛像的设计和施工；二是开窟和造像的工匠不同（详见后文），中小型洞窟开窟工程量较小，施工的时间不会太长，开窟完毕后再开展造像工程也不会影响工程总体进度；三是洞窟空间有限，无法多工种同时作业，开窟工程完成、工匠离开后，造像工匠才有施工的空间。

3. 施工组织

石窟工程有众多工事参与，需在统一的组织下进行，其组织者可称为主事方，而施工人员称为工匠。前者给予工程财物的支持，并进行总体设计、管理，后者直接从事具体工事劳动。

（1）主事方

①功德主

云冈石窟开凿前6年，文成帝即“敕有司于五级大寺内，为太祖已下五帝，铸释迦立像五”，以佛像来象征北魏帝王。其后云冈石窟兴建，又统一开凿五所大像窟，则很可能也为五帝而设，以其恢宏的规模，非皇家工程莫属。因此，皇家是云冈石窟实际的功德主，给予工程财力支持。而皇家的重视和投入，也离不开佛家的倡导，沙门统昙曜有重要作用。云冈石窟的兴建也是佛家借助皇家势力宣扬佛法的结果。

②工程主持管理机构及官员

工程项目主持，当有作为佛家代表的沙门统昙曜参与，而具体的工程用度、管理、设计和施工等内容，则需要作为皇家的代表的中央匠作管理机构及官员主持。

据《周礼·考工记》记载：“国有六职，百工与居一焉。（郑玄注）百工司空事官之属，于天地四时之职亦处其一也。司空掌营城郭、建都邑、立社稷宗庙、造宫室车服器械、监百工者”[①]，当时的行政管理机构“六职”中，就有冬官司空管理工程建设，而具体从事建造工程的称为“匠人”[②]。此后中央行政机构逐渐完善，至秦则设立少府为专门的管理机构，其中将作少府主持皇家工程建设，汉代改称为将作大匠[③]。自此，“开始在中央形成了国家建设工程机构尚书民曹和皇家建设工程机构

---

① 郑玄注，贾公彦疏：《周礼注疏》卷三十九《冬官考工记第六》，《十三经注疏》影印本，北京，中华书局，1980年，905页。

② 《周礼注疏》卷四十一《冬官考工记下》：“匠人建国”、“匠人营国”、《周礼注疏》卷四十二：“匠人为沟洫”。《十三经注疏》影印本，927～932页。

③ 范晔：《后汉书》卷二十七《百官志》：“将作大匠：一人，二千石。本注曰：承秦，曰将作少府，景帝改作将作大匠。掌修作宗庙、路寝、宫室、陵园木土之功，并树桐梓之类，列于道侧。”北京，中华书局点校本，1965年，3610页。

将作大匠两个并行的建筑工程管理和实施系统”[①]，并一直延续至清。

皇家建设工程并不常有，因此相关的机构设置及官员也非常设：

> 太常、光禄勋、卫尉、太仆、廷尉、太鸿胪、宗正、大司农、少府、将作大臣、太后三卿、大长秋皆为列卿，各置丞、功曹、主簿、五官等员。
>
> 将作大匠，有事则置，无事则罢[②]。

北魏亦设有将作大匠[③]，而分管石窟工程的机构，称为石窟署，这最早见于《魏故旷野将军石窟署徐君墓志铭》[④]，为开凿龙门石窟专设的机构。当时主持宾阳三洞工程的官员，有大长秋卿白整、王质和中尹刘腾[⑤]，皆为列卿，从属于皇家工程管理系统。

龙门石窟即“准代京灵岩寺石窟”开凿，由此推断，云冈开凿时也很可能设置从属于将作大匠系统的专门管理机构。北魏迁都后，兼任将作大匠的钳耳庆时[⑥]，在云冈也“镌岩开寺”，也可见云冈与龙门管理系统的关联。这种延续性，在其后隋代也可见：

> 太府寺，掌金帛府库，营造器物。统左、中、右三尚方，左藏、司染、诸冶东西道署、黄藏、右藏、细作、左校、甄官等署令、丞……甄官署：又别领石窟丞[⑦]。

这说明，石窟署这类专设的机构，隶属于将作寺（监），属于皇家建设机构将作大匠系统，因此均由宦官总事。这反映当时的大型石窟工程与皇家紧密相关，其用度均由皇家供应，云冈石窟是皇家工程而非国家工程，这是其世俗功能的直观反映。

---

① 傅熹年主编：《中国古代建筑工程管理和建筑等级制度研究》，北京，中国建筑工业出版社，2012 年。

② 房玄龄等：《晋书》卷二十四《职官志》，北京，中华书局点校本，1974 年，735～737 页。

③ 李林甫等，陈仲夫校：《唐六典》卷二十三《将作都水监》：“后魏太和初，将作大匠，从第二品下，二十二年降为从三品”，北京，中华书局，1992 年，593 页。

④ 鲁迅：《徐法智墓志考》，《鲁迅全集》第八卷《集外集拾遗补编》，北京，人民文学出版社，2005 年。

⑤ 《魏书》卷一百一十四《释老志》，3043 页。

⑥ 《魏书》卷九十四《王遇传》：“世宗初，兼将作大匠，未几，拜光禄大夫，复夺爵”，2024 页。

⑦ 魏征：《隋书》卷二十七《百官志》，北京，中华书局点校本，1973 年，757 页。

③参与者

云冈石窟工程在皇家的授意，机构、官员和僧统的监管下进行，从常理推测，是不可能允许其他势力介入的，但昙曜五窟壁面上部分布散乱的小型龛像均较早开凿，从属于洞窟工程，则说明工程并非完全封闭，允许社会各阶层参与。工程的这种组织形式，在云冈一期工程中极为流行，至二期工程即强化了控制力度，仅5窟、11窟、13窟还采取这种组织形式，这反映了云冈石窟从面向社会的集合工程向加强控制的统一工程的转变。

工程的参与者，应当与工程的管理机构和人员存在紧密的社会关系，其社会阶层有皇家系统的皇族、高官和佛家系统的高僧、邑社信众。这方面史料最早可证的有20窟西壁立佛之上小型龛像题铭："□□□及知识造多……区"、"佛弟子□□为七世父母所生父母□□"两处，另如11窟东壁上部"太和七年造像题铭"，其参与者为"邑义信士女等五十四人"，目的是为国、帝后与苍生祈福。工程参与者既包括一般信众，则皇族、高官、高僧等社会上层人物的参与当更为普遍。

云冈石窟之后的龙门石窟，其最早开凿的古阳洞尚保持较原始的组织方式，洞窟初始工程对象，即有正壁主尊和两侧壁对称布置的八大龛，也有周边和窟顶杂乱布置的大小龛像，以此反映出来的施工组织形式与云冈石窟早期工程极为相似，可作为这种施工组织形式的参考。古阳洞工程的参与者，根据造像题铭，既有皇族，也有高官，还有邑社等，贵者独资，贫者合力，涵盖各个社会阶层①。

北魏皇家石窟组织管理的外向性及参与人的社会性，也是其世俗化的直观反映。

（2）工匠

云冈石窟工程的主要工事活动为开窟和造像：开窟主要使用大型工具，加工粗放，主要要求工匠的劳力；而造像主要使用小型工具，注重细节，主要要求工匠的技术。这两方面使用的工具不同，对工匠的技能要求也不同，因此人员也不同，可分别称为石工和雕工②。其所从事的具体工作，参考佛教实验考古（附录一）及

---

① 温玉成：《龙门古阳洞研究》，《中原文物》1985年特刊。

② 定名依据杜佑著，王文锦等点校：《通典》卷三十九《职官二十一》，"冬官、工部"之下百工之名，北京，中华书局，1988年，1070页。

《营造法式》石作制度、功限内容，应有一定的分化。

石工：主要负责开窟及造像最初阶段的抛荒、出坯。这些工作不仅要求劳力，也要有使用锤、錾、撬等石作工具的经验，因此并非普通民夫能够胜任。

雕工：造像的主体工作均由专人负责，而造像的粗凿和细凿对于工匠造型能力要求不同，粗凿的工匠多为学徒身份。而细凿工作，一般都在毫厘之间，对施工的容错度较低，需要成熟的经验和技术，一般都是师傅级别的工匠承担。

小工：配合开窟和造像的工事，如工具打磨、石料运输，对技术要求很低，只需出力即能完成，这部分工作一般由军工、劳役充任。造像最后若用砂石水打磨，也很可能由这些小工承担。

总工：在施工过程中，由于各工匠只负责洞窟局部的施工，对洞窟窟形和龛像没有全局的把握，因此石窟工程一般都需要一位施工经验最为丰富的师傅现场指导，将每一项工事控制在整体设计之下施工。特别是造像工程中对于造型的整体把握，都需要在总工的指导下完成。

大型石窟工程的总工可能有多人，他们的身份是匠人，还是从属于前文所述的工程主持机构的官员，现在还不清楚。据龙门石窟《大卢舍那像龛记》载，工程支料匠有李君瓒、姚师积、成仁威三人，作为工匠能在皇家龛记中提名，说明他们的身份并不一般，其中李君瓒，还合家敬造弥勒像一区，不仅参加皇家工程营建，也自己发愿出资开凿龛像，同时具有多重身份①。“支料匠”一名可能与“都料匠”相通，为“梓人，盖古之审曲面势者”②，其所谓“审曲面势”，即是掌控工程施工的具体形势，控制造型的曲直。

另外，脚手架搭建、彩绘均属于专门的工种，需要一定的施工经验，并非普通小工能够胜任。在当时，这两部分工作是由专人负责，还是由石工、雕工分别兼任，尚不清楚。

---

① 李玉昆：《龙门石窟零拾》，《中原文物》1986年第1期。

② 柳宗元：《柳河东集》卷十七《梓人传》，上海，上海人民出版社，1974年，311页。

表 5.1　不同工事对应的不同工匠

开窟	工具打磨	石料运输	脚手架搭建	造像抛荒出坯	造像粗凿	造像细凿	造像打磨（刀磨）	造像打磨（砂石水磨）	彩绘
石工	小工	小工	专人?	石工	雕工学徒	雕工师傅	雕工学徒	小工	专人?

（3）工匠配合

分组：在开窟过程中，从事剖石取石的石工，一般都需配备 1～2 个小工，将开凿出的石料撬起、运出；而造像过程中，雕工也需有小工配合着打磨工具；在师傅对造像细凿过程中，雕工学徒也可能配合着进行造像打磨工作。因此，在石窟工程中，一般都是两人以上为一组进行工作，这一组中一人负责开窟、造像的主体工事，另外的人辅助他们施工。

分区：洞窟施工过程中，无论是开窟和造像都需分区进行，多人同时施工。根据 13－30 窟实例，洞窟内部空间较小，分为两区，分别施工，每一区的占地面积约 1 平方米。

（4）壁面控制力度及洞窟初始工程的完成程度

石窟工程的组织也表现在对洞窟壁面的控制力度上，这与洞窟施工模式的选择相关：云冈石窟一期工程中，参与的社会阶层较多，对主体造像之外的壁面控制力度较弱，洞窟多分层施工。由于存在层间的时间间隔，而每层空间的造像工程又不能在整体空间背景下进行，因此，很难在长时间中始终坚持统一规划，保持对壁面整体的控制。特别是大像窟，工程主体集中于大像，就更是减弱了对大像以外壁面的控制，出现许多无规则和统一形式的小型龛像散乱分布的情况。而至二期工程，则开始采用开窟后统一造像的模式，这有利于加强对壁面整体控制。部分洞窟虽分层施工，也加大了整体规划对各层空间壁面的控制力，以达到统一施工的效果。

因此，洞窟现状的完整统一程度，直接与施工中对洞窟壁面的控制程度相关。洞窟的整体控制程度越低，在最初工程完成后壁面龛像就越散乱，留有大量空余壁面，为后期补凿龛像所利用，就更易形成散乱的龛像布局；而洞窟的整体控制程度越高，在最初工程就对壁面整体规划，龛像分布规则整齐，壁面也不会留有空余，除较少的打破补凿情况外，后期龛像无法开凿，因此将始终保持规整的龛像布局。

一般情况下，人们容易接受规整的龛像布局，而将布局散乱的龛像看作后期补凿，这些龛像所在的壁面也易被当作初始工程未涉及的地方，由此将出现此情况的洞窟整体看作工程未完工。若按照这样的判断标准，则昙曜五窟均为未完成窟，这不仅与文献记载不符，也与洞窟开凿的具体过程不符。

因此，洞窟完成程度并不与壁面龛像布局的规整程度直接相关。由于洞窟工程本身是一个历时较长的动态施工过程，这一过程可能分作多个连续的阶段，其间对局部壁面的控制力可能较弱，还可能经历样式的变革，但只要营建过程一直持续，中间没有间断，最终实现了工程的主体目标，则可认为洞窟的初始工程是完成的。

照此标准，通过前文对洞窟开凿过程的个案研究，可知云冈一期的昙曜五窟中，仅16、19窟未完成，而二期洞窟中，仅11、3窟未完成。另外一些可能在二期后段开凿的洞窟，如4、13－4、13－13窟等，也由于迁都影响而未完成。但其他大型洞窟，均可认为是总体完工或大体完成，一些洞窟中兼有新旧形式的龛像，并非其后期补凿新龛，而是其开凿过程经历太和服制改革所致，这也为判定各洞窟工程大体的起止年代提供了一定线索（详见本章第（三）节）。

4. 施工工量

石窟工程的总工程量，即前文所述开窟、造像、石料运输、脚手架搭建等各类工事活动工作量的总和。对其进行考察，不仅限于洞窟现状空间的大小，而主要从施工层面考察石窟工程的规模。

工量计算以开窟和造像为主，而开窟分外部斩山和内部开窟两部分，则计算时分为斩山、开窟、造像三方面。由于石窟空间极不规则，要准确测算斩山、开窟、造像的工量，还有赖于精确测绘或三维扫描，在现有数据支撑下只能进行大体的估算，其计算方法如下：

斩山工量计为窟外斩山取石的石方量（立方米），以前文复原的原始山体剖面为基准，测算出斩山剖面面积（平方米），再乘以石窟斩山宽度（米）。

开窟工量计为洞内现状空间大小（立方米），方室窟和中心柱窟计算较易，而大像窟由于窟形不方整，中间大像的体积也较难测算，本书采用分段估算的方式：将洞窟按大像头、身、腿分为三部分，每一部分以居中水平截面算出面积（平方米），各乘以对应部分的高（米），再将三者相加。当然开窟规模还要算上开凿窟门、明窗的大小。

造像工量计为洞内各壁面的表面积（平方米），方室窟和中心柱窟较好计算，而大像窟，则仍按上面的方式，分作头、身、腿三部分，每一部分以居中水平截面算出周长（米），各乘以对应部分的高（米），再将三者相加。西区大像窟窟门、明窗侧壁原来不作雕凿，不附加入内，而中区大像窟则将窟门、明窗纳入洞窟整体工程，需要计入。

在统计总体工量时，由于各部分的计算单位不同，实际上牵涉到造像 1 平方米与取石 1 立方米的用功量权重，根据后文的估算，雕工人均造像 1 平方米约需 32 天时间，而石工人均取石 1 立方米约需 8 天时间，则在计算总体规模时，将造像规模乘以权重系数 4。

开窟和造像是石窟工程的主要工事，而石料运输、脚手架搭建、工具打磨等都是辅助二者同时施工的工事，因此它们的施工从属于开窟和造像工程，这里不单独列表，实际上这些工事的工量也很难估算（表 5.2）。

表 5.2　各窟开窟、造像工量表

洞窟	外部斩山工量（立方米）	内部开窟工量（立方米）	造像工量（平方米）	总体工量		
				开窟总计	造像总计（*4）	总和
20	——	——	——	——	——	——
19	3931	2751	1389	6682	5556	12238
18	2052	1560	702	3612	2808	6420
17	1485	1091	600	2576	2400	4976
16	1105	1235	537	2340	2148	4488
16－1	231	70	97	301	388	689

续表

洞窟	外部斩山工量（立方米）	内部开窟工量（立方米）	造像工量（平方米）	总体工量		
				开窟总计	造像总计（*4）	总和
15	308	255	212	563	848	1411
14	465	389	368	854	1472	2326
13	1607	878	549	2485	2196	4681
12	1410	647	448	2057	1792	3849
11	1540	1014	903	2554	3612	6166
10	1920	1219	717	3139	2868	6007
9	1920	1188	712	3108	2848	5956
8	869	1737	830	2606	3320	5926
7	869	1737	830	2606	3320	5926
6	2472	1625	1214	4097	4856	8953
5	2472	2552	1098	5024	4392	9416
4	284	159	202	443	808	1251
3	11183	8822	3798	20005	15192	35197
2	485	379	399	864	1596	2460
1	485	330	373	815	1492	2307

5. 施工用时

（1）工量与功

前文讨论的工量，以开窟的石方量和造像的面积为单位计算。但古代，为便于支发酬劳，人们多以工匠施工的工作日来计算工程量，以一个工匠工作一天计为一“功”。

北魏龙门三窟的开凿，即记载了24年间的用功总数：

从景明元年至正光四年六月已前，用功八十万二千三百六十六①。

① 《魏书》卷一百一十四《释老志》，3043页。

隋代高僧灵裕兴建安阳大住圣窟，刻于窟内的《造窟记》也记录了造窟所用功：

大隋开皇九年己酉岁敬造，窟用功一千六百廿四，像、世尊用功九百。卢舍那世尊一龛，阿弥陀世尊一龛，弥勒世尊一龛，三十五佛世尊三十五龛，七佛世尊七龛，传法圣大法师廿四人①。

其将工程分为开窟和造像两类工事分别计功，也体现了这两样工事在石窟工程中的主体地位。

唐代根据不同季节一天工作时间的长短，将功分三等，《唐六典》载：

凡功有短长，役有轻重。（本注）凡计功程者，四月、五月、六月、七月为长功；二月、三月、八月、九月为中功；以十月、十一月、十二月、正月为短功②。

宋代更进一步规定了长、中、短功之间的比重，《营造法式》载：

诸称“功”者，谓中功，以十分为率；长功加一分，短功减一分③。

可见，一功即一工作日，即使后代按不同季节工作时长做了区分，若以一年为单位考量，每天仍为一功，出入不大。

但若单以工作时间计功，容易造成工匠故意拖延工作，因此，在长期的工程实践中，形成了针对不同工事计功的限额标准，将单位工作日的标准工作量具体规定下来，称为“功限”。宋《营造法式》中“功限”内容，即是对此的详细规定。因此，以工作日计“功”的方式，只是在一定标准下的简化计量方法，而这标准所依据仍是对工作量的规定，“功”的实质仍是工量。

在总工量计算的基础上，如果知道一个工匠一天工作的标准工量，也就可

① 杨宝顺：《河南安阳灵泉寺石窟及小南海石窟》，《文物》1988年4期。

② 《唐六典》卷二十三《将作都水监》，595页。

③ 李诫：《营造法式》卷首《看详》，梁思成：《营造法式注释》，《梁思成全集》第七卷，中国建筑工业出版社，2001年。

以推算出用工时间。在没有当时文献记载的情况下，基于石作工程在古代总体变化不大的假设，本书主要通过后代文献记载和实验考古数据，来推测当时的功限标准。

（2）开窟、造像一功（天）的工量估算

①开窟

《魏书·释老志》中有关龙门三窟的记载非常重要，因为它不但说明斩山施工量的巨大，还记载了工程的用功总量及施工的总用时，通过工程顺序的分析，可以用来推测开窟时一功的工量。由文献可知龙门三窟自正始二年（505 年）更换至新址，本为两窟，至北魏永平年间（508 ~ 512 年），刘腾提议为世宗再造一窟，将原来两窟变为三窟，当时若已经开始开凿洞窟，斩山面上应未预留第三窟的空间，那么就需要拓展斩山面，但现状所见，斩山规模跟文献所记原始斩山面吻合，并未拓展，因此永平年间提议开 3 窟时，应处于斩山工程刚完成，开窟工程还未进行的情况。这提供了从正始二年到永平中约 5 ~ 6 年的斩山工期，如果对应实例计算出斩山石方量，就可大体了解工程的斩山速度。

而据记载，工程总体“从景明元年至正光四年六月已前，用功八十万二千三百六十六”[①]，若假设工程各年的工匠人数相当，则可计算出年均用功 33432，即一年合计有三万以上的用功天数，则当时每天施工的人数在百人左右。

百人同时施工，耗时 5 ~ 6 年才完成龙门三窟的斩山，其斩山的空间“去地一百尺，南北一百四十尺”。现南北宽 35、高 25、深 13 米，根据斩山侧壁的山势，斩山剖面面积约 206 平方米，总计 7210 立方米石方，则每天斩出 3. 3 ~ 4 立方米石材，按每人负责 1 米范围的斩山，则同时大约 35 个石工从事斩山工事，则人均每天斩山 0. 1 立方米，则斩山 1 立方米，需 10 功左右。而每个石工，约需 2 个小工配合从事撬石、搬运石料等工作，则三人一组，同时施工的工匠人数在 105 人，这也大体符合前面推算出的日均施工人数。

考虑到龙门石材较云冈坚硬，施工难度更大，则在云冈开采一立方米石材用功小于 10。而在云冈石窟附近进行实验考古时，模拟 3 窟剖石的方式开采石料，采 1

① 《魏书》卷一百一十四《释老志》，3043 页。

米见方，厚0.3米的石材，仅凿出道痕，打入铁楔，就需24小时①。按此速度计算，仅完成剖石和打入铁楔，一立方米石料就需石匠工作80小时，再加上小工撬石、搬运石料的时间，按三人一组，每天工作12小时，单以石匠计，取石一立方米约需8天，这略小于龙门用功，当大致符合历史情况。

②造像

石窟造像工程可类比于石作雕镌，而现知记载雕镌用功制度最早的材料见于宋代《营造法式》，其中，以一方柱础的雕镌功记载得最为全面，可作参考②。

由于一方础石，并非整个表面都做雕刻，础中心立柱的位置不在雕镌范围，而覆盆表面的雕镌面积又比平面所见大，因此，需经过换算，才知实际的雕镌面积。假设柱础方X尺，则“其方倍柱之径”，可知其中柱径X/2，而柱础“每方一尺覆盆高一寸”，则覆盆高X/10，并假设覆盆周边宽度也为X/10（图5.6），经计算，柱础实际的雕镌面积 $X^2-\pi(X/4+X/10)2+2\pi*6X/20*1.52*X/10\approx0.9X^2$。

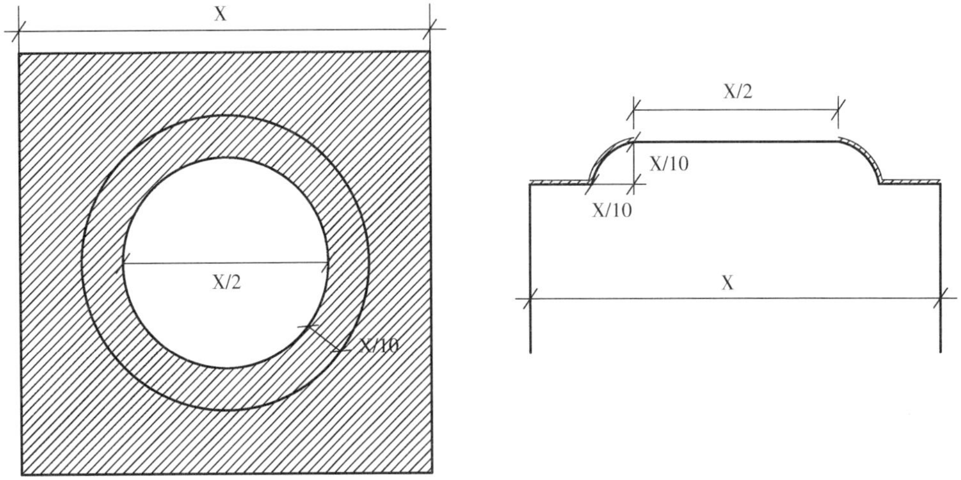

图5.6　一方柱础雕镌面积计算图示

① 杭侃：《云冈石窟第3窟开凿遗迹所反映的问题》，《石窟寺研究（第二辑）》，2011年。

② 李诫：《营造法式》卷十六《石作功限·柱础》，梁思成：《营造法式注释》，《梁思成全集》第七卷，北京，中国建筑工业出版社，2001年。

表 5.3　《营造法式》不同雕镌方式用功表

雕镌方式	础石方 X（单位尺）	实际雕镌面积 $0.9X^2$（单位尺^2）	功	每平方尺用功	每平方米用功（尺 = 30.9 厘米）	均值
造剔地起突海石榴华，内间化生	4	14.4	80	5.56	58.2	61
	5	22.5	130	5.78	60.5	
	6	32.4	200	6.17	64.6	
造剔地起突水地云龙	3.5	11.025	50	4.54	47.5	53
	4	14.4	80	5.56	58.2	
	5	22.5	125	5.56	58.2	
	6	32.4	150	4.63	48.5	
造剔地起突诸华	3	8.1	35	4.32	45.2	38
	3.5	11.025	40	3.63	38.0	
	4	14.4	50	3.47	36.3	
	5	22.5	80	3.56	37.3	
	6	32.4	100	3.09	32.4	
造压地隐起诸华	2.5	5.625	14	2.49	26.1	28
	3	8.1	25	3.09	32.4	
	3.5	11.025	30	2.72	28.5	
	4	14.4	40	2.78	29.1	
	5	22.5	60	2.67	28.0	
	6	32.4	70	2.16	22.6	
造减地平钑诸华	2.5	5.625	6	1.07	11.2	10
	3	8.1	8	0.99	10.4	
	3.5	11.025	10	0.91	9.5	
	4	14.4	15	1.04	10.9	
	5	22.5	20	0.89	9.3	
	6	32.4	30	0.93	9.7	

附：另有造仰覆莲华、造铺地莲华，因雕镌面积计算不同，且其类似于剔地起突、压地隐起，此表不再列入。

通过这种换算关系，并假设宋代营造尺为30.9厘米，就可知不同雕镌方式每平方米标准的用功数量（表5.3）可以看出，若进行同等雕镌，则每平方单位的用功数基本稳定，而剔地起突、压地隐起、减地平钑①三等，每平方尺的用功数差别较大，剔地起突三等分别在5~6、4~5、3~4功的范围，压地隐起在2~3功范围，而减地平钑在1功左右，呈递减的趋势。石窟工程雕镌方式也包含以上数种可能，壁面大像、龛内主尊类剔地起突，龛侧龛楣类压地隐起，而供养人、铭刻或装饰纹样类减地平钑，因此，以这些不同类别用功的均值做一估计，则每平方尺3功，换算成每平方米约需32功，即若一人雕凿1平方米的壁面约需32天时间。

通过实验考古（参见附图一），以传统工具手工在石灰岩上开凿面积约一平方米的小龛，人均约需26天时间。现代钢制工具硬度较大，可加快工程速度，但实验所用岩石较云冈石质坚硬，工匠模仿古代形制也会减慢工程进度。综合以上因素所得的开窟工时与由《营造法式》所推算出的标准差别并不大。

因此，本书估计一石工（配合2名小工）开采1立方米石材约需8天时间，而一雕工（配合1名小工）雕凿1平方米壁面约需32天时间。

（3）用时估算

在工作量和工作效率都做出估计的情况下，要估算出工程的用时，还需要知道开窟和造像工程的工匠人数，而这是最难以估计的，本书只能在以下假设条件下进行讨论。

从龙门宾阳三洞工程的实例，可知当时每天约投入百人的人力施工，这百人并非全是石工和雕工，也有很多配合施工的小工。以施工组合来考虑，假设开窟工程每1名石工辅以2名小工，三人一组施工，造像工程每1名雕工辅以1名小工，两人一组施工。

以前文对宾阳三洞的估算，外部斩山施工人数，以斩山宽度计，约1米安排石工1人，辅以小工2人施工。考虑到施工方式和工匠组成一样，我们进而假设内部开

---

① 按照梁思成先生的研究，对应着他所画示意图来看：剔地起突指的是高浮雕；压地隐起是浅浮雕，最高点不高出石平面，将周边的衬底凿去以突显雕凿主题；减地平钑类似于压地隐起，只是衬底凿下去的较浅；素平无雕刻。参见李诫：《营造法式》卷三《石作制度·造作次序》，梁思成：《营造法式注释》，《梁思成全集》第七卷。

窟施工人数与外部斩山人数一样。

而造像工程同时施工的人数更难估计，这里做一适当地简化，假设工程全过程中，每天投入的工匠人数大体相当，那么在开窟人数做出估算的情况下，以其每天同时施工人数，也作为造像工程每天同时施工人数，这其中，雕工和小工各半。

那么，理论上，结合前文各窟工量及人均每天工量的估计，则每窟的工程用时计算如下表（表5.4）：

表5.4　各窟工程用时表

洞窟	每天施工人数	斩山用时（天）	开窟用时（天）	造像用时（天）	总用时（天/年）
20	——	——	——	——	——
19	75	1258	880	1186	3324/9.11
18	54	912	693	832	2437/6.68
17	45	792	582	853	2227/6.10
16	39	680	760	881	2321/6.36
16－1	18	308	93	346	747/2.05
15	18	411	340	753	1504/4.12
14	27	413	346	872	1631/4.47
13	33	1169	638	1065	2872/7.87
12	30	1128	518	956	2602/7.13
11	30	1232	811	1926	3969/10.87
9、10合计	72	1280	802	1440	3522/9.65
7、8合计	66	632	1263	1610	3505/9.6
6	60	989	650	1294	2933/8.03
5	60	989	1021	1170	3180/8.71
4	21	325	182	616	1123/3.08
3	147	1826	1440	1654	4920/13.48
1、2合计	45	368	378	1098	1844/5.05

由上表可以看出：开窟工程（包括外部斩山和内部开窟）要占用总工程较长的时间，一般在一半以上，洞窟规模越大，开窟的时间占比越大。

大型洞窟开凿一般用时在6~8年，3窟、19窟这样的特大型工程以及7、8、9、10这样的前后室双窟用时在9年以上。唯11窟，斩山和开窟宽度不大，制约了每天投入的工匠数量，但洞窟内部的工程量却很巨大，因此按常规推算也超过10年工期，这可能也是11窟工程未能在迁都前完成的原因之一。

中型洞窟开凿一般用时在3~5年，1、2窟在中型洞窟中规模偏大，工程用时较长，约5年完成。

上表中基本没有小型洞窟，唯16－1窟可大概代表三壁重龛型中小型洞窟，则说明，中小型洞窟工程用时一般不超过2年，小型洞窟可能1年以内就能完成。

以上，只是理论上对石窟工程用时进行了粗略的估算，其主要目的是通过工时的估算，尽可能全面地了解相关影响因素。通过以上分析过程可以看出，工程主要工事活动的工量、工匠施工效率、参与的工匠人数以及工匠人员组合等方面，都对最终的估算结果有重要影响。另外，这里将开窟工程用时和造像工程用时相加得出了工程总用时，而实际上，洞窟若分层施工，开窟工程与造像工程有一定的重叠，有一段时间会同时进行，因此，总用时会减少。而现实的施工工程，也很难如以上这样理想的情况持续进行，往往由于财力或临时事件的影响而缩减工匠人数，调整施工计划，甚至停工。

因此，在上文推演估算的前提下，本书在数学模型的建构上尽可能简化，不考虑复杂的人类施工行为，避免太过细节的讨论。这方面，日本学者曾进行过符合正常施工逻辑的推演①，其数学模型要细化很多，所得各窟用时较本书所得略短（大窟在5~6年），可供参考。

（4）文献参考

关于石窟工程用时，偶见于文献中的记载，反映了古代工程的实际情况，具有重要的参考意义，除前文提及的云冈“崇教寺”和龙门三窟外，这里按工程时代先后顺序，列表（表5.5）如下：

---

① 佐藤工业株式会社技术本部吉村恒等《昙曜五窟营造工程探讨》，吉村怜著：《天人诞生图研究》。

表 5.5　其他石窟工程用时表

时代	名称	规模	用时
南朝	剡山大佛	在直壁上开凿，分两次工程进行，第一次工程雕凿浮浅，“仅成面璞”，第二次工程“铲入五丈”，形成龛形，再改造大像，基本相当于全新工程，像高五丈（现高 13.23 米），座高 2.4 米	第二次工程从梁天监十二年（513 年）二月十二日开凿，到天监十五年（516 年）三月十五日妆画云毕。共 3 年 1 月完成
唐	敦煌 85 窟	前后室，前室宽 8.95、高 5、残深 3 米，主室长 10.7、宽 9.45 米，壁高 5.4 米，中覆斗顶高 8.16 米	兴功自敦之岁（862 年），毕功于大渊之年（867 年），约 6 年完工①
唐	敦煌 94 窟	主室面积 231 平方米	《张淮深功德记》：“是用宏开虚洞，三载功充”，则用时约 3 年②
唐	敦煌南大像窟（130 窟）	宽 23.5、深 23.3、高 28.3 米	自开元九年（721 年）至天宝初，前后延续约二十五年以上③
唐	彬县大佛	像高 20 米	大唐贞观二年（628 年）十一月十三日造，其开凿时间，根据李淞先生考证，大约在武德元年（618 年）十一月，用时约 10 年④

① 贺世哲：《从供养人题记看莫高窟部分洞窟的营建年代》，载于敦煌研究院编：《敦煌莫高窟供养人题记》，北京，文物出版社，1986 年。

② 贺世哲：《从供养人题记看莫高窟部分洞窟的营建年代》，载于敦煌研究院编：《敦煌莫高窟供养人题记》。

③ 贺世哲：《从供养人题记看莫高窟部分洞窟的营建年代》，载于敦煌研究院编：《敦煌莫高窟供养人题记》。

④ 李淞：《彬县大佛开凿时间新考》，《文博》1995 年 4 期。

以上石窟，与云冈石窟在岩体、洞窟等级和空间形式、造像加工方式方面都有一定差别，只能作为参考，其所示的施工时间长度，与本书的估算结果基本相当：如剡山大像，其规模比云冈大像略小，但借用天然直壁开凿，没有斩山工程，龛形也较浅，龛内壁面也没有其他龛像的雕凿，因此，主要是大像雕凿用时，这与云冈大像的雕凿用时大体相当；又如彬县大佛，其大像较高，且在自然山体中开凿，有相当的取石工量，其用时十年，大概也可为云冈大窟的开凿确定一个时间上限。

6. 施工问题及解决办法

石窟开凿过程中会出现许多施工问题，这些问题有自然因素影响，也有人为因素影响。

（1）自然因素

①岩层质地、走向问题

云冈所在的武州山主体为砂岩，虽利于雕刻，但在砂岩层之间，也间隔分布有砂质泥岩和泥岩，它们或呈片状分布，或呈线状分布。这类岩体软弱，不宜于雕凿龛像，也不利于洞窟结构的稳固，因此，石窟工程多避让它开凿。

如西端窟群，即整体开凿于西区山体中部的砂质泥岩层上方的砂岩层上。但大型洞窟的开凿，不可能完全避让砂质泥岩层，如昙曜五窟就不得不贯穿该岩层开凿，造成在主体造像上，有一道明显的砂质泥岩层。此岩层易侵蚀风化，不易保存，可能导致像身和窟面大范围的塌陷，甚至造成洞窟坍塌。现19窟以西，一直延续到西端窟群，窟壁即坍塌殆尽，很可能就是由于此砂质泥岩层造成的结构失稳。可能也是考虑到这些工程因素，昙曜五窟的洞窟安排即有所调整①。昙曜五窟之后，虽然西区还有大片未经利用的山体断崖，也将石窟工程转至中区进行。

②裂缝问题

岩体裂缝是施工过程中最普遍的问题，它的出现，一方面是不同岩层分布的影响，另一方面是岩体自身的缺陷。裂缝也是众多施工问题的根源，如后文提到的渗水和坍塌问题。

---

① 杭侃：《云冈第20窟西壁坍塌的时间与昙曜五窟最初的布局设计》，《文物》1994年10期。

裂缝有大有小，较小的裂缝，一般只会影响到壁面开龛造像，施工时多避让裂缝开凿。如18窟南壁明窗西侧下角的一弥勒龛（图5.7），其左上方龛楣受壁面裂痕的影响，并没有伸展出去，而顺应裂痕内收。又如15窟南壁明窗下部壁面有一道裂纹（图5.8），附近千佛龛随裂纹走向开龛，有大有小，部分千佛龛由于裂缝限制，只雕出佛像头部。

但如果开凿大像，则无法回避裂缝，只能对裂缝进行修补。其修补的方法，是将裂缝两侧松散的岩体全部剔除，再于其中填补块石，卡合稳固，最后在填补完成的石面上统一造像。如18窟主尊腿部（图5.9，另见彩版四）和19窟主尊胸部（图5.10，另见彩版四），均有明显的裂缝带，当时的工程即采用这种方法进行修补，这一情况可见于历史照片中。对于大片的壁面千佛，有时候也采用这种方法，如19窟壁面即有多处裂缝带，有的千佛即是在裂缝间补充的石块上统一造型。在我们进行实验考古时，现代石匠仍然采用这种方法。

对于一些危及洞窟或造像稳固的大裂缝，施工过程中也有稳固、维护措施，如19窟主尊鼻部开裂，为防止脱落，即在裂缝两端嵌入两个燕尾榫加固。而主尊的下颚部分现在虽已脱落，但在断裂线侧还可观察到两个燕尾榫加固的痕迹（图5.11），联系鼻部的加固痕迹，说明造像时这里也可能出现了裂缝，并统一加固。又如18窟明窗两侧下部，由于成片的裂缝造成了结构失稳，也沿裂缝嵌入了燕尾榫铁锭加固。以上对裂缝的修补和加固的做法，也从一定程度说明石窟像设表面最后可能还应统一进行彩绘，以掩盖施工中留下的修补痕迹。

图5.7　裂缝对第18窟壁面龛像的影响（［日］《云冈石窟》第十一、十二卷）

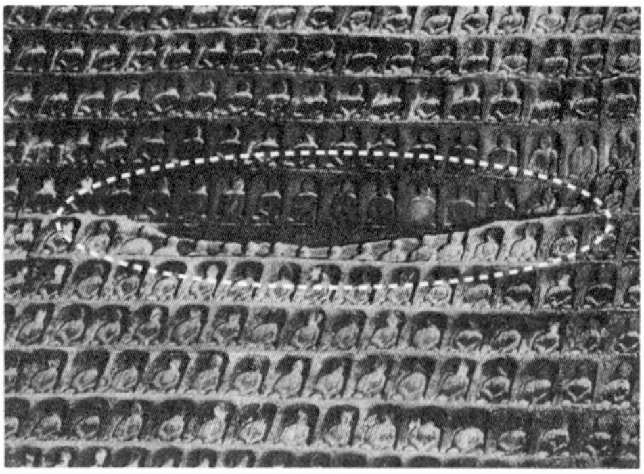

图5.8　裂缝对第15窟壁面龛像的影响（［日］《云冈石窟》第十一卷）

图5.9　第18窟主尊岩层裂缝修补方法
（［日］《云冈石窟》第十二卷）

图5.10　第19窟岩层裂缝修补方法
（［日］《云冈石窟》第十三卷）

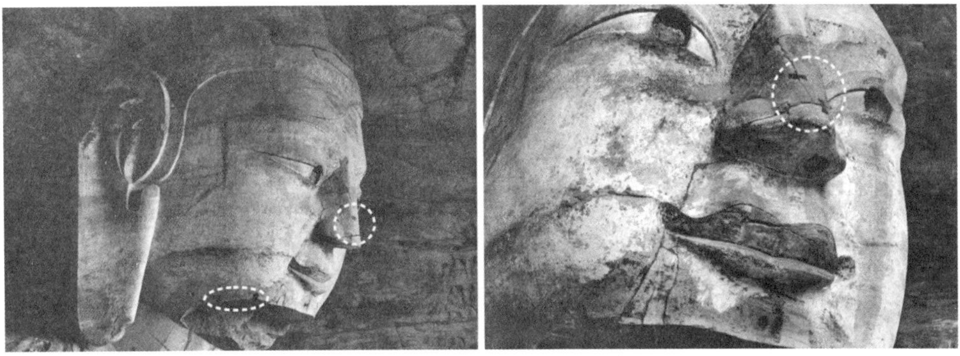

图5.11　第19窟主尊面部铁锭加固（［日］《云冈石窟》第十三卷）

③渗水

由于岩层的裂隙存在，山顶的雨水和地下水会顺裂缝溢出，这对于施工也会造成影响。渗水现象与裂缝共存，因此施工中也多采用避让、封堵方法，或等渗水停止后再进行施工。但在长时间作用下，渗水对石窟破坏最大，会造成大片壁面风化侵蚀，这些长时间才出现的问题，在当时的工程中尚不能预见。

④坍塌

洞窟开凿影响到山体本身的结构，尤其是洞窟前壁的岩壁较为薄弱，加之开凿窟门、明窗，就更易发生坍塌。根据个案研究，云冈 17、18、19、20 窟前壁，在施工过程中都发生过或大或小的坍塌，而中区 7、8 窟前壁，更是连带前室窟顶塌毁。这说明，云冈早期工程尚存在较严重的设计问题，洞窟较高，前壁较薄，且前壁上开凿的明窗、窟门体量也较大，影响到前壁的稳固。而这些问题在后期洞窟设计中都有所调整，如加大了前壁厚度和明窗与窟门之间的间距，同时减少了上部明窗大小。

（2）人为因素

①造型问题

石窟作为人为工程，在施工过程中，较容易出现造型方面的失误，这些失误有的可能当时既已修正，我们无从了解。但由于石作加工只能削减不能添加，一些不易更改的错误尚保留了下来，可作为今天研究石窟施工问题的珍贵案例。

如 17 窟前壁东侧一龛，龛外左胁侍菩萨头光原雕凿得较高，后来改得较低，但原来的刻痕较深，不易抹去，因而保留至今（图 5.12）。又如 19 窟主尊右脚露出脚底向上，但原本脚趾腹的位置却雕刻了趾甲，与整体脚形矛盾（图 5.13），但这在礼拜者的视角下无法看到，可能因为这种情况，工程中对此错误也未做修改。

图 5.12 第 17 窟造型失误（［日］《云冈石窟》第十二卷）

图 5.13 第 19 窟主尊右脚造型失误（［日］《云冈石窟》第十三卷）

另外，在雕凿大型造像时，抬起的手臂自重较大，若下方没有支撑，极容易断裂，当时的设计和施工已注意这一问题，将手臂紧贴身体雕凿，或在手臂之下设置支柱。因此，现许多佛像手臂断裂，不一定都是后期破坏造成，而在当时的施工中就可能出现。一些手臂断裂处存留补接手臂所用的木榫痕迹，可能也是当时即已采用的补救方法。

②壁面相接

栉比相连的洞窟间，也存在相互影响的可能性。而云冈相邻大窟间，总能保持合理的避让关系。即便使用现代测绘工具，精确测量两窟间石壁的厚度也是较复杂的，因此古人很难通过预先的规划设计控制两窟的间距。

实验考古表明，有经验的石匠可通过凿石的声音判断岩石的厚度：在较薄或有空洞的岩层上凿石时发出的声音较浑浊低沉，而在较厚或密实的岩层上凿石时发出的声音较清脆响亮。因此，工匠在开窟的过程中可通过凿石声音的变化掌控两窟之间的距离。在石窟工程中，开窟和造像工作都很难精确设计，有较大的施工灵活性，因此洞窟空间并不规则，壁面也多不平整，但依靠工匠的施工经验，洞窟间距都能控制在一合理范围。

（二）云冈石窟工程设计

1. 窟群设计

历史记载的“昙曜五窟”，是云冈石窟中明确的成组窟群，对应于西区 16 至 20 窟，从这组洞窟现状的空间形态，也可见五窟间的组合关系：

①各窟斩山规模巨大，都是从河北岸二级阶地断崖开始，选取统一的东西水平线下斩，形成了一线平整的窟面。

②各窟之间没有分隔，自然连通，无斩山侧壁存在的迹象。

③组窟两侧有明显的界限，其东在 16 窟东侧凸出的 16－1 西壁，原来的山体当向前更为凸出，其西在 20 窟西侧。

以洞窟组合关系考察石窟窟群设计，可以看到云冈各主要洞窟间的关联，中区 5 至 13－4 窟窟群也可见与昙曜五窟类似的组合关系：

①中区 5 至 13－4 一线洞窟的斩山规模与西区一致，也是从河北岸二级阶地断崖

开始，选取统一的东西线下斩，特别值得注意的是，中区西部崖面垂直向上直至山顶，东部上方断崖北折，而斩山线仍与西部统一，因此形成了上方平台，反映了中区斩山工程并不束缚于自然山势，改造力度较大，这当在整体的规划设计之下才能实现。

②各窟之间以立柱分隔，但窟前自然连通，无斩山侧壁存在的迹象。

③窟群两侧有明显的界限，其东在5窟东侧，过渡到龙王沟，其西在13－4窟西侧，斩山侧壁保留得还很完整。需要说明的是，各窟之间的塔碑虽较窟面凸出，但并不是斩山侧壁的位置，因为无论是塔或碑都是一立体的造型，其两侧都还要进行雕饰，则洞窟的斩山侧壁位置还要外扩。这一关系，可见于3窟东西侧斩山壁及其内的塔柱。

以上三点，以第二点最关紧要，因为单窟的开凿，势必存在两侧斩山壁，形成一三面围合的窟前空间，这是一相对独立的空间形式。而组窟的设置，打破了各窟空间的隔离，共有一宽广的前庭，对于其间的各窟来说，实际上形成了单面外敞的空间形态，较为开放。从西区昙曜五窟发展至中区窟群，这种贯通的组合关系还有所发展，各窟之间虽没有斩山壁隔离，但专门预留出竖向的塔、碑以分隔，这不仅赋予石窟立面更多层次装饰、明确了各窟位置，也节省了大量的斩山工程量，当是施工经验积累、设计更加科学的表现①。

如果细化考察，中区各洞窟窟面并不完全统一在一条水平线上，但若以各窟之间凸起的分隔单位为标准，可看到中区各窟前缘位置基本一致，这表明洞窟斩山施工均控制在同一水平线（图5.14），各窟单体工程再向内进行一定程度的窟面工程，形成各自的前庭空间。值得注意的是，现5窟东侧尚存与中区各大窟平齐的斩山面，其上开凿的洞窟较小，大多为后期补凿，说明中区斩山工程可能并不限于5至13－4窟，而一直延伸至中区东端。当时可能还计划在这一区域开凿大窟，但由于空间有限，未能施行，才转至东区继凿第3窟，这段崖面得以保留下来，并被民间利用开窟造像。

---

① 傅熹年主编：《中国古代建筑史》第二卷第二章第七节《石窟寺——窟群总体规划与窟室设计、开凿方式》。

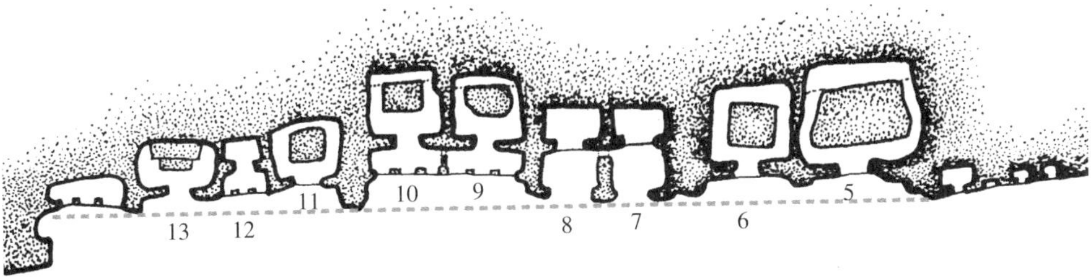

图5.14 中区窟群统一斩山控制线（《中国石窟·云冈石窟》第一卷附页）

另外，组合窟群虽然统一规划，但各窟开工和完工时间会有所不同，各窟工程时间也会有所重叠。例如昙曜五窟，从洞窟的形式和完成程度看，18至20窟整体早于16、17窟，同时，各窟的施工过程也有相关性，如19窟两胁洞为防止打破18、20窟，有意内缩了相接处的壁面。

同样，这种工程时间上的承接、重叠和施工上的照应，也反映在中区窟群中。中区窟群在昙曜五窟以后开凿，太和迁洛之前完成，前后最多25年，要完成近10窟的大型工程。而据前文估算，每窟工程短则5年，长则10余年，则中区各窟工程势必有时间上的重叠。各洞窟之间，也多有工程上的关联：如13－4窟，虽为后期补凿洞窟，但与东侧洞窟一体斩山，上部壁面平齐；又如5、6窟壁面相接处，均改动了原来设计，相互避让，说明两窟为一整体的施工体系。

中区各窟内部造像存在整体的风格早晚差异，说明各窟造像工程有一定的先后次序，那么当时施工的工匠，就很可能顺次轮转于各窟工程。洞窟的开窟工程，必然先于造像工程完成，因此在洞窟进行造像工程时，从事开窟的石工、小工，就可以开展另一座洞窟的工程，以免造成人力的浪费。吉村恒等人曾根据现代工程管理思想，认为昙曜五窟若同时开工，会造成大批工种等待和闲置，工人入场数量也容易出现急剧的增减，并不合理，而如果对劳动力的使用进行合理的规划，把各洞窟的开工时间划开，将搭建脚手架、掘凿洞窟、雕刻造像、上彩等工序的工匠轮次安排，每步工序结束后，工匠即进入下一座洞窟施工，这样可以使工程时间相对紧凑，又能使投入的人力发挥最大效力①。

① 佐藤工业株式会社技术本部吉村恒等：《昙曜五窟营造工程探讨》，吉村怜著：《天人诞生图研究》。

2. 窟群设计背景探讨

一般认为，昙曜五窟是文成帝为太祖之下五帝开凿，这延续了武州山原来的祭祀传统，文成帝之后，至北魏迁洛之前，还有献文、孝文二帝，因此，中区洞窟的开凿也很可能与他们有关。但如果将中区洞窟视为一个整体，涵盖一排数个洞窟，不可能单为献文、孝文二帝所设，若如昙曜五窟一样为各皇帝开凿，则当为一新的帝系设置。那么，伴随着皇位更替，是否会重新设置新的帝系？这一系统与云冈已有的昙耀五窟是否冲突？这些问题涉及北魏对先帝的祭祀制度，而这最直观地反映即为当时的宗庙制度。

实际上，北魏孝文帝之前，虽学习华夏文化的宗庙祭祖礼制，但相关制度并不成熟，普遍存在着一帝多庙、别庙现象。

太祖道武帝天兴元年迁都平城，即“始营宫室，建宗庙，立社稷”①，第二年，便为先帝平文、昭成、献明建立宗庙，后“又立神元、思帝、平文、昭成、献明五帝庙于宫中”②，除在平城建立宗庙外，其“又于云中及盛乐神元旧都祀神元以下七帝”③。在新都、旧都、宫内、宫外都建有先帝宗庙，且每地的庙数也不相同。

明元帝即位后，为祭祀太祖，于永兴四年（412 年），“立太祖庙于白登山”④，后“又立太祖别庙于宫中”⑤，“后二年（415 年），于白登西，太祖（道武帝）旧游之处，立昭成、献明、太祖庙”⑥，后“又于云中、盛乐、金陵三所，各立太庙，四

---

① 《魏书》卷二《太祖纪》，33 页。

② 《魏书》卷一百八《礼志》：“（天兴二年（399 年））冬十月，平文、昭成、献明庙成。岁五祭，用二至、二分、腊、牲用太牢，常遣宗正兼太尉率祀官侍祀。置太社、太稷、帝社于宗庙之右，为方坛四陛。……又立神元、思帝、平文、昭成、献明五帝庙于宫中，岁四祭，用正、冬、腊、九月，牲用马、牛各一，太祖亲祀宫中”，2735 页。

③ 《魏书》卷一百八《礼志》：“太祖（按：《魏书》体例太祖皆指道武帝拓跋珪）初，……又于云中及盛乐神元旧都祀神元以下七帝，岁三祭，正、冬、腊，用牛马各一，祀官侍祀”，2735 页。此七帝，可能是四世以上的远祖，即神元、文帝、章帝、平帝、昭帝、桓帝、穆帝。见王柏中：《北魏国家宗庙祭祀制度考述》，《北朝史研究》，北京，商务印书馆，2004 年。

④ 《魏书》卷一百八《礼志》：“立太祖庙于白登山岁一祭，具太牢，帝亲之，亦无常月。兼祀皇天上帝，以山神配，旱则祷之，多有效。是岁，诏郡国于太祖巡幸行宫之所，各立坛，祭以太牢，岁一祭，皆牧守侍祀。又立太祖别庙于宫中，岁四祭，用马牛羊各一”，2736 页。

⑤ 《魏书》卷一百八《礼志》，2736 页。

⑥ 《魏书》卷一百八《礼志》，2736 ~ 2737 页。

时祀官侍祀”[①]，频繁地为太祖及以上先祖立庙，不仅如此，明元帝还史无前例地为其姊立庙，“华阴公主，帝姊也，元绍之为逆，有保护功，故别立其庙于太祖庙垣后，因祭荐焉”[②]。这种情况在其后太武帝时期，也仍然延续，神䴥三年（430 年），太武帝即为密皇太后在邺城立庙[③]。

由此可见，北魏前期宗庙的设置是相当混乱的，新的皇帝即位，会新立一套宗庙系统，其祭祀的先祖庙号、庙制也均有不同。

其后文成、献文时期宗庙制度虽不见于史籍，但这种混乱的情况应当有所延续，也正是在这样的背景下，孝文帝才于太和十五年（491 年）“经始明堂，改营太庙”[④]，并改革宗庙制度：

> 诏曰……烈祖（道武）有创基之功，世祖（太武）有开拓之德，宜为祖宗，百世不迁。而远祖平文，功未多于昭成，然庙号为太祖；道武建业之勋，高于平文，庙号为烈祖。比功校德，以为未允。朕今奉尊道武为太祖，与显祖为二祧，余者以次而迁[⑤]。

重新确立了太祖庙号，并排定了尊奉次序。对于一帝多庙、别庙的现象，也进行规范减省：

> 国家自先朝以来，飨祀诸神，凡有一千二百余处，今欲减省群祀，务从简约。……明堂、太庙，并祀祖宗，配祭配享，于斯备矣。白登、崞山、鸡鸣山庙唯遣有司行事[⑥]。

可以说，太和十五年以后，北魏宗庙祭祀才规范化、制度化，而这之前，历代帝王按自己的意愿为先祖立庙屡见不鲜。宗庙祭祀尚且如此，通过佛教造像为先帝

---

① 《魏书》卷一百八《礼志》，2737 页。

② 《魏书》卷一百八《礼志》，2737 页。

③ 《魏书》卷一百八《礼志》：“九月，立密皇太后庙于邺，后之旧乡也。置祀官太常博士、斋郎三十余人，侍祀，岁五祭”，2738 页。

④ 《魏书》卷七《高祖纪》，168 页。

⑤ 《魏书》卷一百八《礼志》，2747 ~ 2748 页。

⑥ 《魏书》卷一百八《礼志》，2748 页。

供奉祭祀也可能有相似情况，在文成所开五窟之后，献文、孝文均有可能再为其先帝开窟，形成一套新的帝王系统，在中区和西区可能存在不同时期为同一帝王所开的石窟，出现类似于一帝多庙的“一帝多窟”现象。

不仅为帝王立庙，北魏还有为女性立庙的情况，而这也表现在石窟之中，实际上，云冈二期的双窟，学者们也多认为与献文、孝文时期并称“二圣”的冯后相关①，而迁都后，世宗在洛阳伊阙开窟，也为“高祖、文昭皇太后”② 而立。

不仅如此，石窟并不仅为祭祀先祖服务，还可为现世帝王服务。文成帝时期，即“诏有司为石像，令如帝身。既成，颜上足下各有黑石，冥同帝体上下黑子，论者以为纯诚所感”③。“兴光元年（454 年）秋，敕有司于五级大寺内，为太祖以下五帝”④，也当包括文成帝自身，这与云冈石窟工程的时代接近，因此昙曜五窟的开凿也当与之类似，有为当时在位的文成帝及其上四帝开窟的目的。这一做法也影响到迁都后所开伊阙石窟，其在高祖、文昭皇太后二窟之后，又增加一窟，即为当时在位的世宗而设⑤。

因此，中区窟群的祀奉对象，也很可能不只数位先帝，还当包括献文、孝文等在位皇帝，同时还可能有太后冯氏。鉴于中区窟群的开凿在太和十五年宗庙制度规范化之前，尚不明确各窟具体对应的帝后，但应当反映了文成帝以后献文或孝文时期新立的崇奉礼拜系统。

3. 尺度设计

(1) 单位尺度

尺度，是空间设计的基本单位。在日常生活中官方规定的尺度，称为官尺；而运用于施工工程中的尺度，称为营造尺。营造尺基于官尺，随官尺的不断变化而改变。但由于匠作系统的相对独立性及延续性，营造尺的变化往往相对官尺滞后，即使朝代更替，官尺改变，营造尺仍有沿用前代的现象。

根据度量衡相关研究成果，北魏官尺是我国历史上尺度变化最大的时代，其尺

---

① 宿白：《平城实力的集聚和“云冈模式”的形成与发展》，载于《中国石窟寺研究》。

② 《魏书》卷一百一十四《释老志》，3043 页。

③ 《魏书》卷一百一十四《释老志》，3036 页。

④ 《魏书》卷一百一十四《释老志》，3036 页。

⑤ 《魏书》卷一百一十四《释老志》：“永平中，中尹刘腾奏为世宗复造石窟一，凡为三所”，3043 页。

长远大于同时代南朝，北魏前尺 27.88 厘米，中尺 27.97 厘米，后尺达 29.59 厘米，其后东西魏北周继续沿用北魏后尺[①]。由于变化过大，北魏历史上有多次议定律历尺的举措，但实行情况和影响范围并不清楚。

在官尺变化如此大的时代，要研究北魏云冈石窟的营造尺，一种方法是参考建筑史学研究的方法，通过洞窟现状尺度去反推，但石窟的空间极不规则，各壁面和不同空间的长、宽、高等大尺度数据变化范围较大，有时已超过尺的基本长度，洞窟的实测数据难以反映当时的营造尺度。因此，还需要通过文献记载的尺度与实测数据对比测算。这方面的文献记载并不多，云冈石窟所记只有昙曜五窟像高一例，还需将同时代其他石窟工程及建筑、陵墓等营造工程作为补充和比较对象。

《魏书》载昙曜五窟：

> 昙曜白帝，于京城西武州塞，凿山石壁，开窟五所，镌建佛像各一。高者七十尺，次六十尺[②]。

五窟的像高，从 20 窟至 16 窟，分别为 13.7、16.8、16、15.5、14.4 米，其中最高 16.8 米，若按七十尺计，每尺约 24 厘米；最低 13.7 米，若按六十尺计，每尺还不到 23 厘米，考虑到 20 窟大像底缘较窟前地面高 2 米左右，而 16 窟主像又经后代改造，这两窟现状较低的大像，不一定反映当时所指的高度，若约以 15.5 米为低者计算，每尺在 25.6 厘米。因此，若按文献记载，当时一尺约在 24 ~ 26 厘米之间。

继承云冈开凿的龙门宾阳三洞，其斩山范围：

> 去地一百尺，南北一百四十尺[③]。

而宾阳三洞的斩山现状，南北宽约 35 米，高约 25 米，折合一尺在 25 厘米左右。

这种较小的营造尺，在龙门石窟似一直延续至唐，高宗时期开凿奉先寺大卢舍那像龛：

---

① 丘光明：《中国历代度量衡考》，北京，科学出版社，1992 年。

② 《魏书》卷一百一十四《释老志》，3037 页。

③ 《魏书》卷一百一十四《释老志》，3043 页。

佛身通光座高八十五尺，二菩萨七十尺，迦叶、阿难、金刚、神王各五十尺。

卢舍那像龛保存完整，现各像通光（头光）座（基座）的高度，分别为：佛19.5、菩萨17.2、迦叶、阿难、金刚、神王等在13米左右，折合一尺在23～26厘米。

不仅皇家石窟，北朝后期民间小型石窟，用尺也较小，如山西平定开河寺石窟①，开凿于东魏至隋初，现存3窟，其中1、2两窟，都明确记载了当时的设计尺度。

第1窟北齐河清二年（563年）开凿：

敬造石室一区，纵旷东西南北上下五尺。

第2窟东魏武定五年（547年）开凿：

既发洪愿造石室一区，纵广五尺。

这两窟空间形式相同，平面方形，四角攒尖顶，三壁三龛。其中第1窟，面宽1.26、进深1.13、通高1.47米（壁高1.15米）；第2窟，面宽1.2、进深1.1、通高1.42米（壁高1.12米）。则知当时1尺也不过24厘米，洞窟“上下”所指当为四壁高度。

除石窟工程外，平城、洛阳地区的建筑考古发掘可提供参考。

平城明堂

北魏明堂之制，并无当时文献记载的尺度，但研究者普遍认为，明堂的形制和布局均与汉代明堂相同，以此礼制规格，可能延续了汉代对“堂方一百四十四尺，象坤之策”的规定②，而经考古发掘，知明堂台基边长42米，台基之上所立明堂，考虑其周匝出檐距离（以2米计），边长不会超过38米，则折算为一尺在26.4厘米左右。

---

① 李裕群：《山西平定开河寺石窟》，《文物》1997年1期。

② 王世仁：《北魏平城明堂制度考略》，《中国建筑史论汇刊（第二辑）》，北京，清华大学出版社，2009年。

洛阳永宁寺塔

《水经注》记载："浮图下基方一十四丈"①，而据考古发掘，塔基遗址面方38.2米，则折算出一尺约为27.28厘米，与北魏前尺"相对接近，但与建塔年代不符……以0.2727米折算塔基、塔身开间、出土构件等实测尺寸，所得数据大多较为完整，且与文献记载相符"②。

可见，北魏地面建筑用尺也没有完全遵循当时官颁尺度，且也有偏小的迹象。因此本书倾向于认为北魏石窟营造尺较当时的官尺小，保持在每尺24～26厘米的范围，这一尺长相对稳定，延续时间较久，在北朝后期至唐都可能沿用。

（2）控制尺度

石窟工程在自然山体上施工，从洞窟现状看，其壁面凹凸不平，各壁面交接的角度也不规则，洞窟虽整体中心对称，但也只是大体相当，有的洞窟中轴线与外壁面也不垂直。这说明石窟工程的施工成果并非规整的空间形态，当时的设计不可能严格控制空间尺度的各细节，而只是进行整体控制，这种整体控制的设计尺度，本书称其为控制尺度。

要准确了解石窟的哪些尺度是受当时的设计控制，需要大量测绘数据和三维扫描数据。在现有条件下，本书选择双窟这种特别的设计为线索进行初步的探讨。

云冈石窟中，现有四组较为确切的双窟，分别为1、2；5、6；7、8；9、10窟，除5、6窟空间形式差别较大外，其他三组双窟均对称设置，因此其原始空间设计当基本相同，其完成形态的差异应来自施工的偏差，而双窟中保持一致的相同点则可能代表设计中的控制尺度。

以1、2窟为例，两窟窟内的空间布局形式相同，但从实测平面图看，两窟平面尺度有较大的差别：1窟平面呈前窄后宽的梯形，而2窟平面近纵长方形；同时，1窟深度较2窟浅，两窟中轴线也不水平。但两窟窟门内前壁的宽度（以上层空间明窗下缘水平面的宽度为准）却基本一致。在剖面上，尽管两窟窟顶剖线走向差别较大，但前壁的高度也基本一致。

其他双窟中，7、8两窟对称性极高，不易说明问题。而9、10窟，前室、后

① 郦道元：《水经注》卷十六《谷水》，398页。

② 钟晓青：《北魏洛阳永宁寺塔复原探讨》，《文物》1998年5期。

室尺度都存在不小的差异，但前后室内前壁的宽度和高度仍保持一致。窟内空间形式差别最大的5、6窟，窟内前壁的宽度和高度仍大体相当，前壁之间也保持了相当的距离，这种控制尺度的一致可能反映了5、6窟作为双窟的内在联系（图5.15）。

从工序看，前壁是洞窟内最早开凿的壁面。开窟时最先从明窗进入，以明窗底缘水平面确定宽度，向山体内拓展。因此，前壁的宽度（特别是明窗底缘水平面宽度）、高度，实际上有卡定洞窟开凿规模的作用。按照这一思路，在内部空间开凿之前，大型洞窟的斩山工程，实际上也有卡定洞窟初始规模的作用。斩山范围方整规则，从施工角度讲也便于控制其高度和宽度，当也是洞窟规模重要的设计指标，但由于相关遗迹保存得并不完整，无法一一验证。在以上四组双窟中，只有5、6两窟的斩山边界较为明确，其上部岩体塌毁，斩山高度难以确定，但斩山面的宽度却以两窟之间的高塔为轴左右对称。从龙门宾阳三洞的工程记载看，当时特意记明斩山工程的高、宽，也说明了斩山高、宽当为石窟工程的重要控制尺度。

综上所述，本书认为洞窟的斩山高、宽和窟内前壁高、宽，为洞窟的重要控制尺度，前者控制窟外，后者控制窟内。斩山遗迹多损毁严重，一般只保留了斩山宽度，但窟内前壁高、宽，则是每一座较为完整的洞窟都可以测算的数据。因此，这里将各窟窟内前壁高、宽列表（表5.6）如下，并在1尺24～26厘米中选取便于换算的25厘米，对当时的设计尺度进行估算。

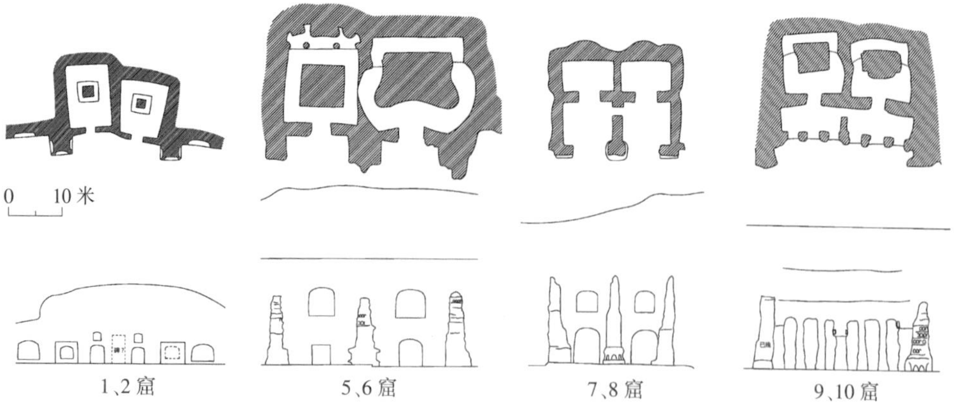

图5.15　云冈双窟平、立面示意图

表 5.6　各窟窟内前壁尺度

洞窟编号	前壁明窗底缘水平面的宽度		前壁窟门底缘水平面的宽度		前壁总高	
20	——	——	——	——	——	——
19	13.5 米	54 尺	17 米	68 尺	16 米	64 尺
18	12 米	48 尺	12 米	48 尺	15.5 米	62 尺
17	8.8 米	36.2 尺	9 米	36 尺	14.3 米	57.2 尺
16	10 米	40 尺	10.7 米	42.8 尺	14.5 米	58 尺
15	4.5 米	18 尺	5.3 米	21.2 尺	9.5 米	38 尺
14	——	——	7.5 米	30 尺	7 米	28 尺
13	9 米	36 尺	10 米	40 尺	13.3 米	53.2 尺
12	——	——	7.3 米	29.2 尺	6.9 米	27.6 尺
11	6.3 米	25.2 尺	8 米	32 尺	14.3 米	57.2 尺
10/9	后室 9 米	36 尺	后室 10.5 米	42 尺	9.8 米	39.2 尺
8/7	后室 8.7 米	34.8 米	后室 9.1 米	36.4 尺	12.7 米	50.8 尺
6	12.5 米	50 尺	13.5 米	54 尺	14.2 米	56.8 尺
5	11.5 米	46 尺	13.2 米	52.8 尺	15.4 米	61.6 尺
4	7 米	28 尺	——	——	5.25 米	21 尺
3	后室 42 米	168 尺	后室 43 米	172 尺	15.7 米	63 尺
2/1	6 米	24 尺	6.5 ~ 7 米	26 ~ 28 尺	5.5 米	26 尺

由上表可以看到，30 尺即 3 丈，是一个标准界限，以此可将云冈主要编号洞窟分为两类，第一类即一般所称的大型洞窟，高宽均在 3 丈以上，第二类即一般所称的中型洞窟，高宽均在 3 丈以内，2 丈以上。

这种分类标准，正对应于整数丈尺，照此逻辑，再结合文献中形容空间狭小，总称“方丈”①，可将中型洞窟与小型洞窟的分界划在 1 丈，由此得出各规模洞窟的

① 如《高僧传》卷十一《竺昙猷传》载：“时又有慧开、慧真等，亦善禅业，入余姚灵秘山，各造方丈禅龛，于今尚在”，汤用彤校注，北京，中华书局，1992 年，405 页；又如《续高僧传》卷十《智聚传》记其：“居身清俭，不在饰玩，衣钵已外，随用檀舍，方丈之内，虚空萧然，几榻之间，文疏而已”，345 页。

划分标准：

大型洞窟——窟内前壁高、宽3丈以上。

大中型洞窟——窟内前壁高、宽2～3丈。

中小型洞窟——窟内前壁高、宽1～2丈。

小型洞窟——窟内前壁高、宽1丈以内。

对于石窟研究而言，单位营造尺度的大小固然重要，但只能了解其大体范围，一般难以精确到具体的数值。但在尺度研究过程中，结合石窟营造过程中控制尺度的分析，以单位尺度的大体范围换算成当时的尺度，了解其空间尺度的数量级，将有助于探讨当时对石窟等级、规模的划分。

4. 空间形式

（1）大像窟——龛窟

通过大像窟开凿过程的分析，可以看到营建大像窟的主要目的是完成大像，除大像外的周边壁面并未明确设计，仅要求遍布造像即可，因此，一些小龛很早就利用这些壁面进行开凿，它们起到了填充壁面的作用。由于小龛没有规划，多散乱分布，不能完全占满壁面，在这种情况下，洞窟普遍布置成排的千佛龛填补壁面空隙，从这个角度来看，千佛龛可能并不具有特殊的宗教意义。另外，昙曜五窟最初并不在窟门和明窗侧壁造像，这两处空间只起到了内外通道的作用。

大像是大像窟的主体，洞窟设计和最终的视觉效果都以大像为中心，从营造工程的角度看，大像窟的窟内空间是伴随着在山体中凿出大像的坯体产生的，同时也起到了保护大像不受风吹雨淋的作用。因此，大像窟类似于为大佛在山体中凿掘出的大龛，只是因体量巨大而形成了窟形，与龛存在很强的空间同构关系（详见下节），可以称其为龛窟。

这样的设计，在云冈并不仅限于早期，也不仅限于大像窟，一些较早的小型洞窟也采用了相同的形式。如中区11至13－4窟外壁补凿的洞窟，大部分也是这种龛窟，它们的规模与大窟内部壁面上的小龛大体相同，窟内空间也较浅，没有进入的可能。其形式上是窟，空间尺度却接近龛。人们自下礼拜这些小窟内的佛像时，视觉效果与龛内佛无异（图5.16），但由于洞窟外壁没有遮覆，需要做出较深的窟形遮蔽佛像，这反映了这种设计思想的延续。

(2) 方室窟、中心柱窟——室窟

另一类洞窟空间可统称为室窟，细分为方室窟和中心柱窟。这类洞窟开凿时壁面无须预留出石坯，其首要的施工目的是开凿出洞室空间，然后再在各壁面开龛造像。因此，相较于大像窟，这类洞窟的内部空间是有意营造的，也只有进入内部空间才能欣赏洞窟的像设，属于真正意义上的洞窟。

窟

龛

图 5. 16　中区外壁窟与内壁龛对比

在较早的室窟中，还可见大像窟设计的影响，如9、10 窟后室即雕凿大像，但其并未伴随开窟预留石坯，而是开出壁面后再向内凿像，这一现象在6 窟后壁下层的大像上表现得更为明显。可以说，这些大像实际是处于窟室壁面上的大龛内。

由于室窟壁面平整规则，空间设计较易把握。同时，室窟方整规则的空间形式，也是我国墓葬的传统形式，工匠对其也较为熟悉。因此，其布置和处理的方式多少会参考我国传统的布局模式，均一化处理和分栏布局是其主要的设计手法。

均一化处理，指壁面所开龛像的规模较为一致。这并不表明洞窟空间没有主次之分，可以看出主像仍位于洞窟后壁，但其规模和形式与其他像设的差别并不像大像窟那样明显。而分栏布局则是更为明显的特征，也正是因为壁面空间的分栏，使主尊不再占据整幅壁面，才导致了龛像的均一化。分栏不是简单地分排布置龛像，而是壁面布局的整体安排。每栏中有一设计的主体，且同一窟室空间中的各壁面分栏也具有统一性。如6窟壁面从上至下可分十余排造像组合，但只有上中下三栏：上栏的主体为立龛，中栏的主体为坐龛，下栏的主体为供养人行列及其对应的中心柱基座。而在各栏上下成排分布的千佛、飞天乃至本生故事画等，仅起装饰或渲染的作用，并非洞窟各壁面各栏的主体。另外，这一分栏布局不仅限于一个壁面，在洞窟四壁和中心柱各壁面都是统一的，形成一个有机的布局整体，这是6窟设计既繁复又有序的原因所在。

由个案分析可知，一些洞窟中的分栏布局可能仍受洞窟分层开凿的影响，如第6窟仍有分层开凿的可能，而如12窟，洞窟前后室不同壁面间有三种不同的分栏形式，则更可能是开窟后再统一开龛造像的结果。

分栏的设计有明确的目的性，更直接的表现在统一施工的小窟中，如三壁双龛窟，即是对洞窟壁面明确的分栏布置，从设计角度说，它是将三壁三龛做分栏的叠加，两者同源，是同一空间形式的洞窟。

（3）仿木构——空间模仿或样式模仿

室窟的另一大发展，是对当时木构建筑的模仿，这种模仿，存在整体空间的模仿和局部样式的模仿两种倾向，需要加以区分。

①空间模仿

以12窟前室为例：前室外立面为完整的木构建筑形象——上方屋檐，檐下额枋、斗栱，下以立柱承托，立柱之下为高大的柱础；而至前室内南壁也表现出檐下斗栱、立柱、柱础背面的形象，可见这些建筑元素均有立体造型，模仿真正的建筑构件，室内顶部还设置平棊，与外部的屋顶照应。由此可以看出，12窟前室对木构建筑的模仿，不是单纯模仿二维立面，而是模仿三维空间，其内在的各个建筑元素都具有结构性，整体组合成前室空间。

与12窟前室类似，9、10窟前室也整体地模仿木构建筑空间。这种设计倾向，在稍晚还有所发展。如云冈第6窟（图5.17），虽没有独立的前室，但窟外正立面仍雕凿木构建筑形象，虽上方残毁，但还是可以看到以两柱将洞窟外立面分为三间，当心间与窟门相对。柱下以象座、狮座支撑，柱上的大斗、阑额，也都雕凿出完整的形体表现其结构性。这些仿木构建筑形象与6窟窟门均雕凿于洞窟前壁，但窟门陷入岩体内雕凿，与仿木构建筑形象拉开一定距离，形成前后的纵深关系，在两者之间，还开龛置像，表现仿木构建筑的空间属性，只是该空间限制于洞窟前壁内，没有形成独立的内部空间。这种仿木构窟檐的设计方式，开始于云冈石窟，并影响到之后开凿的响堂（图5.18）、天龙、麦积山等石窟。

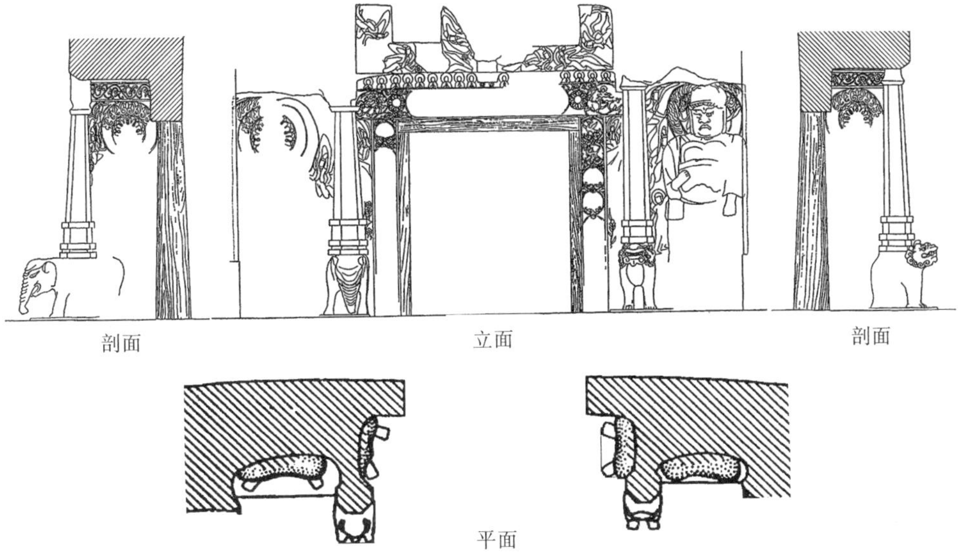

图5.17　云冈第6窟仿木构窟檐（［日］《云冈石窟》第三卷）

图5.18　南响堂第1窟、7窟仿木构窟檐（钟晓青《响堂山石窟建筑略析》）

②样式模仿

与空间模仿不同，样式模仿仅限于局部。如前文所述的9、10、12窟前室，虽整体模仿木构建筑空间，但在东西两侧壁上部，也雕凿有木构建筑立面形象，它们只占据前室壁面的局部，为独立的平面雕饰，与壁面其他龛像也没有结构关系，因此，这些壁面龛像只是采用了木构建筑形象进行装饰，是单纯的样式模仿。

在一些洞窟内部，由于较多地采用了木构建筑形象，容易混淆样式模仿与空间模仿的界限。

如6窟内部，其中心柱分上下两层，上层四角四塔柱，下层还有瓦垄屋檐，似表现一双层结构的中心塔柱，而四周壁面下栏，还浮雕有连排的围廊；后壁下层，凿有大龛，龛前立柱，柱上支撑帷幔，龛内雕凿一坐佛，两侧二立佛，似表现殿堂空间。因此，6窟内部很容易让人联想到中心立塔、塔后大殿、四周围廊的寺院格局。但6窟窟顶上设平綦，则又是建筑室内才有的装饰，四周壁面列龛，也是殿内空间的做法，这些都与上文的寺院建筑意向矛盾。

因此，6窟内各部分对木构建筑的模仿并不具有整体性，它们之间也没有明确的结构关系。在同样具有中心塔柱的1、2窟内部，若从空间模仿的角度考虑，也存在寺院空间意向和殿内空间意向的矛盾。1、2、6窟的内部空间，是最典型的中心柱窟空间形式，中心柱做成塔的形式源于印度石窟，有其自身的发展脉络①，其后来对木构建筑形象的应用，虽受中国文化的影响，但并不牵涉整体洞窟空间，只是在局部采用了木构建筑样式。

③前后室空间格局

由上可以看到，云冈石窟中仅9、10、12窟前室和6窟仿木构窟檐较为明确地表现出对木构建筑空间的整体模仿。而其他洞窟主体空间内的木构建筑元素，多限于局部壁面和构造，属于样式的模仿。

以此视角来看云冈石窟，则前后室设置的洞窟实存在空间分化：如12窟，前室为仿木构建筑空间，而后室具有云冈石窟典型的明窗、窟门设置，窟内各壁面均分

---

① 印度塔庙窟及中国中心柱窟等相关内容，参看李崇峰：《佛教考古：从印度到中国》，上海，上海古籍出版社，2014年。

栏布置龛像，虽窟顶设置有平綦，但只是局部雕饰，与室内外其他部分没有结构关系，洞窟后室仍为传统的石窟本体空间。

而云冈其他前后室窟都具有这一特点：如7、8窟，根据前文个案分析，其前室并不露天，窟面两侧的塔柱、立碑等竖向构造，当与石质窟顶结构共同构筑窟立面建筑形象。该双窟立面虽未精细刻画出建筑结构，但其设置竖向立柱及前室的做法，已表现出对木构建筑空间的初步模仿，7、8窟后室，也开明窗、窟门，内部各壁分栏开龛，是典型的石窟本体空间。而9、10窟则基本与12窟一样，前室为整体的仿木构建筑空间，后室为传统的像窟空间。

这种前后室空间设计，是云冈石窟的首创：其前室模仿汉地木构建筑形象，而后室仍具西方石窟传统，反映了东西方文明的交汇与融合。前室空间开敞，起到了窟内外空间的过渡功能，而后室才是洞窟的主体空间。因此，若从石窟传统空间属性看，云冈石窟都可认为是“单室窟”，只是部分洞窟在本体空间前添加了一个起过渡作用的仿木构建筑空间。依据这一原则，可以复原云冈的一些未完成洞窟的原始设计：如第13－4窟，现状只具有仿木构建筑空间，其原始设计应还要向后开凿洞窟的主体空间，形成前后室的格局；又如第3窟现状前室没有任何结构性的木构建筑元素，不具有云冈其他洞窟前室的性质，那么其原始设计就很可能不是现状的前后室格局，这也符合前文对第3窟原始设计的分析结果。云冈前后室洞窟空间分别源于印度和中国两种不同的设计传统。这种二分的空间设计思想也极大地影响到后世石窟空间，如敦煌的部分洞窟，其前后室的空间形态也都有很大的区别，前室多模仿木构建筑空间。

综上所述，云冈二期洞窟多采用木构建筑元素，表现出了明显的汉化趋势。石窟本体空间中虽利用木构建筑形象进行装饰，但空间形态仍一直保持传统，并非全面模仿木构建筑空间。而在石窟本体空间外，部分石窟加设整体模仿木构建筑空间的前室，反映了印度传统石窟与汉地传统建筑的结合，形成了洞窟前后室格局，各室空间功能属性可能不同。在其后的发展中，前室木构建筑空间有简化的倾向，贴附于崖面设计，形成仿木构窟檐的形式（图5.19）。

5. 空间同构

“窟”、“龛”是佛教考古中最普遍使用的两个名词。一般认为，两者的差别

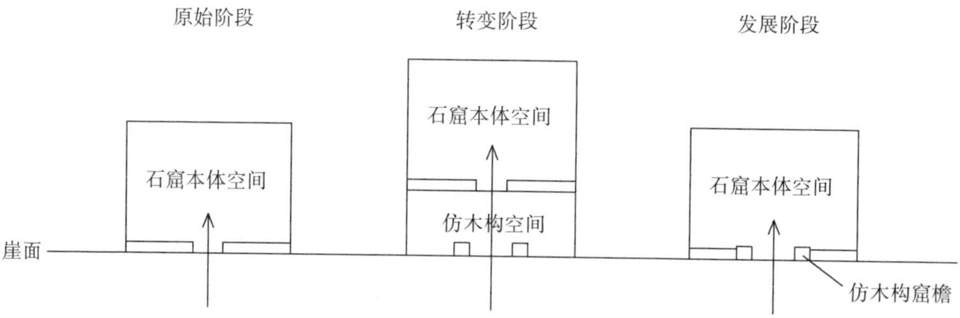

图 5.19　石窟仿木构空间发展阶段示意图

主要是有无内部空间：窟具有合乎常人尺度的内部活动空间，而龛则专用于安设佛像，人只能于外部礼拜。但现在称为“昙曜五窟”之窟，在文献中被称为“龛”，而现在许多壁面编号小窟，在研究中也常称为“龛”。从这些模糊的命名可见窟、龛的区分并不明确，而有较多关联，这反映在两者空间的同构性。

（1）形式同构

云冈最早的大像窟以正壁大像为主体，在理想的情况下，两侧设置胁侍佛，周壁满布千佛，窟顶装饰帷幔，并饰以飞天，这些空间形式要素及其相对位置，在早期的壁龛中都能找到对应。

首先，正壁主尊辅以两侧胁侍是龛内像设的常见形式，具体又分为两种：一种是龛内一佛二胁侍菩萨；一种是龛外一佛二胁侍菩萨。这两种类型可分别对应于 20 窟（窟内三佛）和 19 窟（主窟大佛，两胁窟各一胁侍佛）的像设模式。

其次，龛壁的设置也与窟有相似性。虽然龛内壁面较有限，主尊外基本没有其他空间，但在一些较大的壁龛中，龛内主尊两侧尚有一定空间，如 17 窟前壁中部布置的早期龛（图 5.20），大像两侧壁面雕凿了成排的千佛像，其形式与分布与 16、19 等大型洞窟周壁千佛相同。

再如，大像窟顶的飞天供养等装饰题材在龛中也很常见，其位置也均位于主尊上方。受龛的空间限制，飞天多安排于龛楣两侧，但也有置于龛内的形式，与洞窟顶部飞天设置相似（图 5.21）。

龛左侧　　龛正面　　龛右侧

图 5.20　龛内左右侧千佛（［日］《云冈石窟》第十二卷）

17 窟东壁上层龛　　16 窟前壁偏西龛

图 5.21　龛内顶部飞天（［日］《云冈石窟》第十一、十二卷）

最后，龛中一些配置的出现还较窟更为超前：如早期龛下多雕成排供养人像，而这不见于云冈一期洞窟，直到二期洞窟才开始将供养人像安排于各壁面的最下方；再如早期即出现盝形龛，而盝形窟门的洞窟却直到云冈二、三期才出现。

综上所述，可看到早期大窟空间中的设计元素及龛像布置均与早期龛相同，两者空间、像设形式在本质上是同构的，只是规模不同，昙曜五窟扩大了规模，扩展了内部空间，才形成了容纳人进入的窟形。但当时此种形式的洞窟内部，是否真是有意让人进入，并没有直接的证据。而实际上，如17、19、20窟，由于主尊基部占据洞窟绝大部分空间，洞内前部并无适宜信众活动的空间，瞻仰佛像的仰视角度也过大，似乎反映了在大像窟的设计中，并未主动考虑进入的问题，而只是施工的客观结果形成了可以入窟礼拜的空间。又如19窟两胁洞，内部空间虽也可以容人，但窟门高出地面近5米，就显然不便进入，这都说明，大像窟的空间功能设计，似乎也延续了龛的功能，并不仅限于空间形式同构。

窟、龛之间形式的同构关系，在后期的洞窟设计中甚至作为特意强调的内容，以加强洞窟整体的统一性，形成空间的呼应。如9、10、12窟，设计和施工都很完善，窟前室均仿木构建筑设计，而在前室东西两壁上，均对称安排一龛，再现窟面四柱三间的仿木构建筑形式，使人进入洞窟后，仍能感受到洞窟立面形象。龛内均置交脚弥勒像，而洞窟后室主尊或为倚座像或为交脚像，均可能与弥勒信仰相关，则龛内造像样式也与洞窟主尊样式有所呼应。

（2）组合同构

壁面龛像，普遍采用并列的方式形成组合。这一关系在云冈一期洞窟中还表现得相对简单，龛多独立雕刻，并列的双龛也没有标志性的联系，仅仅是相邻并排设置；而二期洞窟中的龛像，不仅在组合方式上更为多样（如横排并列组合、上下纵列组合等），还开始通过统一的设计元素来标志各组合单元之间的联系：一方面，通过设计边框线或分栏线框定组合龛群的范围；另一方面，在龛群内部通过纵向间隔标志如塔、柱进行分隔，形成富有节奏韵律的单元分布格局。如7、8窟、1、2窟、6窟壁面分栏设置的龛像，均采用了这种组合形式（图5.22）。

而这一时期的洞窟，也同样采用了这种组合形式，首先，通过齐平的窟面、两侧斩山侧壁框定组合窟群的范围；然后，在窟群内部，通过在洞窟之间设置纵向的塔、碑、柱等分隔开各窟，区分各窟的自身范围。

由上可见，洞窟组合关系也与龛像组合关系同构，洞窟开凿受山体自然条件的限制，只能采取并列的组合形式，而壁面龛像则自由得多，组合关系复杂、多样，它更能反映当时设计的创造性。

图 5.22　第 7 窟后室西壁列龛组合（［日］《云冈石窟》第四卷）

（三）从营造工程视角看云冈石窟分期

云冈“各洞窟先后的差异与分期问题，早在 20 世纪 30 年代就被国内外的研究者们提出来了，经过长时间的酝酿，在 40 年代水野清一、长广敏雄等人调查云冈之前，就逐渐大体上形成了”① 三期论，后经水野清一、长广敏雄先生及宿白先生的研究工作，云冈石窟三期的起止和主要大窟的归属基本系统化，并无太多争论。现在围绕云冈分期的讨论，主要是在宿白先生云冈三期论系统框架下，对各期洞窟开凿次第和具体年代的细化分析，尤其集中在云冈二期②。

---

① 宿白：《中国佛教石窟寺遗迹——3 至 8 世纪中国佛教考古学》，文物出版社，2010 年。

② 关于二期洞窟年代的讨论较多，较为系统的意见主要集中在日本学者，有吉村怜：《云冈石窟编年论——宿白、长广学说批判》，《国华》1140 号，1990 年 11 月，译文见于吉村怜著：《天人诞生图研究》，383 ~ 413 页；八木春生：《雲岡石窟に見られる「籐座式柱頭」についての一考察》，《佛教藝術》197 號，1991 年；石松日奈子：《云冈中期石窟新论——沙门统昙耀的地位丧失和胡服供养人像的出现》，《考古与文物》2004 年 5 期；石松日奈子：《云冈第 11 窟太和七年邑义造像和武州山石窟寺的变化》，云冈石窟研究院编：《2005 年云冈国际学术研讨会论文集·研究卷》；曾布川寛：《雲岡石窟再考》，《東方學報》第八十三册，2008 年；中国学者对中期部分洞窟的年代也有不同认识，如李静杰：《雲岡第九、十窟の圖像構成について》，《佛教藝術》267 號，2003 年；赵昆雨：《云冈第 11 窟营凿的几个问题》，云冈石窟研究院编：《2005 年云冈国际学术研讨会论文集·研究卷》；张焯：《〈大金西京武州山重修大石窟寺碑〉小议》，《中国文物报》2005 年 4 月 1 日，另见有李裕群、杭侃、衣丽都等先生对这一问题有讨论，相关论著尚未发表。

在本书研究过程中，云冈石窟已有的分期体系，是分析讨论的前提与基础，案例也以此编排组织，而进入到各洞窟的具体分析，由于施工历时过程自然就牵涉到洞窟起止时间的考察，因此在研究过程中也在不断地思考和回应分期编年问题。故这里不揣浅陋，试从石窟营造工程的角度对云冈二期洞窟年代问题略作探讨。

云冈二期洞窟主要分布在山体中区，综合前文个案所述，从施工过程看，绝大多数洞窟都是初始工程作品，并没有大规模补凿迹象，除 3 窟、11 窟未在迁都前完成外，其他洞窟均基本完成，特别是像 5 窟、13 窟这类洞窟，虽然壁面龛像布局并不严整，新旧样式混杂，但多数新式龛像也非后期补凿，而是原始施工作品。这些洞窟内新旧造像共存，反映其施工正经历服制改革时期。因此各洞窟开凿的历时过程，可以从洞窟壁面龛像新旧样式的过渡，来看其相对于服制改革这一时间节点的相对位置，则根据前文研究，中区窟群加上东区 3 窟及 1、2 窟，大体可以分为四组。

第一组，第 7、8、9、10 窟，这四座洞窟为两组双窟，窟内造像全为旧式，当完成于服制改革前。

第二组，第 11 至 13 窟，这三座洞窟，窟内均存新旧两种样式，其中新式造像，大多并非后期补凿，而是当时一体施工，反映了工程正经历服制改革。但三窟造像仍以旧式为主，新式多分布在洞窟中下壁局部，则说明洞窟当开工于服制改革前，略晚于服制改革完工，只 11 窟施工至迁洛时期仍没完成。

第三组，第 1、2、5、6 窟，这四座洞窟也是两组双窟，窟内亦存新旧两种样式，但以新式为主，旧式造像只集中在洞窟上壁局部。这说明，洞窟开工于服制改革稍前，迁都前完成。

第四组，第 3 窟，其选址于武州山东区，当是中区各洞窟开凿后，没有足够的空间开窟而越过龙王沟开窟所致。因此，其开工较中区各窟晚，当在服制改革之后，迁都前停工。

以上讨论的视角虽然与宿白先生不同，但所得洞窟的开凿次第与先生所论并没有区别，这也可看出先生见解的体系化。而略有疑问的是各洞窟的具体施工时间。《金碑》记崇教寺“太和八年建，十三年毕”，这是云冈石窟中唯一明确记载工程起止年代的洞窟，对于年代的讨论非常重要，宿白先生通过对云冈中区各洞窟的细致排查，认为9、10这一对双窟，造像及装饰题材华丽，符合开窟人钳耳庆时“性巧，强于部分”① 的营造风格，两洞窟规模适中，造像和装饰风格也与其开凿时间大体一致。

但若将9、10窟放在云冈二期各洞窟整体的开凿次序中考察，似存在以下几点矛盾：

一是9、10窟在云冈二期洞窟中开凿较早，若以9、10窟为崇教寺，则其开凿完工时间距迁都仅5年，即使以其开工时间计，距迁都也仅十年，这十年内，要相继开凿11、12、13、5、6还有东区1、2、3等大窟，时间非常紧迫，而9、10窟前距昙曜五窟工程却有十余年，但这段时间开凿的洞窟只有7、8窟，这在工程时间和洞窟数量安排上，显得很不均衡。

二是11窟与9、10窟比邻而建，而11窟窟内壁面龛像最早的题记为太和七年，其开窟就更在太和七年之前数年，若9、10窟太和八年建，则11窟的始建时间早于9、10窟，壁面开凿龛像的时间也早于9、10窟。

三是9、10窟工程若“太和十三年毕”，这当是一对施工完成的双窟，但从9、10窟现状看，其开凿过程出现了问题，并没有彻底完工：双窟外西塔，根据塔中部旧式打破龛，说明在云冈中期就已经放弃，因此当时施工并没有对塔柱进行雕饰，塔基部分也没有加工；两窟地面，窟外已进行了雕饰，但“有些图案只雕出了粗糙的轮廓，尚未细琢”②，窟内地面也没有铺地花纹。这些都说明，9、10窟并非完全毕工的工程，因此也不可能记录下毕工的准确时间。

四是中区各洞窟栉比相连，没有斩山侧壁的分隔，斩山前缘也在同一线，根据前文分析，很可能是一体规划设计的皇家窟群。而《金碑》记载，崇教寺为安西大将军散骑常侍吏部内行尚书宕昌公钳耳庆时所开，“其铭曰：承藉□福，遮邀冥庆，仰钟皇家，卜世惟永”。发愿铭文以钳耳庆时的角度所写，则说明崇教寺“盖庆时为国祈福之所建也”，而非为皇家监作。《魏书》载“北都方山灵泉道俗居宇及文明太

---

① 《魏书》卷九十四《王遇传》，2024页。

② 姜怀英、员海瑞、解廷凡：《云冈石窟新发现的几处建筑遗址》，载于《中国石窟·云冈石窟（一）》。

后陵庙、洛京东郊马射坛殿、修广文昭太后墓园、太极殿及东西两堂、内外诸门制度皆遇监作[①]”，同在平城，既有“方山灵泉道俗居宇”监作之事，却不述及云冈，也反映“崇教寺”当非钳耳庆时为皇家监修的工程，而是他自己发愿而立，有其家寺的性质，那么它的位置就不可能在皇家窟群内。但9、10窟不仅居于中区窟群的正中，其工程规模、窟面仿木构形式、窟内壁面雕饰，都是最恢宏的一座，则不太可能是钳耳庆时所为。

综上可见，崇教寺可能不在中区窟群位置，且应该考虑规模小一等的石窟，符合这一条件的洞窟并不多，其中已经开凿完成的只有1、2窟。1、2窟开凿于山体一级阶地后缘，斩山规模较中、西区窟群小，洞窟内部大小也适中，这符合钳耳庆时的身份。而从洞窟窟内造像的形式看，其新旧式并存，说明洞窟的开凿经历太和服制改革，符合《金碑》所记工程起止时间。其开凿若始于太和八年，至太和十三年完成，则约经历五年，与前文对洞窟开凿用时的估算相当。按工程的顺序，最先完成斩山并开出上层窟形来，约经过两到三年的时间，造像很可能在太和十年前后，因此中心柱上层还有部分龛像着旧式服装，而工程再往后进行，像设就因新服制的推广而改换为新式。《金碑》所记“小而完”的石碑现虽不见，但按双窟一般的空间形式，它很可能在1、2窟外壁面之间已坍塌的位置，与洞窟规模相应。

除崇教寺外，《金碑》中还记有护国寺，张焯先生近年订正了金碑中错乱的语句，指出护国寺的一重要特点，是“护国二龛不加力而自开，以至扣地则神钟发响，闻者摄心；琢石则醴泉流出，饮之愈疾”，这与明清以来称为“石鼓洞”和“寒泉洞”的1、2窟非常吻合，因此他认为1、2窟更可能是护国寺[②]，这是继宿白先生之后，对护国、崇教问题的讨论非常有影响的观点。

而《金碑》这段话，按照张焯先生的研究，其完整的碑文为“护国二龛不加力而自开，以至扣地则神钟发响，闻者摄心；琢石则醴泉流出，饮之愈疾。珍禽时聚，毒虫屏迹。此则灵感之大略也”。其所记，正如张先生所言，石窟“不加力而自开”，可能是开凿到了片状岩层，“扣地则神钟发响”，则是岩层空洞缝隙，而“琢石则醴泉流

---

① 《魏书》卷九十四《王遇传》，2024页。

② 张焯：《〈大金西京武州山重修大石窟寺碑〉小议》，《中国文物报》2005年4月1日。

出”，则为岩层地下水出露，大范围渗水，这些都是石窟工程中常遇到的问题，其落脚于“灵感之大略”，则是借神灵感应以求得心里安慰，化解工程的不利情况，这也见于同时代的其他文献，如南朝时期造剡山石佛，雕至手掌处出现工程问题，“忽然横绝，改断下分，始合折中，方知自断之异，神匠所裁也”①。这些情况，都说明本段文字并非实写窟内鼓声、岩中泉水，而只是用委婉的方式反映开凿护国二龛时的工程问题，其所举事项，特别是凿石渗水，“醴泉流出”，也是云冈石窟的常见问题，现代还一直困扰石窟保护②，当时就更会有广泛影响，因此大多数洞窟开凿都当符合这一描述。

另外，石鼓、寒泉二洞，为明清以后的俗称③，它是否可以与金代的文献对应，也存疑问。在云冈，同一寺名，早晚所指会有差别，如灵岩寺，本当指整个云冈窟群④，后来却单指第3窟⑤。又如云冈十寺名称，前后也很不一致⑥。因此，将晚期

---

① 刘勰：《梁建安王造剡山石城寺石像碑》，录于孔延之编：《会稽掇英总集》卷十六，邹志方点校，人民出版社，2006年；摘录于欧阳询著：《艺文类聚》卷七十六《内典部上》，汪绍楹校，北京，中华书局，1965年。

② 黄克忠：《水在云冈石窟中的危害及防治》，《文物保护技术（第二辑）》，1982年。

③ 石鼓、寒泉二洞窟面题记、相关诗词及县志记载，最早不过明，参见崔晓霞：《云冈石窟寒泉小考》，《中国文物报》2012年3月12日。

④ “灵岩”寺名，在唐代以前的文献，见以下诸条：《水经注》卷十三《漯水》：“武州川水又东南流，水侧有石祗洹舍并诸窟室，比丘尼所居也。其水又东转径灵岩南，凿石开山，因岩结构，真容巨壮，世法所希，山堂水殿，烟寺相望，林渊锦镜，缀目新眺”，中华书局，316页；《续高僧传》卷一昙曜传“去恒安西北三十里，武周山谷北面石崖，就而镌之，建立佛寺，名曰灵岩。龛之大者，举高二十余丈，可受三千许人。面别镌像，穷诸巧丽；龛别异状，骇动人神。栉比相连，三十余里。东头僧寺，恒供千人。碑碣见存，未卒陈委”，12页；道宣：《广弘明集》卷二“谷深三十里，东为僧寺，名曰灵岩，西头尼寺，各凿石为龛，容千人”，上海古籍出版社，1991年；及《魏书》卷一一四《释老志》“景明初，世宗诏大长秋卿白整，准代京灵岩寺石窟，于洛南伊阙山为高祖、文昭皇太后营石窟二所”。其中除《广弘明集》外，其他三例均指向灵岩为全部云冈石窟的总名，而《广弘明集》所记谷东灵岩，是相对于整个三十里深的河谷大范围而言，如若从现今焦山石窟至云冈石窟来算，则云冈石窟整体位于谷东，因此也是指云冈石窟群。那么唐代以前云冈石窟当总称为“灵岩寺”。

⑤ 参见《金碑》及3窟考古发掘，云冈石窟文物研究所、山西省考古研究所、大同市博物馆：《云冈石窟第3窟遗址发掘简报》，《文物》2004年6期。

⑥ 云冈十寺之名，始见于《金碑》记载：一通示，二灵岩，三鲸崇，四镇国，五护国，六天宫，七崇教（碑文或作“崇福”），八童子，九华严，十兜率。金碑之后，十名曾有更改，《成化山西通志》卷五，十寺名为：一同升，二灵光，三镇国，四护国，五崇福，六童子，七能仁，八华严，九天宫，十兜率。

俗称与早期碑文记载对应也有讨论的余地。

护国寺的关键，如宿白先生所言，可能还当是“大而不全无年月可考”的“护国大碑”，这在云冈石窟似乎只有7、8窟前的丰碑才符合描述，其反映的是孝文帝所开皇家石窟的规制，与1、2窟这样的中型规模洞窟并不相称，而且现在也找不到1、2窟前有大碑的确凿证据①。另如金碑记载的护国东壁“拓国王骑从”的雕刻，反映的当是人物行列或故事题材，也非1、2窟独有，在中区5至10窟下栏都有雕凿。因此，本书认为，宿白先生所言7、8窟为护国寺的观点尚还有指导意义。

综上所述，本书认为《金碑》所记崇教寺可能为1、2窟②，护国寺可能为7、8窟，二期各主要洞窟开凿次第如宿白先生所论，但由于崇教寺这一时间坐标被定在相对较晚的1、2窟，因此其他各窟开凿时代均有所提前。这样，在太和迁都以前，中区各窟开凿的时间先后就较为匀称，从工程整体安排上看也较为合理，结合前文对各窟开凿用时的推测，则云冈主要编号洞窟开凿次序列表（表5.7）如下：

二期最早的工程为7、8窟，与一期昙曜五窟明确划开，这也是宿白先生的创见。从云冈石窟的整体营造工程来看，它更是反映了皇家工程从西区转移至中区，是窟群整体规划设计的更新。这一事件的背景，似可参考金碑引《云中图》所记：“文成和平八年、献文天安元年革兴造石窟寺，然未知有何所据”。《云中图》不见著录，和平“八”年也显然有误，因此，这段文献并不受关注，但文中既提及文成、献文与石窟寺的关系，在没有明确反证材料的情况下，也不宜当作毫无根据的史料。献文“和平六年（465年）夏五月甲辰即皇帝位……天安元年（466年）春正月乙丑朔大赦，改年”③，则和平“八”年有可能是和平“六”年之讹，提示献文即位改元这

① 道宣：《大唐内典录》所记“谷东石碑”，参见《大正藏》，No. 2149，第55卷，219～342页，是在整个30里长的沟谷大范围说的，不可能只现状云冈的东端，而是一区域，谷东指的很可能是现云冈区域，亦即当时的灵岩寺，因此，7、8窟外大碑才可能是谷东石碑，也是《金碑》所言护国寺的石碑，而1、2窟外的石碑不可能达到此等规模。

② 1、2窟可能为崇教寺的观点，曾布川宽先生已有论及，但他将13窟从中区石窟中独立出来，纳入云冈第一期，存在较大问题，参见曾布川寛：《雲岡石窟再考》，《東方學報》第八十三册，2008年。

③ 《魏书》卷六《显祖纪》，125～126页。

表 5.7　云冈各窟开凿次序

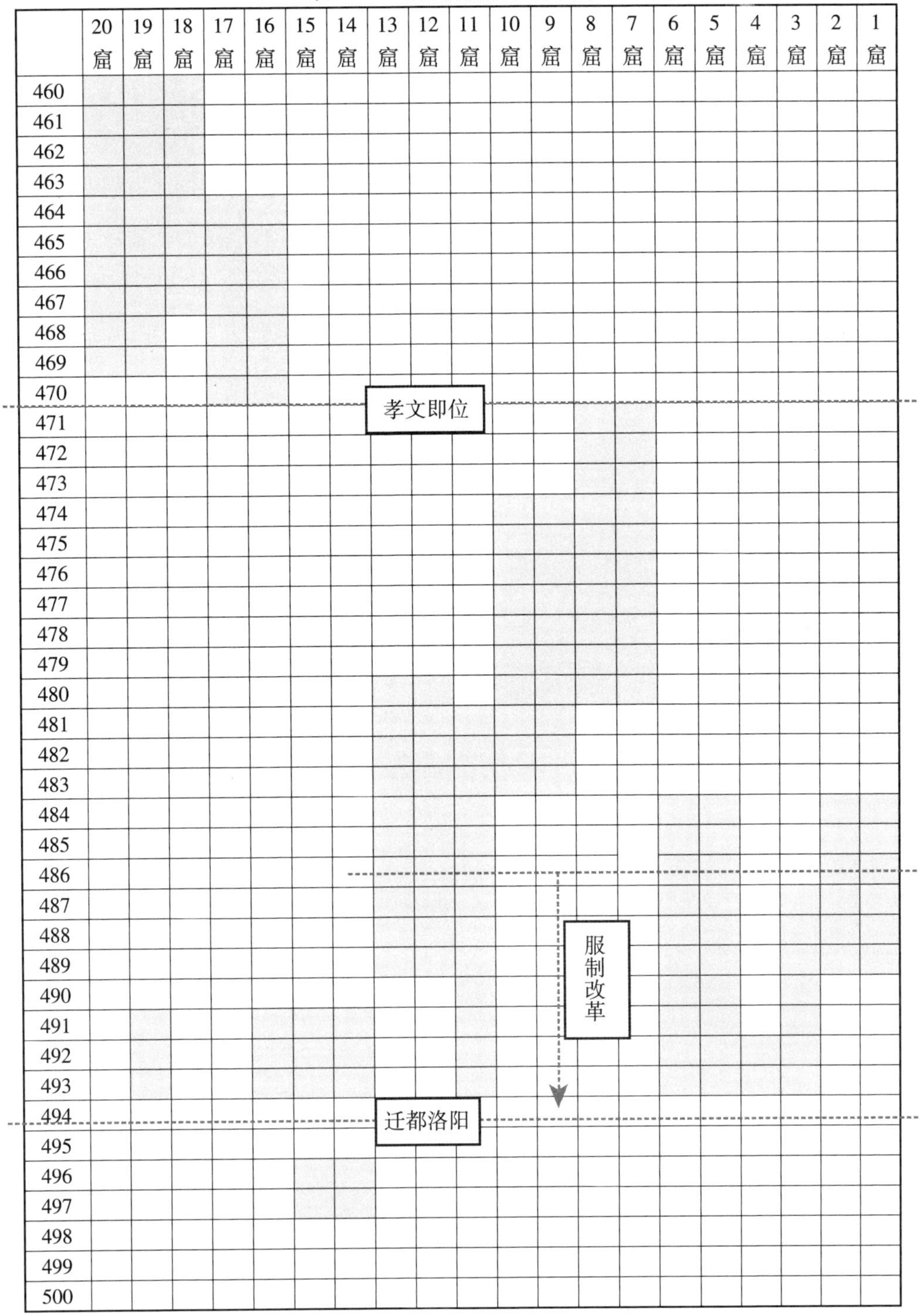

段时间，似有“革兴造石窟寺”之举。那么中区的规划设计，可能早至献文时期，但最终得以实施并开始石窟工程，则需要长时间的酝酿，至孝文时期，中区最早的7、8窟（护国寺）才可能开始施工。因此，似可以将献文、孝文时期中区石窟从规划设计到工程实施的连续过程统一考虑。而实际上，献文即位时仅11岁，其五年后禅位，即位的孝文帝更是年仅5岁，从献文至孝文初期，都是文成帝冯后临朝辅政，政事多经冯氏，则云冈中区石窟从规划设计到逐一落实，很可能是冯氏辅政所促成，也只有冯氏一直掌权，保证相关政策的延续性，才能确保云冈石窟这样的大型工程从规划构想到落地实施。

六　结语

将前文内容按历史先后顺序总结，则本书主要观点可归纳为以下几点：

①北魏作为北方少数民族建立的政权，入主中原后，定都于塞北平城，仍极为重视与北方草原一带的联系，而沿平城西山武州川水上行，经武州、善无至旧都盛乐的道路即为其中的重要纽带。该道路所经河谷两侧，大多是沟壑纵横的山地丘陵，唯在河道中游的武州山区域，山顶地势平坦，适合军队驻防和大型营建，因此，它既是重要的塞口，也是皇家往来两京、停驻祭祀礼拜的圣山。武州山南麓，由于河水的冲刷堆积，形成两级阶地，其一级阶地很早就开发利用，为沟通两京的沿河道路所在，北魏时期当拓展了道路宽度，对阶地后缘进行了一定程度的修斩。其二级阶地，距地面较高，阶地后缘坡度较大，为一自然的断崖。

②魏晋以后，佛教广泛传播，北魏皇家特别重视佛教，当时僧人也极力通过皇家力量传播佛法。太武帝灭佛之后，僧众更重视与政权的关系，皇家也通过控制佛教以加强对国家的统治、对人民的威信。因此，在"帝王即是当今如来"的思想下，由高僧昙曜倡议，文成帝于和平初为五帝开窟造像，洞窟正当山前道路，主要目的是供世人礼拜、宣传皇家威严和教化，而供僧众生活和修行的主要场所则安排在武州山顶。

最早的五座洞窟选择在武州山体西区开凿，这里自然断崖较高，依就山势，可大幅度减少斩山工作量。五窟整体设计为并排的组合窟群，各窟空间形式相同，均模仿造像龛，只是放大规模。窟内以正壁大像为主体，辅以胁侍像，而除窟顶以外的其他壁面一般没有统一设计，对壁面的控制力度较小。

洞窟的施工依就大像头、身、腿每一部分的设计高度，从上到下分层进行，开窟均借用山体二级阶地为自然坡道，修整阶地后缘自然断崖，开明窗向内掘凿上层空间，这一阶段的开窟工程完成后，随即跟进造像工程，而开窟工匠转移至窟外进行下层的斩山工作，两者交替进行，分层施工。造像工程以大像为主体，其他壁面引入社会各阶层力量开凿小型龛像，没有统一布局规划。因此，除主要像设一体完成外，壁面小型龛像大多散乱，但由于主体尊像突出，并不影响洞窟的整体视觉效果，而以壁面满布的龛像，起到了烘托、陪衬的作用。一期洞窟工程持续十余年，跨文成帝、献文帝时期，但并没有完全完工，直到孝文帝中后期才续凿完成。

③孝文帝时期，开启了云冈二期工程。这次工程仍由皇家主导，工程效仿一期列窟的组合形式，选择云冈中区重新整体规划，开凿并排的洞窟（5 至 13 – 4 窟）。在孝文帝后期，还应有新的开窟计划，在云冈东区营造规模宏大的第 3 窟，但由于几年后首都南迁，工程并未完成。

云冈二期的洞窟，不仅有大像窟，也新增了方室窟和中心柱窟，从原先对主体大像的营造发展为对整个窟室的营造。洞窟两侧竖立塔、碑，并模仿木构建筑，强化洞窟立面设计。洞窟内部加强对各壁面的控制，分栏布局，虽仍以正壁造像为主体，但其他壁面的龛像也一体规划，各龛像逐渐均一化，没有太明显的大小差别，以实现空间各方向平衡和谐的整体景观效果。施工中，部分室窟仍分层施工，但为了整体风格的统一，不再引入社会力量，而加强了各层施工的关联性。同时，另一部分室窟，当待分层开窟工程结束后，再搭架进行统一造像工程，这样更便于壁面空间的整合，营造更完善协调的洞窟空间。

④太和迁洛后，平城仍称为北都，还有大量留守的贵族、高官及一般居民，社会各阶层在云冈皇家窟群周边开窟造像的趋势有增无减，未受迁都太大的影响。这一时期开凿的洞窟较小，主要利用自然崖面或借用皇家洞窟斩山壁面开凿，集中在云冈西端和龙王沟西侧的自然断崖上，这些营造工程对云冈石窟的整体景观已影响不大。

⑤北魏云冈石窟，在迁都前一直由皇家主导，社会各阶层参与，对如此复杂的

人群和巨大的工程进行有效管理，不仅需要完善的空间规划和设计，也需要灵活的施工组织。从云冈一期至二期，石窟总体虽按组群整体规划，但各洞窟的空间形式却由像窟向室窟转变，开凿工程也渐由分层施工过渡到统一施工，对工程的控制力度逐渐加强，这些都影响到洞窟的施工结果，直观地反映为洞窟空间、形式的历时变化。通过石窟营造工程的分析，可能有助于阐释石窟中各变化的产生原因。

本书从石窟工程角度出发，考察相关的工程遗迹，不仅包括人为遗迹，也包括自然遗迹；不仅包括石窟龛像、纹饰，也包括斩山、开窟、造像、搭架等各项工事活动施工过程中所留下的遗迹。这些不同类型的遗迹，需在洞窟空间范畴内进行整体的考察。其主要的方法，是分析不同遗迹之间的空间关系。

空间关系不仅包括了石窟空间宏观的布局关系、层位关系（包括自然阶地地貌），也包括了微观的组合、打破、避让、依附、对称和结构关系等。石窟营造工程遗迹间的空间关系，多对应着不同遗迹产生的时间先后关系，通过对空间关系的分析，可以梳理各项营造活动的先后，并以此探究营造工程的具体过程。这种分析方法，实际上是对同一空间中不同遗迹时间关系的梳理，可视为考古层位学在石窟研究中的具体应用。

相对于这种方法，考古类型学在石窟研究中应用较早，也更为广泛，但如其他领域的考古研究一样，需将层位学和类型学方法相互结合，才有助于全面地考察考古遗迹，避免从单一方法出发导致的认识缺陷。相对来说，类型学更适合长时段现象的考察，而如果应用于较短的时间范围，就需考虑到变化趋势离散的风险。如云冈中期绝大多数石窟，工程施工恰经历服制改革，这数年乃至十余年的时间中，很可能新旧两种形式并存，运用类型学方法较难判断造像的早晚关系。而若简单地以新、旧式龛像区将一座洞窟的开凿分为两个阶段，将旧式归为洞窟原始工程，新式归为后期补凿，则容易把一座新旧造像混杂的洞窟，认为是原始工程停工、后期补凿而成，也容易将洞窟中体量或位置不规整的龛像都归入晚期补凿。而如果结合空间关系的考察，可以发现许多新式或位置散乱的龛像不一定是晚期补凿，也可能从属于洞窟的原始工程。

因此，在石窟寺研究中使用的层位学和类型学方法，都需要结合石窟工程自身的特点加以灵活应用并互相检验。通过石窟营造工程遗迹间的空间关系，可以发现一些新的现象，这些客观存在的现象是石窟考古基础资料的一部分，对这些现象的分析也有助于更为全面、整体地考察石窟。以上研究视角、方法和观察到的现象，是本书的重点所在，而在本书最后提出的一些看法和认识，只是笔者在研究过程中对现象的思考和解释，考虑不周的地方，请各位读者批评指正。

参考文献

中文部分

白志谦编：《大同云冈石窟寺记》，北京，中华书局，1936 年。

北京师范大学地理系二年级大同实习队自然地理小组：《大同附近自然地理》，《北京师范大学学报（自然科学版）》1958 年 2 期。

长广敏雄、水野清一著：《云冈发掘记（一）、（二）》，分见于《云冈石窟》第七卷和第十五卷。后有中文翻译，曹臣明译：《云冈石窟发掘记（一）、（二）》，《山西省考古学会论文集（二）》，山西人民出版社，1994 年。

长广敏雄：《云冈石窟第九、第十双窟的特征》，《中国石窟·云冈石窟（二）》，文物出版社，1994 年。

长广敏雄著，王雁卿译：《云冈日记——战争时期的佛教石窟调查》，北京，文物出版社，2009 年。

陈寅恪著：《陈寅恪魏晋南北朝史讲演录》，万绳楠整理，合肥，黄山书社，2000 年。

陈垣：《记大同武州山石窟寺》，《东方杂志》第 16 卷第 2、3 号，1919 年，辑录于《陈垣学术论文集》第一集，北京，中华书局，1980 年。

陈悦新：《读水野清一、长广敏雄〈云冈石窟〉》，《文物》2009 年 1 期。

初师宾：《石窟外貌与石窟研究之关系——以麦积山石窟为例略谈石窟寺艺术断代的一种辅助方法》，《西北师大学报（社会科学版）》1983 年 4 期。

崔晓霞：《云冈石窟寒泉小考》，《中国文物报》2012 年 3 月 12 日。

道宣：《大唐内典录》，参见《大正藏》，No. 2149，第 55 卷。

道宣：《广弘明集》，上海，上海古籍出版社，1991 年。

道宣：《续高僧传》，郭绍林点校，北京，中华书局，2014 年。

邓仲元、高俊英：《仁寿县牛角寨摩崖造像》，《四川文物》1990 年 5 期。

董瑞山编：《北魏平城研究文集》，太原，山西人民出版社，2008 年。

杜佑：《通典》，王文锦等点校，北京，中华书局，1988 年。

敦煌研究院编：《敦煌莫高窟供养人题记》，北京，文物出版社，1986 年。

范晔：《后汉书》，点校本，北京，中华书局，1965 年。

房玄龄等：《晋书》，点校本，北京，中华书局，1974 年。

傅熹年：《日本飞鸟、奈良时期建筑中所反映出的中国南北朝、隋唐建筑特征》，《文物》1992 年 10 期。

傅熹年主编：《中国古代建筑工程管理和建筑等级制度研究》，北京，中国建筑工业出版社，2012 年。

傅熹年主编：《中国古代建筑史》第二卷，北京，中国建筑工业出版社，2001 年。

谷敏：《北魏时期的云冈石窟》，山西大学硕士论文，2013 年。

杭侃：《云冈第 20 窟西壁坍塌的时间与昙曜五窟最初的布局设计》，《文物》1994 年 10 期。

杭侃：《云冈石窟的开凿工程》，《中国文化遗产》2007 年 5 期。

杭侃：《云冈石窟第 3 窟开凿遗迹所反映的问题》，《石窟寺研究（第二辑）》，文物出版社，2011 年。

河南省文化局文物工作队编：《巩县石窟寺》，北京，文物出版社，1963 年。

贺世哲：《从供养人题记看莫高窟部分洞窟的营建年代》，载于敦煌研究院编：《敦煌莫高窟供养人题记》，文物出版社，1986 年。

黄继忠：《云冈石窟地质特征研究》，《东南文化》2003 年 5 期。

黄继忠：《云冈石窟地质特征研究》，《东南文化》2003 年 5 期。

黄克忠：《水在云冈石窟中的危害及防治》，《文物保护技术》第二辑，1982 年。

慧皎：《高僧传》，汤用彤校注，北京，中华书局，1992 年。

慧祥：《古清凉传》，陈扬炯、冯巧英校注，太原，山西人民出版社，2013 年。

吉村怜：《天人诞生图研究》，上海，上海古籍出版社，2009 年。

吉村怜：《云冈石窟编年论——宿白、长广学说批判》，《国华》1140 号，1990 年，译文见于吉村怜著：《天人诞生图研究》，上海古籍出版社，2009 年。

吉村怜著：《论昙曜五窟》，《天人诞生图研究》，上海古籍出版社，2009 年。

姜怀英、员海瑞、解廷凡：《云冈石窟新发现的几处建筑遗址》，《中国石窟・云冈石窟（一）》，文物出版社，1991 年。

孔延之：《会稽掇英总集》，邹志方点校，北京，人民出版社，2006 年。

李超荣、解廷琦、胡平：《大同市小站的旧石器》，《人类学学报》1986 年第 5 卷 4 期。

李超荣、解廷琦、唐云俊：《大同青磁窑旧石器遗址的发掘》，《人类学学报》1983 年第 2 卷 3 期。

李崇峰：《佛教考古：从印度到中国》，北京，上海古籍出版社，2014 年

李昉等：《文苑英华》，影印本，北京，中华书局，1966 年。

李海、陈顺喜、陈昆松、贾云波、解廷凡、黄继忠：《云冈石窟彩绘颜料初步分析》，《文物》1998 年 6 期。

李诫：《营造法式》，梁思成：《营造法式注释》，《梁思成全集》第七卷，北京，中国建筑工业出版社，2001年。

李林甫等：《唐六典》，陈仲夫校，北京，中华书局，1992年。

李淞：《彬县大佛开凿时间新考》，《文博》1995年4期。

李星学：《大同发现史前细石器》，《科学通报》1950年8期。

李延寿：《北史》，点校本，北京，中华书局，1974年。

李永宁：《敦煌莫高窟碑文录及有关问题（一）》，《敦煌研究》1982年1期。

李玉昆：《龙门石窟零拾》，《中原文物》1986年1期。

李裕群：《麦积山石窟东崖的崩塌与隋代洞窟判定》，《考古》2013年2期。

李裕群：《山西平定开河寺石窟》，《文物》1997年1期。

李治国、刘建军：《北魏平城鹿野苑石窟调查记》，《中国石窟·云冈石窟（一）》，文物出版社，1991年。

郦道元：《水经注》，陈桥驿校证，北京，中华书局，2007年。

梁思成、林徽因、刘敦桢：《云冈石窟中所表现的北魏建筑》，《中国营造学社汇刊》第4卷3~4期，1933年。

麟庆纂辑：《河工器具图说》卷四，万有文库第二集，北京，商务印书馆，1937年。

刘慧达：《北魏石窟与禅》，《考古学报》1978年3期。

刘建军：《北魏洞窟究竟是如何开凿的》，《中国文物报》2006年12月22日第7版。

刘建军、王克林、曹承明：《洞窟开凿技术揭秘——云冈石窟第三窟遗址》，《中国十年百大考古新发现》，文物出版社，2002年。

刘建军：《新中国云冈石窟的考古发现》，《中国文化遗产》2007年5期。

刘建军：《云冈山顶佛塔基址发现及其相关问题》，《北魏平城研究文集》，山西人民出版社，2008年。

刘景龙、李玉昆：《龙门石窟碑刻题记汇录》，北京，中国大百科全书出版社，1998年。

刘景芝：《山西大同青磁窑旧石器遗址的新发现》，《考古》1990年9期。

柳宗元：《柳河东集》，上海，上海人民出版社，1974年。

龙门文物保管所、北京大学考古系编：《中国石窟·龙门石窟（二）》，北京，文物出版社，1992年。

龙门文物保管所、北京大学考古系编：《中国石窟·龙门石窟（一）》，北京，文物出版社，1991年。

鲁迅：《徐法智墓志考》，《鲁迅全集》第八卷，《集外集拾遗补编》，人民文学出版社，2005年。

木下李太郎、木村莊八：《大同石佛寺》，東京，日本美術學院，1921年。

欧阳询著：《艺文类聚》，汪绍楹校，北京，中华书局，1965年。

彭金章、王建军编写：《敦煌莫高窟北区石窟（一）》，北京，文物出版社，2000年。

丘光明：《中国历代度量衡考》，北京，科学出版社，1992年。

山西省考古学会、山西省考古研究所编：《山西省考古学会论文集（二）》，太原，山西人民出版社，1994 年。

山西省考古学会、山西省考古研究所编：《山西省考古学会论文集（三）》，太原，山西古籍出版社，2000 年。

山西省考古研究所、大同市博物馆、云冈石窟文物研究所：《关于云冈石窟窟前遗址发掘工作成果的初步报告》，1993 年，北大图书馆宿白赠书室藏。

山西省文物工作委员会编：《云冈石窟》，北京，文物出版社，1977 年。

山西云冈石窟文物保管所编：《云冈石窟》，北京，文物出版社，1973 年。

山西云冈石窟文物保管所：《新编云冈石窟窟号的说明》，《文物》1988 年 4 期。

山西云冈石窟文物研究所：《关于云冈石窟新编窟号的补充说明》，《文物》2001 年 5 期。

石松日柰子：《云冈第 11 窟太和七年邑义造像和武州山石窟寺的变化》，云冈石窟研究院编：《2005 年云冈国际学术研讨会论文集·研究卷》，文物出版社，2006 年。

石松日柰子：《云冈中期石窟新论——沙门统昙耀的地位丧失和胡服供养人像的出现》，《考古与文物》2004 年 5 期。

司马迁：《史记》，点校本，北京，中华书局，1959 年。

宿白：《编写龙门窟龛档案和考古报告应予关注的几个问题》，《石窟寺研究（第一辑）》，文物出版社，2010 年。

宿白：《〈大金西京武州山重修大石窟寺碑〉的发现与研究——与日本长广敏雄教授讨论有关云冈石窟的某些问题》，《中国石窟寺研究》，文物出版社，1996 年。

宿白：《〈大金西京武州山重修大石窟寺碑〉校注——新发现的大同云冈石窟寺历史材料的初步整理》，《中国石窟寺研究》，文物出版社，1996 年。

宿白：《汉唐宋元考古——中国考古学（下）》，北京，文物出版社，2010 年。

宿白：《恒安镇和恒安石窟》，《中国石窟寺研究》，文物出版社，1996 年。

宿白：《平城实力的集聚和“云冈模式”的形成与发展》，《中国石窟寺研究》，文物出版社，1996 年。

宿白：《新疆拜城克孜尔石窟部分洞窟的类型与年代》，《中国石窟寺研究》，文物出版社，1996 年。

宿白：《云冈石窟分期试论》，《中国石窟寺研究》，文物出版社，1996 年。

宿白：《中国佛教石窟寺遗迹——3 至 8 世纪中国佛教考古学》，北京，文物出版社，2010 年。

宿白：《中国石窟寺研究》，北京，文物出版社，1996 年。

王柏中：《北魏国家宗庙祭祀制度考述》，《北朝史研究》，商务印书馆，2004 年。

王恒：《云冈双窟研究》，《敦煌研究》2003 年 4 期。

王世仁：《北魏平城明堂制度考略》，《中国建筑史论汇刊》第二辑，清华大学出版社，2009 年。

王雁卿：《大同北魏方山永固陵出土的雕刻器具》，《文博》2012 年 4 期。

王银田、曹臣明、韩生存：《山西大同市北魏平城明堂遗址1995年的发掘》，《考古》2001年3期。

王银田、曹彦玲：《北魏平城明堂遗址研究》，山西省考古学会、山西省考古研究所编：《山西省考古学会论文集》，山西古籍出版社，2000年。

魏收：《魏书》，点校本，北京，中华书局，1974年。

魏征：《隋书》，点校本，北京，中华书局，1973年。

魏正中：《区段与组合——龟兹石窟寺院遗迹的考古探索》，上海，上海古籍出版社，2013年。

温玉成：《龙门古阳洞研究》，《中原文物》1985年特刊。

温玉成：《唐代龙门十寺考察》，《中国石窟·龙门石窟（二）》，文物出版社，1992年。

巫鸿主编：《汉唐之间的宗教艺术与考古》，北京，文物出版社，2000年。

吴焯：《克孜尔石窟兴废与渭干河谷道交通》，巫鸿主编：《汉唐之间的宗教艺术与考古》，文物出版社，2000年。

夏邦栋：《普通地质学》第二版，北京，地质出版社，1995年。

萧默：《敦煌建筑研究》，文物出版社，1989年；该书后经萧默先生修改增订，于2003年再版，见萧默《敦煌建筑研究》，北京，机械工业出版社，2003年。

萧易：《巴蜀大佛多》，《中国国家地理》2012年12期。

小泽正人：《云冈石窟第6窟上层龛如来立像制作一考》，云冈石窟研究院编：《2005年云冈国际学术研讨会论文集·研究卷》，文物出版社，2006年。

徐梦莘《三朝北盟会编》，影印本，上海，上海古籍出版社，1987年。

徐苹芳：《中国石窟寺考古学的创建历程——读宿白先生〈中国石窟寺研究〉》，《文物》1998年2期。

严耕望：《唐代交通图考》第五卷，上海，上海古籍出版社，2007年。

杨宝顺：《河南安阳灵泉寺石窟及小南海石窟》，《文物》1988年4期。

杨泓：《云冈第六窟的佛本行故事雕刻》，《现代佛学》1963年2期，收录于云冈石窟文物研究所编：《云冈百年论文选集（一）》，文物出版社，2005年。

喻维国：《石窟工程概述》，《科技史文集》第7辑，上海科学技术出版社，1981年。

员小中：《云冈石窟第5、6窟相关问题探讨》，《文物世界》2009年3期。

云冈石窟文物保管所编：《中国石窟·云冈石窟（二）》，北京，文物出版社，1994年

云冈石窟文物保管所编：《中国石窟·云冈石窟（一）》，北京，文物出版社，1991年

云冈石窟文物管理所文物保护科学技术研究所：《云冈石窟建筑遗迹的新发现》，《文物》1976年4期。

云冈石窟文物研究所编：《云冈百年论文选集（一）（二）》，北京，文物出版社，2005年。

云冈石窟文物研究所编：《云冈保护五十年》，北京，文物出版社，2005年。

云冈石窟文物研究所、山西省考古研究所、大同市博物馆：《云冈石窟第3窟遗址发掘简报》，《文物》

2004年6期。

云冈石窟研究院编：《2005年云冈国际学术研讨会论文集·研究卷》，北京，文物出版社，2006年。

云冈石窟研究院编：《云冈石窟》，北京，文物出版社，2008年。

张焯：《〈大金西京武州山重修大石窟寺碑〉小议》，《中国文物报》2005年4月1日。

张焯：《云冈石窟编年史》，北京，文物出版社，2006年。

张庆捷、江伟伟：《云冈石窟窟顶北魏至辽金佛教寺院遗址的新发现》，《中国文物报》2011年12月7日。

张庆捷、李白军、江伟伟：《山西云冈石窟窟顶北魏寺院遗址》，《2010中国重要考古发现》，文物出版社，2011年。

张庆捷：《山西大同云冈石窟窟顶北魏寺庙遗址》，《中国考古新发现年度记录2010》，中国文物报社，2011年。

张庆捷：《云冈石窟窟顶北魏寺庙遗址考古发掘》，《中国文物报》2011年1月7日。

张雯：《云冈与龙门——中原北方北魏中心石窟之关系》，北京大学博士研究生学位论文，2013年。

赵昆雨：《云冈第11窟营凿的几个问题》，《2005年云冈国际学术研讨会论文集·研究卷》，文物出版社，2006年。

赵昆雨：《云冈第6窟佛本行故事雕刻内容再识》，《文物世界》2004年5期。

赵昆雨：《云冈石窟造像服饰雕刻特征及其演变》，《文物世界》2003年5期。

赵曙光：《龙王庙西侧古代遗址清理简报》，《中国石窟·云冈石窟（二）》，文物出版社，1994年。

郑玄注，［唐］贾公彦疏：《周礼注疏》，影印本，北京，中华书局，1980年。

中国科学院自然科学史研究所主编：《中国古代建筑技术史》第3版，北京，科学出版社，2000年

中国科学院自然科学史研究所主编：《中国古代建筑技术史》第三版，科学出版社，2000年。

钟晓青：《北魏洛阳永宁寺塔复原探讨》，《文物》1998年5期。

钟晓青：《钟晓青中国古代建筑史论文集》，沈阳，辽宁美术出版社，2013年。

周国信、程怀文：《云冈石窟古代壁画颜料剖析》，《考古》1994年10期。

朱启钤：《中国营造学社开会演词》，《中国营造学社汇刊》，1930年7月第一卷第1册。

佐藤工业株式会社技术本部吉村恒等《昙曜五窟营造工程探讨》，［日］吉村怜著：《天人诞生图研究》，上海古籍出版社，2009年。

日文部分

八木春生：《雲岡石窟に見られる「籐座式柱頭」についての一考察》，《佛教藝術》197號，1991年。

長廣敏雄:《雲岡石窟の谜》,《佛教藝術》134 號, 1981 年。

李静杰:《雲岡第九、十窟の圖像構成について》,《佛教藝術》267 號, 2003 年。

水野清一、長廣敏雄《雲岡石窟 : 西曆五世紀における中國北部佛教窟院の考古學的調查報告》, 東方文化研究所調查, 昭和十三年——昭和二十年, 卷一 - 卷十六, 京都: 京都大學人文科學研究所, 1951 - 1956 年。

小川晴暘:《大同の石仏》, 東京, アルス, 1941 年。

長廣敏雄:《雲岡石窟　中國文化史蹟》, 世界文化社, 1976 年。

常盤大定、關野貞:《支那佛教史蹟》, 東京, 佛教史跡研究會, 1925 ~ 1928 年。

常盤大定、關野貞:《支那文化史蹟》1 - 12 輯, 東京, 法藏館, 1939 ~ 1941 年。

大村西崖:《支那美術史・彫塑篇》, 東京, 仏書刊行會図像部, 1915 年。

山本讃七郎:《震旦舊跡圖匯・第一編・雲岡石窟》, 山本寫真館, 1924 年。

市川啻三:《大同石佛大觀》, 京都, 原邑寫真精版印刷社美術圖書出版部, 1925 年。

松本书三郎:《支那仏教遺物》, 東京, 大鐙閣, 1919 年。

田中俊逸、小野玄妙:《大同石佛寫真集》, 東京, 東洋古美術研究會, 1922 年。

小野玄妙:《佛教美術》, 東京, 甲子社書房, 1926 年。

新海竹太郎、中川忠順:《雲岡石窟》, 東京, 文求堂書店、山本寫真館, 1921 年。

伊東忠太:《支那山西雲岡の石仏寺》,《國華》197、198 號, 1906 年。

曾布川寛:《雲岡石窟再考》,《東方學報》第八十三册, 2008 年。

佐藤孝任:《雲岡大石窟》, 北京, 華北正報社, 1924 年。

英文部分

Édouard Chavannes, *Mission archéologiquedans la Chine septentrionale*, Paris: Leroux, 1913.

Hedda Morrison, *Travels of a photographer in China*, 1933 - 1946, Hong Kong: Oxford University Press, 1987.

Mary Augusta Mullikin, Anna M. Hotchkis , *Buddhist sculptures at the Yun kang caves*, Peiping: Henri Vetch, 1935.

Perzyński, Friedrich, *Von Chinas Göttern : Reisen in China*, Munchen: Kurt Wolff, 1920.

Sirén, Osvald, *Chinese sculpture from the fifth to the fourteenth century : over* 900 *specimens in stone, bronze, lacquer and wood, principally from northern China*, London: E. Benn Ltd, 1925.

附录一

实验考古——模拟开龛过程

2014 年 9 月 22 日至 10 月 17 日，北京大学考古文博学院与巩义市政府、文物局及相关单位合作，在巩义市青龙山慈云寺景区进行了佛教实验考古第一期工作。

佛教实验考古是用传统石作工艺，模拟开凿窟龛，通过实验过程了解窟龛开凿的基本工序、工具、工时、人工组织以及工程中会遇到的问题，以期对古人工程营造活动有更深入的认识。规划先由较为简单的龛开始实验，逐步发展到模拟开凿大型石像、石窟。首先以巩县石窟第四窟西壁中心龛为原型模拟开龛，该龛1米见方，体量较小，适合作为第一期实验对象。

附图 1.1　原龛正射影像图

我们通过现场测绘，以该龛的正射影像图为底图进行开龛实验（附图 1.1）。为反映开龛的进程，除最终完成龛外，另设置两个过程龛以反映施工过程中的重要节点。此次实验以忠实地记录工匠施工过程为原则，两个过程龛所反映的营造阶段，也由工匠具体施工过程而定。

先期规划之后，首先需要确定开龛

的地点。此三龛呈现了一个开凿过程，易于大众理解接受，有一定展示效果，因此选址于景区内人流密集、佛教氛围浓厚的慈云寺附近。在通往慈云寺的道路一侧，恰有一处岩体向后退让出了一个较为宽敞的空间，岩面斜侧迎向上山道路。岩壁上间隔分布有适于开龛的石灰岩层和不宜开龛的页岩层，其中间一层的石灰岩层较为完整，厚度也超过计划开龛的高度，是理想的实验地点（附图 1.2）。

附图 1.2　开龛选址环境

选址确定之后，需要解决开龛布局的问题：此处岩层略倾斜于水平面，三龛是顺着斜向岩层布局？还是垂直布龛呢？在实验现场，我们以等比图纸模拟两种不同的布局效果，对比后发现，在斜向的道路、斜向的岩层的环境中，整个空间的感觉是倾斜的，因此顺岩层布龛在这样的环境中比较自然，并不会感觉到龛面倾斜，而垂直布龛感觉生硬，与环境难

附图 1.3　顺岩层布龛效果

附图 1.4　垂直布龛效果

附图 1.5　壁面抛荒

附图 1.6　剁平壁面

附图 1.7　粘贴图纸

以融合（附图 1.3、1.4）。这一选择过程提示我们古人开龛造像时也可能遇到类似的问题，他们又如何处理各龛布局与岩层走向和周边环境的关系，是由此次实验过程引发的新问题。

结束规划设计工作后，开龛实验进行到施工阶段，以下简要地介绍施工过程。

首先，是施工的准备工作。包括搭建脚手架铺设工作平台、设置工程围护以及施工工具的准备。

第二步是壁面抛荒，即使用锤子和大钢钎把自然起伏的壁面打凿平整。所使用的锤子较特别，锤身略曲，锤柄不在锤身的正中，而位于其偏后的一端，这样更便于运力。使用的钢钎为圆头，正面平刃，侧面立刃，两个方向都可用来去除石料，在抛荒以及后续的造型阶段，都是主要的工具。抛荒阶段使用的钎头较大，便于粗凿，工匠在壁面上每隔 2 ~3 厘米开一錾（附图 1.5）。

第三步是在抛荒的基础上

使用剁斧平整壁面起伏的錾痕。剁斧两侧都有刃，工匠双手持斧，垂直壁面密剁，此步骤后，壁面基本平整（附图1.6）。

第二、三步工作是为第四步粘贴图纸提供一个平面，粘贴图纸前，先用墨线在壁面上划定每个龛的范围，之后以乳胶将正射影像图粘于壁上。这一步对应于古代石窟营造中对照粉本描图的工序，此项工作技术要求较高，现代的工匠已无这方面技能，因此以原型窟的正射影像图代替粉本（附图1.7）。

第五步是龛内抛荒，即对应图纸，将龛内造像周围的石材去除，形成一内部空间（附图1.8）。

以上五步工作都是三龛统一进行，2 ~3 人同时施工，耗时4天。在第五步工作完成后，抛荒的工匠离开，由具有造型能力的工匠进行后续工作。

第六步是分位出坯，即依照图纸，将龛面轮廓及造像的位置和基本造型确定（附图1.9）。

第七步是粗成形阶段，确定龛内及周边各部分的轮廓。此步骤中，整个龛面根据雕凿复杂程度不同分为了两大部分，一部分是龛楣、帷幕等装饰部分，虽线条复杂，但为平面线条勾勒的图案，不需要立体造型，雕凿较易；而另一部分是主尊、胁侍、狮子等造像部分，虽为浮雕，但要表现圆雕的立体感，需立体的造型能力。因此，装饰部分在粗成形确定了纹样的轮廓后就已基本定型，而造像部分在粗成形阶段，主要是确定造像各个方向的轮廓，由于正射影像图所给出的轮廓只有一个维度，补充身体侧面的形态需要精准的造型能力，因此需对应照片不断描图施工。此阶段中专门安排一天前往石窟寺对原型龛进行观察和测量，补充造像各角度的体态特征，以便后阶段工作的开展。而龛面装饰部分，由于较为简单，完成粗成形工作后，就提前进入打磨阶段，使用的工具为抓子和刀子，抓子和刀子都为扁刃，但抓子在刃面上有两道槽，类似于平整土地用的耙子，利于平整凿痕密布的壁面，抓子刷凿过一遍后，再用刀子进行细加工。这一阶段的工作结束后，龛面装饰和造像两部分的进度有了明显的快慢区分（附图1.10）。

第六、七两步工作共耗时10天。

第八步，是造像的细成形阶段，这一阶段由工匠中经验丰富的师傅施工，此前的阶段中师傅主要负责指挥其他工匠施工。此阶段工作是雕凿造像头部、手部、裙

附图 1.8　龛内抛荒

附图 1.9　分位出坯

附图 1.10　造像粗成形

摆等部分的细节，加工后造像的形态基本完成。雕凿过程由主尊的头部开始，从上往下施工，再处理胁侍和狮子。以头部为例，首先确定中轴线以及五官的位置，再用刃宽 1 ~2 毫米的铁錾精细加工。在造像的细成形阶段的同时，其余工匠继续对装饰部分进行打磨（附图 1.11、1.12）。

第九步，是整体打磨，用抓子和刀子对造像的表面进行平整，使石面光滑。打磨阶段不仅在平整石面，也使用刀子，对造像的细部纹样，如主尊、胁侍身上的细衣纹、狮子身上的鬃毛等进行最后定形加工（附图 1.13）。

第八、九步工作又耗时 12 天，龛才最终完成。

以上施工过程，共计花费 26 天时间。设计的两过程龛，主要反映分位出坯阶段以及粗成形阶段，以对应施工工序和人工组织的主要节点（附图 1.14）。

附图 1.11　造像头部雕刻

附图 1.12　造像细成形

附图 1.13　整体打磨

在施工过程中我们也遇到一些问题，这很可能也是古人营造石窟时的常见问题，有宜于反观古代的开龛工程，此处作简要说明。

第一个问题是布龛与岩层走向的关系，此次实验中采取顺岩层布龛的方式。

第二个问题是对岩壁中的裂缝的处理，此次实验选择的壁面虽然外观较完整，但平整表面后发现岩石内部还是有裂缝存在。在施工过程中遇到雨天，雨水就会由裂缝中渗出，不仅不利于描线和加工，也引起裂缝附近岩体的脱落，其中一个过程龛的龛楣就被破坏，实验中保留了这一痕迹。岩体裂缝太大，还会严重干扰造型，另一个实验项目小型塔龛的开凿就因裂缝造成无法开龛，因此需沿裂缝去除石渣，凿出缺口，再补上石块统一造型。此种问题在古代石窟营造中也会遇到，古人也采用同样的方法，剔除裂缝填补石块后统一造型。

第三个问题是岩壁的凹陷缺损，石作中凸出的部分的可

附图 1. 14　三龛最终完工情况

以减去，但凹陷的部分无法补充，自然壁面上难免有凹陷和缺损，这对开龛造型都有影响，需要在施工过程中随壁面形势进行加工。

第四个问题是造型错误，由于原形龛两侧帷幕部分有较大残损，需要进行一定程度的复原工作，但复原中容易出现问题。如龛中一道帷幕褶纹的复原就出现了错误，经过对比观察后，一处能进行一定程度的修正，但另一处褶纹就偏差较大，已无法修改。这种情况，在古代营建过程中也同样存在。

第五个问题是石面的打磨，原有认识中，造像最后是靠砂石打磨的，但根据工匠的经验，并在对原龛进行仔细观察时发现了其身上残存的刀痕，因此此次实验中选择使用刀子打磨的方式。现代使用的合金工具较古代的铁质工具硬很多，虽加工容易，但仅加工几遍后造像表面就过于光滑，没有了原来的质感。因此实验中尝试了几种不同深度的打磨方式，最后选取了仅以刀子加工 1 ~2 遍的方式，留下一些粗疏的刀痕。

第六个问题是石质问题，此处石壁石质坚硬，适于造型，但质地过脆，在细加工和打磨的过程中容易崩落，造成造像表面的坑凹，这种缺陷在整个龛面都有表现。同样，巩县石窟中也存在这种情况，这应该是造像后还要衬底上彩的原因之一。

以上，是此次佛教实验考古的基本内容，在规划设计和施工过程中我们都遇到了不少问题，最后的成果也不可能尽善尽美。但相较于成果，实验考古更在乎的是过程，通过实验过程我们能够体会到古代工匠可能面对的实际问题，以此反观他们的营造成果，提示我们注意造像身上残存至今的施工痕迹，通过它，可以尽可能去回溯古人的营造活动，了解他们为此付出的巨量劳动，其中有时间的消磨但更有设计和施工的智慧，这对于今人来说也是难得的财富。

附录二

云冈石窟窟檐建筑

窟檐建筑，指的是结构于崖壁之前，覆盖住洞窟立面的木构建筑，它们依附于洞窟存在，可视作石窟工程向前的拓展，而搭建了窟檐建筑后，石窟立面景观和礼拜方式也会发生很大变化，因此，有必要将窟檐建筑工程与石窟工程结合在一起考虑。

窟檐建筑研究的关键问题是它的时代，这直接关系到北魏时期云冈石窟的整体景观。当时的石窟群是自始至终都是连排的窟洞，还是在北魏后期就被窟檐建筑覆盖？这一问题，历来争议较大，其源于曾在北魏末亲历云冈石窟的郦道元所记：

> 其水又东转径灵岩南，凿石开山，因岩结构，真容巨壮，世法所希，山堂水殿，烟寺相望，林渊锦镜，缀目新眺①。

其中“山堂水殿”一词，似乎指向当时石窟前河岸边就有窟檐建筑，但对于这一富有诗意的记载，各人的理解却不相同，有人认为即壁面上大型梁孔所对应的木构建筑，有人认为是窟前河水中建造的寺院殿堂，有人认为是如9、10、12窟一样的石质仿木构窟檐，还有人认为是窟顶建筑倒映于窟前河水中。这种种猜想，使人们对窟前建筑的发掘充满期待②，其后日本学者调查云冈时就进行了小规模的发掘，

---

① 郦道元：《水经注》卷十三《漯水》，316页。

② 梁思成、林徽因、刘敦桢对窟前建筑有过探讨，充满疑问，认为“云冈岩前建筑问题，惟有等候于将来有程序的科学发掘了”。见梁思成、林徽因、刘敦桢：《云冈石窟中所表现的北魏建筑》，《中国营造学社汇刊》第4卷3~4期，1933年。

发现的遗迹以辽金时期的居多，后来宿白先生发现《大金西京武州山重修大石窟寺碑》，其中记载的十寺，渊源似很难上溯到北魏，而与辽金的大规模重建相关，因此，学术界倾向于认为洞窟壁面上大型梁孔所对应的窟檐建筑当为辽金所建①。新中国成立后，配合石窟修缮工程，又对窟前遗址进行了大规模的发掘，考古发掘发现了与洞窟壁面上梁孔对应的柱穴，而根据柱穴开口的地层及其伴出的遗物可判断建筑年代。但考古地层的年代判断很难直接与历史时代对应，且当时工作时间有限，整理和研究工作又没有充分展开，因此，虽然发掘者初步认为柱穴年代可能至北魏，但仍没有肯定的证据，相关的资料至今仍没有公布。

在这样的情况下，需借助其他方法来讨论壁面梁孔所对应的窟檐建筑年代，而壁面梁孔，不仅与地面柱穴有共存关系，在洞窟明窗侧壁上，还有与它有空间结构关系的遗迹，而这些遗迹，又与壁面龛像有协同、打破和避让的空间关系，借助这些同时和异时的空间关系，可以推导出梁孔遗迹的年代。

以下先简要介绍已公布的窟前建筑遗址发掘资料，再运用以上方法，对昙曜五窟壁面大型梁孔所对应的窟檐建筑的时代进行探讨，最后进行初步的复原研究。

1. 窟前建筑遗址

云冈石窟从1938年日本学者发掘以来，窟前至今共进行过四次考古发掘工作：

①1938、1940年日本学者发掘②。

②1972～1973年五华洞前进行考古发掘③。

③1987年龙王沟发掘④。

---

① 宿白：《〈大金西京武州山重修大石窟寺碑〉校注——新发现的大同云冈石窟寺历史材料的初步整理》，载于《中国石窟寺研究》。

② 云冈发掘记一、二，分别见《云冈石窟》第七卷和第十五卷。中文翻译见长广敏雄、水野清一著，曹臣明译：《云冈石窟发掘记（一）（二）》，载于《山西省考古学会论文集（二）》。

③ 云冈石窟文物管理所文物保护科学技术研究所：《云冈石窟建筑遗迹的新发现》，《文物》1976年4期。姜怀英、员海瑞、解廷凡：《云冈石窟新发现的几处建筑遗址》，载于《中国石窟·云冈石窟（一）》。

④ 赵曙光：《龙王庙西侧古代遗址清理简报》，载于《中国石窟·云冈石窟（二）》。

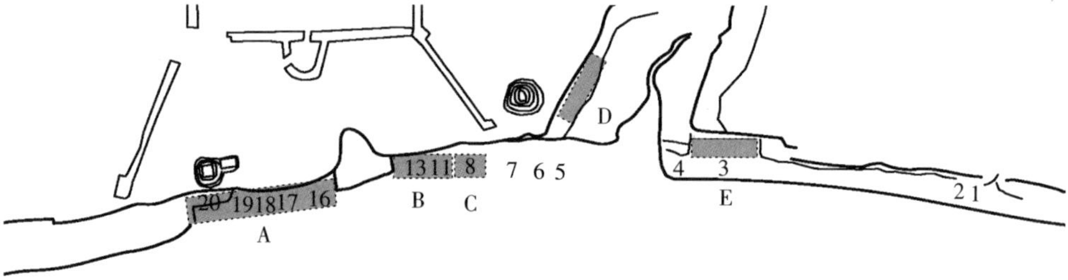

附图 2.1　云冈窟前发掘区域示意图

④1992～1993 年窟前大规模发掘①。

除 5 至 8 窟前因明清寺院尚存未展开工作外，1—20 窟一线其他洞窟前都进行过不同程度的考古发掘，部分区域发掘范围还延伸至古代河床内，对石质窟檐、窟前建筑、台基、道路、护堤、河床也都有一定程度的解剖，成果丰富，这里综合历次考古发掘成果，分区域对窟前遗址做一简要的回顾。

已发掘区域可分西区 14—20 窟（图中 A 区）、中区 11～13－4 窟（B 区）、中区 9、10 窟（C 区）、龙王沟西侧（D 区）和东区 3 窟（E 区）窟前五大区（附图 2.1），各区建筑遗址的情况有别，但总体都可分上下两层，上层以辽金时期遗迹为主，下层遗迹早于辽金时期。

（1）A 区：西区 14－20 窟前

1940 年日本学者曾进行清理和发掘工作，1992 年进行了全面发掘。在上层发现了辽金地面砖及方形石柱础，与石窟壁面上较小的方形梁孔有对应关系。在下层地面基岩上，发现从西向东排列的 24 个大柱穴，形制为圆角长方形，长 1.7～1.25、宽0.8～0.9 米，每个大柱穴周围的四角又有 4 个小圆柱穴。大柱穴北距石窟壁面约 8 米，且与石窟壁面上方的长方形大梁孔对应，为同一时期建筑遗存。考古人员对 20 窟前遗迹进行了重点解剖，发现石墙、石阶与石坝遗迹，石墙及台阶位于烧土之下，是大佛前的同一个整体，构成大佛前的“凸”字平台，用十分规整的长方形石块垒成，平台前面有九层台阶。在第 14 至 20 窟前南 25 米处发现东西向大坝一条，已探

①　山西省考古研究所、大同市博物馆、云冈石窟文物研究所：《关于云冈石窟窟前遗址发掘工作成果的初步报告》。

明长度120米，坝体用石块砌成，与河床走向相同，大坝与第20窟主佛正对处向南凸出，并呈坡斜状向下伸入河床，这条道路宽4米，已探明长度18米，它同东西向石坝形成“T”字形，为北魏时期遗存。

（2）B区：中区11～13－4窟前

1992年发掘，在窟前沟纹砖地面上发现有大柱穴及方形柱础，由南至北排列三排，呈东西向构成一处面阔9间的建筑遗址，这些柱穴及柱础与壁面上的小方形梁孔对应，应是辽金时期的木构建筑遗迹。在辽金遗迹之下未发现较早的建筑遗迹。

（3）C区：中区9、10窟前

这一区域，在1938年、1972年和1992年都进行过发掘，以1992年的发掘最为彻底。

在上层发现辽金沟纹砖地面及同时期的方形柱穴，由南至北分前后三排，每排6个柱穴，最北一排接近窟檐石柱，在9、10窟顶发现与柱穴对应的梁槽遗迹。窟顶分上、下两层平台，在平台上，发现了6组排列整齐的梁槽，每组梁槽由上台的一个长槽和下台的两个三角槽组成。以上遗迹说明辽金时期9、10窟之前当建有一座面阔五间的窟檐建筑。

在下层基岩上发现雕刻纹样，第9窟前的基岩多有残损，第10窟前的基岩较为完整。靠西端的基岩上雕有一朵直径约3米而未完工的团莲和由联珠纹、莲花纹组成的边饰。两窟列柱之间的六个甬道上雕有莲花纹、联珠纹和龟背纹组成的图案，但均未向窟内延伸，有些图案只雕出了粗糙的轮廓，尚未细琢。在距洞窟前壁4.3米处的基岩上发现东西排列的8个方形柱穴，与洞窟壁面上残存的8个大型梁孔对应。每个柱穴100～118厘米见方，深18～52厘米，柱口上方为辽金铺地方砖，柱槽底面凿成覆盆式圆形柱础，在柱础内还发现很多木炭，说明这座木构建筑可能毁于火灾。每个柱穴四周有小柱穴，共发现16个。大小柱穴均打破基岩上雕刻的装饰纹样。

另外，1938年日本学者在8窟前挖掘了一条南北向的探沟，在窟南约17米处，发现一条由条石垒砌的包石台基，并称在9、10窟前同一位置也有类似的砌石，说明当时窟前当有东西贯通的台基。

（4）D区：龙王沟西侧窟前

1987年发掘，在上层发现辽代凸字形厅堂，与壁面双梁孔有对应关系，同时发现蓄水池、僧房等寺院建筑遗迹。未发现与壁面上较大型单梁孔对应的下层建筑遗迹，可能由于风化侵蚀或上层辽代建筑破坏。

（5）E区：东区3窟前

1993年发掘，主要集中在第3窟，在上层发现辽金窟檐建筑遗迹，窟前及前室平台上均发现上下对应的柱坑和梁槽，为一组面阔9间覆盖整个石窟窟面的大型楼阁建筑。在上层遗迹之下有唐代修整窟前地面、修筑台基的遗迹。在下层未发现与壁面大型梁孔对应的建筑遗迹，但其上部有各类北魏生活用器及建筑构件出土，反映在石窟工程停工后这里可能成为一生活场所，其下部基岩上为北魏石窟开凿取石的施工遗迹，相关内容在前文个案中已有专门介绍。

另外在1、2窟前及2、3窟之间均发现了东西向古道遗迹，在其上还有宽1.2米的车辙印。

各区发掘过程中也出土了大量遗物，主要分北魏和辽金两个时期，包括散碎造像、建筑构件、生活用器三大类，值得注意的是，在遗址下层出土有大量北魏时期的建筑瓦件和生活用盆、碗、罐等，反映当时窟前确有建筑营造，并有人居住生活。

2. 西区壁面大型梁孔所对应窟檐建筑的时代

西区14至18窟壁面上方，现一线等距离分布着大型梁孔遗迹（附图2.2），它们与窟前基岩上发现的大型柱穴对应，同为一组大型窟檐建筑的遗迹。这些大型柱穴的分布范围从14窟东端一直延续到20窟西端，总长约120米，则当时窟檐建筑不仅限于14至18窟，还覆盖19、20窟，只是现在石窟壁面上没有保留下对应的梁孔遗迹。

附图2.2　昙曜五窟外立面（［日］《云冈石窟》第十一卷）

（1）梁孔的分布与支承方式及其对应的遗迹

壁面上保存下来的大型梁孔距地高约11.5米，间距约5米，按其分布的规律并参考与窟前柱础的对应关系，在16～18三窟明窗的区域，也应当布梁（附图2.3），但由于这里没有岩壁，不可能雕凿梁孔，因此这几处梁的下方需要其他构件支承。我们注意到，在梁孔底缘一线，16～18这三窟明窗两侧都开凿了对应的方槽，从其与上部梁孔紧密的结构关系看，它当用于安插横梁以在其上架梁，起到主要的支承作用。为后文叙述方便，这里将这种方槽称为横梁槽。

要讨论梁孔的年代，可以转换为讨论这些用于支承大梁的横梁槽遗迹的年代，而切入点则是其与壁面千佛龛的空间关系。

（2）横梁槽遗迹与壁面千佛龛的空间关系

壁面千佛龛，指的是广泛分布于14～20窟外壁以及明窗和窟门两侧乃至窟内局部壁面的千佛龛。其在石窟外壁风化严重，保存不佳，与梁孔的关系不明。但在明窗两侧，却保存得较好，与横梁槽遗迹之间的关系也较为清楚，以下分窟说明：

①第16窟

16窟明窗外侧开拱券，在拱券与明窗侧壁交接的位置，开有东西对称的横梁槽（附图2.4左）。

附图2.3　梁孔及横梁槽分布位置示意图

附图 2. 4　第 16 窟明窗两侧（［日］《云冈石窟》第十一卷）

其东侧的横梁槽（附图 2. 4 中），上下分布的千佛龛与其互不干扰，横梁槽左侧开有一龛，其周围满布千佛龛，按这一趋势其右侧上方也应当排布千佛龛，那么横梁槽的开凿势必会打破千佛龛，但现状这一块壁面素平，并没有雕刻千佛，这说明千佛雕凿的时候横梁槽即已存在，占用了这块壁面，因此千佛龛有意避开这一区域。

而西侧的横梁槽（附图 2. 4 右），在日本学者老照片中，槽内底部还保留有当时固定横梁的石垫片。横梁槽上下分布千佛龛，其下方现存两个千佛龛，排布得极不规律，均有意避开横梁槽雕凿。

②第 17 窟

17 窟东侧横梁槽遗迹塌毁，西侧横梁槽遗迹保存较好。西侧横梁槽见方，底部留有石垫片（附图 2. 5 右）。其上方，还留有靠明窗壁面设置的梁孔遗迹，这更直接地说明了横梁槽与梁孔的结构关系。值得特别注意的是横梁槽的下方，有一段未利用的壁面，其宽约 30 厘米，面上疏凿錾痕，直抵明窗平台。在这段未利用的壁面两侧，也分布有千佛龛，千佛龛龛面与这段壁面齐平，说明它有意避开了这段壁面开凿。由此可知，千佛龛开凿的时候，这里当有一贴壁而立的设置，再联系其正上方的横梁槽和大型梁孔遗迹，推测这里当有一立柱，辅助支撑其上端横梁并进而承载大梁。通过千佛龛与其的避让关系，说明千佛龛的开凿不早于立柱和其上支承的梁孔。

附图 2. 5　第 17 窟明窗两侧（［日］《云冈石窟》第十二卷）

③第 18 窟

18 窟东侧横梁槽周边坍塌，与上方梁孔遗迹已经贯通。通过与西侧横梁槽遗迹的对应关系，可以大体确定东侧横梁槽的位置。

东侧横梁槽的下端（附图 2. 6 中），开凿有一排千佛龛，它们的数量只有 4 个，且与壁面其他千佛龛相隔，体量也略大，说明它是有意用来填补其上横梁槽与其下大龛之间的壁面，这一定程度上反映了千佛龛不早于横梁槽开凿。

再看西侧横梁槽（附图 2. 6 右），虽有一定的损毁，但其位置和大小可以基本确定，槽右侧和下方的千佛龛，均有意与其隔开一定壁面开凿，说明了千佛龛相对于横梁槽的避让关系。

东壁对应于梁孔上部的位置，还存有一道沟槽，其在壁面上留下了一道边界线，千佛龛依这道边界线分布，表明千佛龛也避让这道沟槽开凿，它很可能也与窟檐建筑的结构有关。而对称的，在西壁也有这样一道沟槽，但千佛龛与其则看不出避让关系，似有沟槽打破千佛龛开凿的迹象（现状沟槽轮廓有残损，不宜确认是否为打破关系）。

从两沟槽的大小和对应关系看，它们应该是一组工程内容，开凿时间当同时，一个与千佛龛是避让关系，一个却似打破关系，这说明它们与千佛龛的营造当同时进行，工程有所交叉。在 16 ~ 18 三窟中，只有 18 窟明窗中所架大梁的上部与岩体有一定距离，两沟槽正位于大梁上方，很可能是在梁尾架一道横梁，以加强稳固，同时可以依靠它设置斜撑辅助梁上立柱承榑。

附图 2. 6　第 18 窟明窗两侧（［日］《云冈石窟》第十二卷）

综上，16、17、18 三窟明窗侧壁开凿的千佛龛都有意避让横梁槽或其上方梁孔和下方立柱开凿，因此可以认为，壁面千佛龛不早于这些横梁及其上所支承的梁孔开凿。值得注意的是，千佛龛与横梁槽或其上下方遗迹的关系非常紧密，与其说是避让，不如说是充分照顾到它们的位置，而配合着对壁面空余空间进行修饰。特别是千佛龛满布壁面，高至 20 米，横跨 14 至 20 窟，又包含窟内窟外，其开凿是一项大型的有组织的工程，必须要有充分的施工条件，它很可能是借助于建设窟檐搭建脚手架的条件而同时施工。因此，本书更倾向于认为壁面千佛龛与窟檐建筑同时营造。

（3）壁面千佛龛的年代

这些满布于昙曜五窟外壁的千佛龛，一般认为开凿于北魏晚期①。这是通过千佛龛的样式所给出的考古类型学年代，而通过壁面造像小龛与千佛龛的空间关系，还可以分析出它较为确切的层位学年代。

①19 窟窟门东壁千佛龛与造像小龛关系（附图 2. 7）：这里，在一北魏晚期尖栱龛的左上部，有一千佛小龛，它与尖栱龛相互交构。如果千佛龛首先开凿，那么尖

---

① 宿白先生认为这些壁面小千佛龛约开凿于云冈第三期，参见宿白：《平城实力的集聚和“云冈模式”的形成与发展》。杭侃先生认为这些壁面小龛开凿于云冈第二期偏晚，参见杭侃：《云冈第 20 窟西壁坍塌的时间与昙曜五窟最初的布局设计》，《文物》1994 年 10 期。

附图 2.7　第 19 窟窟门东侧小龛与千佛龛协同关系（［日］《云冈石窟》第十三卷）

栱龛龛楣部分就会被凿去；而如果尖栱龛首先开凿，那么千佛龛的龛楣就会被凿去。因此，两龛为相互避让关系，当同时开凿。同样，在两龛的右上方有一较大的尖栱龛，其两侧龛柱的位置由千佛龛代替，样式也与壁面千佛龛一样。由上可以说明，壁面千佛龛与这些北魏晚期的尖栱龛同时开凿，而这些龛多开凿于太和迁洛前后①。

②16－1 窟下层空间千佛龛与造像小龛关系（见图 4.117）：16－1 窟下层空间除正壁外布置的千佛龛，一直延续到南壁窟门两侧，并与窟外壁千佛龛相接，统一完成。这些千佛龛，在正壁东西两侧有明显的避让正壁三小龛开凿的迹象，时代当不早于后者，很有可能是同时开凿。而 16－1 窟下层小龛与该窟上层空间的小龛有一定的时间距离，特别是龛楣样式，开后期龛楣的先河，唯主尊样式还与迁洛前有延续性，因此，它们开凿的时代当在迁洛之后不久，则壁面千佛龛的开凿也在此时或稍晚。

（4）窟檐建筑的时代

西区窟檐建筑不晚于壁面千佛龛兴建，且窟檐建筑与壁面千佛龛为统一工程同时施工的可能性更大，后者的时代在迁洛后不久，则西区窟檐建筑也可能是迁洛后的工程。

这一认识，不能仅限于西区讨论，在中、东区，也有类似的大型梁孔和窟前柱穴遗迹，它们是否为同时期的工程？工程的范围有多大？需要整体考察。同时，窟檐建筑覆盖了洞窟立面，更改了窟群的整体景观，是规划设计的更新，又是统一的

① 这些龛的类型可说是二期末和三期初，并不好明确分开，因此以二三期分界太和迁洛左右为大概时间。

大规模工程，若说是迁洛后营造，它有没有相应的历史条件？又是在什么团体的主导下进行？是由此引出的诸多新问题。

3. 各区窟檐建筑的范围

（1）西区

西区窟檐建筑，前文主要涉及的是 16～18 窟，而窟前考古发掘表明，窟檐建筑覆盖 14 至 20 窟一线，因此，需要对 14～16 窟与 19、20 窟的窟檐建筑及所覆盖洞窟再做补充。

16 窟东侧 14 至 16－1 窟一线，上部尚存大型梁孔遗迹，只是 14 窟顶部由于后期坍塌有所损毁。窟檐建筑覆盖这些洞窟，说明窟檐建筑兴建之前，洞窟即已开凿，反映 14～16－1 窟开凿的时代并不晚，当在太和迁洛前，这与前文所论是一致的。同时，综合来看的话，太和迁洛前，以上三窟只完成了上层空间，而其下层空间，从各窟内千佛龛与外壁面千佛龛连续统一看，是在迁洛后与窟檐建筑工程统一进行的。这说明，窟檐建筑工程所牵涉的不仅包括木构建筑和壁面千佛龛，还包括这些中小型洞窟的改造，下挖洞窟空间使与窟前道路齐平。

19 窟壁面向内凹陷，其窟檐建筑的结构方式当有所不同。从壁面上残存的屋脊沟槽走向看，19 窟屋面前部与 14 至 18 窟一致，后部继续向北延伸，屋脊较高，其下梁架相应的也会向北延伸，并架高位置，以承托脊槫。在 19 窟明窗东侧外壁，现存一较高的方形梁孔，与窟前大柱穴对应，当是屋顶后部抬高的梁架所在位置。同时明窗两侧壁上方，略高于外壁梁孔的位置，各有一横梁槽，与 16～18 三窟形制一致，只是位置较高，它也应当是当时窟檐建筑的遗迹，起到架高屋顶的作用。以横梁槽所在的水平高度为界，其下满布千佛龛，而其上则为未加工的壁面，反映出千佛龛以梁槽为基准布置，有一定的依附关系，这也是窟檐建筑时代不晚于壁面千佛龛的一例补证。

20 窟前亦有大型柱穴分布，但现状坍塌的壁面上并无对应的梁孔。那么在当时，窟檐建筑的梁架如何架设呢？这牵涉到 20 窟坍塌的时间问题。如果 20 窟在窟檐建筑兴建之前即已坍塌，则在没有壁面梁孔支承的情况下，要搭建遮覆其上的木构建筑，只可能在窟前再架设一排立柱，通过两排柱网支承较高的屋顶，但现状只发现了一排柱穴，是否存在窟前的另一排柱穴还是被后期破坏或被窟前石阶、石墙覆盖尚不可知。另外，还存在一种可能，即20窟在窟檐建筑兴建之前并没有完全坍塌，当时石窟外壁尚存，壁面上开凿梁孔支承窟檐建筑的大梁，那么20窟前壁整体坍塌的时间就可能较晚。由于窟前考古发掘的具体资料尚未公布，相关讨论尚无法展开。

（2）中区

①9、10窟

9、10窟窟面石质窟檐下存8个大型梁孔，与窟前基岩上布置的8个柱穴对应，为同一窟檐建筑的遗迹。这些柱穴位于辽金方砖之下，又打破了9、10窟窟前基岩面上雕刻的铺地纹样装饰，说明窟檐建筑在北魏开窟之后，辽金之前兴建，这些柱穴四周也发现散乱分布的小柱洞痕迹。

从地面柱穴和壁面梁孔的结构看，9、10窟窟檐建筑与西区窟檐建筑非常相似，年代当大体相当。但9、10窟为迁洛前开凿的洞窟，工程较为完善，不可能在皇家主导的时候有打破改建行为，因此，其窟檐建筑的兴建当也在迁洛之后。这次兴建的窟檐建筑打破了洞窟地面和石质窟檐，但其打破程度，并非现状所见的这么大。因为9、10窟大梁孔开凿的位置，均在柱头之上，这里本来就对应着建筑结构中梁的位置。再看这些梁孔的高度，与中区同样添建窟檐建筑的5、6窟相比（见后文），梁孔明显较低，刻意降至原始石质窟檐屋顶以下。因此，9、10窟前部木构窟檐建筑，与其说是打破原有石质窟檐，不如说是原来石质窟檐的延伸，其修建一定程度地顾及到了洞窟原始立面。而辽金再次兴建窟檐建筑时，则将洞窟石质窟檐顶部改造为两层平台，再在其上平置梁槽架梁，完全破坏了洞窟原始的窟檐设计。对比北魏和辽金窟檐建筑的做法，可看出前者更注重与洞窟原始设计的关联。

②5～8窟

5、6窟被清代窟檐建筑遮盖，壁面上只外露出3个大梁孔，它们之间间距很大，加之窟前遗迹尚未发掘，因此，以前尚不能确定这些梁孔是否对应有窟檐建筑。

笔者借助云冈石窟研究院提供的调查机会，登上5、6窟清代窟檐建筑顶层，对其所遮蔽的壁面进行考察。发现5窟窟檐建筑之后，明窗上方两侧之上各存一个大型梁孔（附图2.8），它们高约1.7米，宽0.4米，孔内落满碎石，深度不可知，两梁孔相距4.7米，将其相对位置落在洞窟窟面图上，发现与5窟窟檐两侧外露的大梁孔在同一水平线上，同时4梁孔之间的间距也相当。

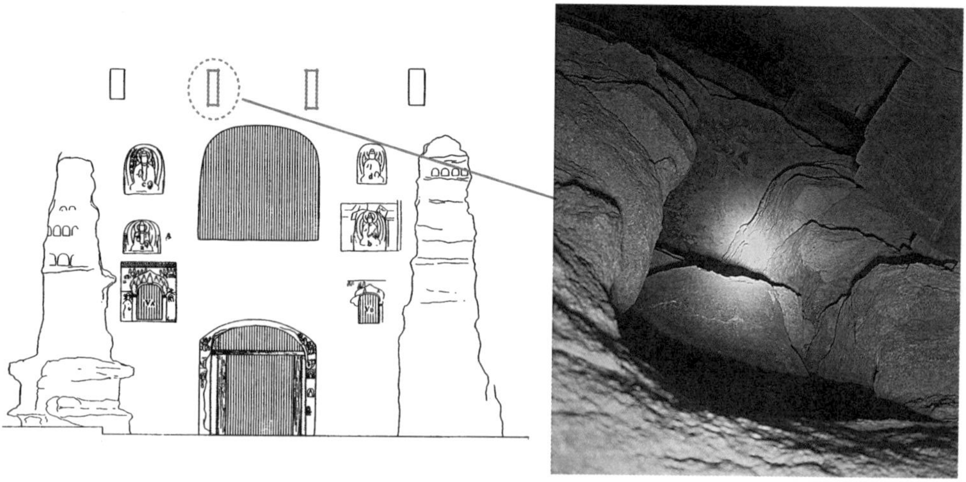

附图 2.8　第 5 窟壁面梁孔分布及现状照片（左图［日］《云冈石窟》第二卷）

而 6 窟壁面被后期壁画完全封护，梁孔分布不可知。但从 5 窟梁孔的分布情况，及 6 窟西侧尚外露的处于同一水平线上的梁孔看，原来 5、6 窟壁面上方当等距离的分布有 8 个大型梁孔，它们的间距和规模与西区梁孔一致，也很可能是北魏窟檐建筑的遗迹。

7、8 窟由于前室窟顶坍塌，其前壁是否有梁孔遗迹尚不可知，但 7、8 窟与 5、6 窟上部平台相连，窟前也发现有与 5、6 窟相连的砌石台基，洞窟前部基岩上还存有较为散乱分布的小柱洞，与西区所见情况相同。因此，7、8 窟窟前空间可能与 5、6 窟统一搭建窟檐建筑，其具体情况尚有待于窟前遗址发掘。

③11 ~ 13 - 4 窟

11 ~ 13 - 4 窟窟前只有上层辽金砖面和柱穴遗迹，未发现下层早期建筑遗迹，而洞窟壁面上也只有与辽金柱穴对应的小型方梁孔，而无大梁孔布置。因此，中区北魏时期的窟檐建筑可能没有覆盖至 11 ~ 13 - 4 窟区域。但 11 ~ 13 - 4 窟外壁面上现满布后期窟龛，以三期窟龛居多，它们的位置较高，应当借助了脚手架施工。不排除这一区域原来有意建设窟檐建筑，搭建了脚手架，壁面的窟龛借助这些脚手架开凿的可能。

④龙王沟西侧

龙王沟西侧窟前发现辽代建筑基址，与壁面双梁孔有对位关系。而壁面上尚存大梁孔，但没有找到与其对应的窟前遗址，可能被辽代建设活动破坏①。这些大梁孔

① 赵曙光：《龙王庙西侧古代遗址清理简报》，载于《中国石窟·云冈石窟（二）》。

与龙王沟下大型洞窟壁面上的梁孔规模相比要小，但其相对于其所在洞窟规模及窟前范围来说的规格是相当的，因此，其对应的窟檐建筑也有北魏兴建的可能。

（3）东区

东区在3窟前进行了大规模发掘，未找到与壁面大梁孔对应的建筑遗迹，可能被后期整理窟前地面时清除①。但3窟大梁孔规模、形式、高度均与中、西区大梁孔相似，应该也是北魏时窟檐建筑遗迹。特别是其梁孔后端有竖向的通道直通山顶平台，与日人发现的窟顶建筑有结构关系，这一地点也出土了大量北魏建筑构件，说明3窟的窟檐与窟顶建筑可能统一施工。

一般认为，3窟因迁洛而停工，在3窟开凿的过程中不可能有窟檐建筑工程，那么，窟檐建筑若是北魏营建，只可能在迁洛之后。3窟上部平台工程完工，在其上遮覆窟檐建筑，不仅有保护作用，更重要的是占据了洞窟内外空间，窟前考古发现，北魏开窟取石基岩面之上还有一地层，出土大量北魏建筑构件和生活用器②，说明当时窟檐建筑不仅存在，还有人居住生活。

综上可见，云冈石窟在迁洛之后当进行了大范围的窟檐建筑工程，涵盖东中西三区，涉及窟上窟下，原来的主要洞窟前均建有窟檐建筑。

4. 窟檐建筑营建的背景

从云冈一、二期皇家窟群的原始设计看，它并没有营建窟檐建筑的安排，洞窟都面向道路开放，供行人供养、礼拜。特别是二期洞窟，还模仿木构建筑的样式，修造石质窟檐，则充分说明石窟是营造的主体，窟前不可能有任何遮挡，否则仿木构窟檐、大型塔、碑等建制又如何得见呢？因此，在石窟前兴建窟檐建筑，是对皇家窟群原始设计的破坏，也正是由于这一原因，它不可能发生在皇室还控制云冈石窟的时代，只能出现在迁都以后。但通过前文所论，窟檐建筑又不晚于壁面北魏千佛龛营建，因此，窟檐建筑工程，只可能在北魏迁都之后的云冈三期完成。这次工程，在云冈西区、中区、东区的皇家窟群前，都有窟檐建筑兴建，同时还配合有雕

① 现在窟前平面东侧与侧壁相接位置较高，似乎残存一方形柱洞，方1.3米，与最右端梁孔相对，可能为窟檐建筑柱穴残留。

② 云冈石窟文物研究所、山西省考古研究所、大同市博物馆：《云冈石窟第3窟遗址发掘简报》，《文物》2004年6期。

凿壁面千佛，补凿龛像等工作。它极大地改变了云冈石窟的整体景观，将原来外向的大像、洞窟都遮覆起来，而不能直接观赏、礼拜。

因此，我们不禁要问，这样大型的营造工程，出于何种目的？又由谁兴建？迁洛后的平城又是否有足够的人力物力来支撑呢？

首先，窟檐建筑破坏了石窟原始设计和功能，说明它更注重新添的建筑空间的使用。而在窟前建筑遗址上，发掘出大量的北魏生活用器，反映了窟檐建筑内长期有人居住生活。这些石窟之前，大型木构建筑之下的居民，自然不是一般的民众，很可能是隶属于石窟寺院的僧人。

那么，云冈大型的窟檐建筑工程很可能是由石窟寺僧团主导，以方便僧众的宗教活动和日常生活。从云冈石窟与寺院的功能分区看，北魏迁洛前，云冈山下石窟为礼拜功能而设，而僧众的宗教活动、日常生活的空间则在山顶。迁洛后在洞窟前兴建窟檐建筑，供僧众日常生活所居，则代表了山顶寺院向窟前寺院的空间转移，寺院与石窟进一步整合，形成前寺后窟、一体的宗教空间，这可视为云冈分窟建寺之始，此后的十寺之分，可能如《金碑》所记："西京大石窟寺者，后魏之所建也，凡有十名"，其源头还在北魏时期。

这种整体设计的更改和功能空间的变化，背后是石窟主导势力的变化。长期以来，在云冈石窟，主要存在皇家政权和佛教僧团这两方面主要势力，在太和迁都前，皇家政权明显处于支配地位，控制着云冈石窟的营造，僧团受到很多限制。上溯至太武灭佛时期，僧人的活动范围就限定在寺院之内，"沙门不得去寺浮游民间，行者仰以公文"①，反映了政权对佛教并不信任，同时，僧众内心之中教义良心和现实权力也存在深刻的矛盾②。即使在云冈石窟大兴的孝文时期，就爆发过多次沙门之变，孝文之后也屡有发生（见附表1），而迁都后为北台石窟（即云冈石窟）寺主的僧明道人，也曾席卷其中，这一定程度上反映了石窟僧团与政权的关系：

---

① 《魏书》卷七《高祖纪》延兴二年（472 年）四月癸酉诏，137 页。

② 如云冈、龙门等皇家兴建的寺院称为"官寺"，虽受官家厚供，但也受到很多限制，与民间"山寺"也存在对立关系。《续高僧传》卷二十六《释圆通传》载北齐鼓山石窟寺外竹林寺僧人"官寺"之论："既住官寺，厚供难舍，何能自屈……凡受官请，为报不浅，依如僧法，不得两处生名"，999 页，可见对云冈石窟的宗教环境提供一定的参考。

僧明道人，为北台石窟寺主。魏氏之王天下也，每疑沙门为贼，收数百僧，互系缚之。僧明为魁首，以绳急缠，从头至足，克期斩决。明大怖，一心念观音，至半夜觉缠小宽，私心欣幸，精祷弥切，及晓索然都断，既因得脱，逃逸奔山。明旦狱监来觅，不见，惟有断绳在地，知为神力所加也，即以奏闻，帝信道人不反，遂一时释放①。

附表1　《魏书》载孝文以后沙门之变

时间	事件	出处
延兴三年（473年）十二月	沙门慧隐谋反伏诛	卷七《高祖纪》
太和五年（481年）二月	沙门法秀谋反伏诛	卷七《高祖纪》
太和十四年（490年）五月	沙门司马惠御自言圣王，谋破平原郡，擒获伏诛	卷七《高祖纪》
永平二年（509年）正月	泾州沙门刘慧汪众聚反，诏华州刺史奚康生讨之	卷八《世宗纪》
永平三年（510年）二月	秦州沙门刘光秀谋反，州郡捕斩之	卷八《世宗纪》
延昌三年（514年）十一月	幽州沙门刘僧绍聚众反，自号净居国明法王，州郡捕斩之	卷八《世宗纪》
延昌四年（515年）六月	沙门法庆聚众反于冀州，杀阜城令，自称“大乘”	卷九《肃宗纪》
熙平二年（517年）正月	“大乘”余贼复相聚结，攻瀛洲，刺史宇文福讨平之	卷九《肃宗纪》

因此，太和迁都，虽削弱了云冈石窟乃至平城的营造实力，但皇室南迁，则极大地减轻了政权对云冈石窟的羁绊，云冈僧众得以在北魏后期纷乱的世事中逐渐控制石窟，主导佛事工程，并维续了原来的石窟寺传统，将石窟直接纳入地面寺院所辖，而非迁洛前的山底、山顶分置。可以说，云冈石窟和寺院的功能格局从上下分离到前后一体的转变，具象地反映了太和迁洛后，云冈石窟的控制权从皇家政权向佛教僧团的转移。

最后，还需说明当时的平城实力是否能够支持大型窟檐建筑工程。当时的平城，被称为北都、北京，有大批留守的贵族、官员，还时常有还都之议，仍有都城之实，

① 《续高僧传》卷二十六《僧明传》，980页。

相关历史背景先贤论述甚详①，已没有复述的必要。这里只从工程营造角度，说明木构建筑工程虽看似规模巨大，但与石窟开凿相比，工程量并不大。

对比史料记载较详的平城明堂，其占地巨大，建筑宏伟，《水经注》记：

> 其水自北苑南出历京城内，南逕籍田及药圃西、明堂东。明堂上圆下方，四周十二堂九室，而不为重隅也。室外柱内，绮井之下，施机轮，饰缥碧，仰象天状，画北道之宿焉，盖天也。每月随斗所建之辰，转应天道，此之异古也。加灵台于其上，下则引水为辟雍，水侧结石为塘，事准古制。是太和中所建也②。

其兴建历史，有明确记载：

> （太和十年）九月辛卯，诏起明堂、辟雍……（太和十五年夏四月）己卯，经始明堂、改营太庙……（冬十月）明堂、太庙成③。

则明堂在太和十年（486年）即计划修建，但太和十五年（491年）才由李冲主持施工④，历经半年即落成。

明堂遗址后经考古发掘⑤，其辟雍范围极大，呈圆形环渠，外缘直径289~294米，四面开门，现存长方形夯土台，其西门夯土台长26、宽16.2米，辟雍中央为明堂基址，方42米。如此大范围的建筑布局，如此大规模的建筑工程，施工用时仅半年，即使算上规划设计，也仅5~6年，而这时长，云冈连一座大窟都不能开凿完成。

而窟檐建筑工程，单向窟檐，梁架简单，仅立一排柱网，相较于独立于地面之上、上圆下方的明堂建筑，则简易数倍，这些都说明，云冈三期的窟檐建筑，虽范围较广，规模较大，但并非如云冈大窟一样的营造工程，也完全在迁都后平城的实力范围。

---

① 宿白：《平城实力的集聚和"云冈模式"的形成与发展》，《中国石窟寺研究》，文物出版社，1996年。

② 郦道元：《水经注》卷十三《漯水》，315页。

③《魏书》卷七《高祖纪》，161~168页。

④《魏书》卷五十三《李冲传》："（李）冲机敏有巧思，北京明堂、圜丘、太庙，及洛都初基，安处郊兆，新起堂寝，皆资于冲"，1187页。

⑤ 王银田、曹臣明、韩生存：《山西大同市北魏平城明堂遗址1995年的发掘》，《考古》2001年3期。

5. 窟檐建筑复原——以西区窟檐建筑为例

本节对窟檐建筑进行复原研究，目的是通过复原过程的讨论，对窟檐建筑结构和营造过程进行探讨。

（1）复原基础数据

西区窟檐建筑现能够确定的遗迹有柱穴、梁孔及椽孔，它们之间相对位置和基础数据，各窟都有一定差异，为方便绘制复原示意图，这里统一取一合乎现状均值的整数尺度数据，并假设洞窟壁面上下垂直，由此得出的建筑复原尺度与实际情况当有差异，但不影响复原所讨论的基本问题。

柱穴中心与窟壁之间相距 9 米，柱穴宽 0.8、长 1.5、深 0.5 米，穴内柱径 70 厘米。梁孔底缘距地 11.5 米，梁孔高 1.8、宽 0.8、深 0.5 米。椽孔底缘距地 14.8 米，孔径 20 厘米。

（2）梁孔的讨论

壁面梁孔巨大，其内若只插一道梁，则梁高接近两米，而与之对比的是窟檐建筑的立柱，其下柱穴宽 80 ~ 90 厘米，长 125 ~ 170 厘米，洞内柱痕直径才 70 厘米左右，则梁是柱用材的两倍以上。如果以此来折算柱和梁的原始用材，可见高大的立柱所用材的原木直径至多 1 米，而梁所用材的原木直径却近 2 米，但其长度尚不及柱高，这种用材情况不论从经济还是从实用的结构比例上来看都不合理。

同时，西区各梁孔宽度虽然都较大，但也有像 17 窟明窗东侧梁孔般瘦高的形式，与中区和东区梁孔形式一致，木构建筑的主体结构构件尺度应该大体相当，因此若是单梁结构，则梁的尺度应该受制于梁孔最小的一例，则其高近乎其宽的 3 倍以上，这种高宽比例也是很不合理的。

再看梁上椽孔，其距梁孔上皮距离较近，若是单梁结构，梁头上搭檐槫，则屋面的坡度很小，特别是如 3 窟梁孔上的椽孔，距离更近，若是单梁结构，则上部脊槫的位置与檐槫基本没有高差，坡度接近水平，这显非正常的屋面。

因此，大型梁孔内应该不是只插入一根大梁，而是纵列多梁的结构，这些梁之间的距离当很近甚至没有距离，所以当时工匠才统一开凿了单梁孔。这种架梁的方式可称之为叠梁，在现存唐辽早期建筑中非常普遍（佛光寺东大殿、镇国寺大殿、奉国寺大殿、应县木塔、独乐寺观音阁等等），在敦煌宋代窟檐建筑中，仍能看见贴近设置双梁的做法（附图2.9）。同时，如果注意云冈辽金时期的壁面梁孔，也可以看到梁距逐渐拉开，从单梁孔到多梁孔发展的过程。

西区壁面上，除大梁孔外还有一些规模较小的梁孔，它们分布杂乱，与大梁孔没有明显的结构关系，应该是辽金时期添建或维修留下的孔洞。

（3）小柱洞功能的讨论

窟前地面上，每个大柱穴四角布置有四个小柱洞，这很容易让人联想到一主柱四辅柱的建筑结构，其在我国虽没有现存实例，但在日本飞鸟时期木塔结构中①，却较为常见。其塔正中的刹柱四角，立有四天柱，不仅有利于稳固中间刹柱，也利于其外部梁架与刹柱之间的结构，起到了结构连接之间的桥梁作用，北魏永宁寺塔也可能采用这样的建筑结构②。

但云冈石窟这些大柱穴四角分布的小柱洞却没有建筑结构功能，这主要有以下三方面原因：

①这些小柱洞只是大体分布在大柱穴四角，但没有纵横对位关系，有的柱穴周边只有三个小柱穴，有的柱穴四角小柱穴连线为极不规则的四边形。

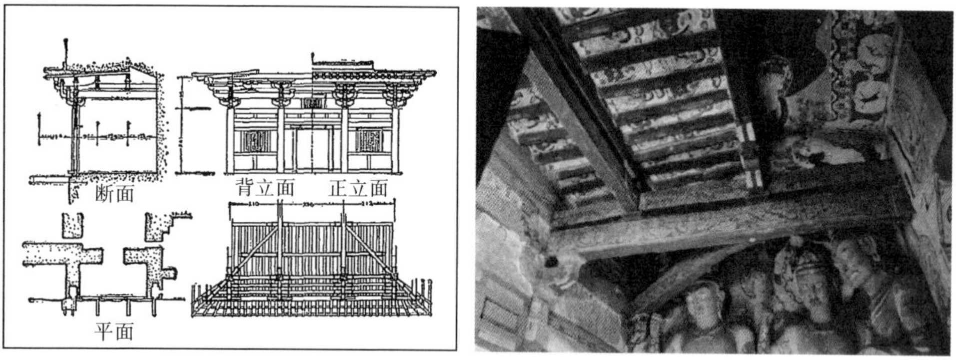

附图2.9　敦煌第427窟木构窟檐（赵正之《敦煌石窟勘察报告》）

① 傅熹年：《日本飞鸟、奈良时期建筑中所反映出的中国南北朝、隋唐建筑特征》，《文物》1992年10期。

② 钟晓青：《北魏洛阳永宁寺塔复原探讨》，《文物》1998年5期。

②这些小注洞直径不过20厘米，且并不仅限于大柱穴四角分布，在洞窟前壁也有很多类似的小柱洞，分布也很散乱。

③这些小柱洞内部并无木炭痕迹，而且有填土夯实的迹象，洞上有石片铺垫①。

以上三点，说明小柱洞内并不可能立柱，更不可能于其上搭设建筑结构。从其开凿后又填土夯实来看，它当是辅助施工的设施，极有可能是搭建脚手架所留下的遗迹。参考20世纪70年代云冈石窟保护修缮时所搭建的脚手架，可看到北方地区搭建脚手架所使用的材料为自然圆木，每段材料的长短及直径各异，用这些材料搭建脚手架，架网不可能严格的纵横对位，同时，为稳固脚手架，在一侧外还有较长的斜杆支撑，就会有较凌乱的柱洞出现。

因此，本书倾向于认为小柱洞为搭建脚手架所凿，为窟檐建筑工程施工服务。

（4）建筑结构、立面形象参考

窟檐建筑结构和立面形象，参考云冈9、10、12窟前室东西壁所雕凿的建筑（附图2.10），有以下几方面特点：

一是檐柱上置栌斗，栌斗上置替木托承阑额，再于其上设斗栱承檐枋。

二是柱头斗栱无出跳的形式，均为一斗三升，补间斗栱用人字栱。

三是斗均有斗皿，人字栱均为直脚。

四是屋檐下只设圆椽，不设飞椽，屋面设筒板瓦。

五是屋脊两端设鸱吻，之间设三角形或鸟形脊饰。

（5）立面有无门窗

以上诸特点，基本控制了窟檐建筑的结构和立面形象，但还有一点尚需讨论，即檐柱之间是通透的还是设置门窗？这一问题不仅牵涉到建筑立面形象，更关系到建筑功能。从考古发掘出土的遗物看，地层内有大量的北魏生活用器，而除窟檐建筑外，地面上尚未发现其他建筑遗迹，窟前空间有限，除窟檐建筑外，也不太有可能设置其他大型建筑，因此，人们的生活空间当完全位于窟檐内。西区前的窟檐建筑，进深近9米，规模接近殿宇，若仅是用于遮覆洞窟，也并没有如此设计的必要。

---

① 谷敏：《北魏时期的云冈石窟》，山西大学硕士论文，2013年。该文对尚未发表的窟前遗址报告进行了整理和研究工作，也披露了一些相关资料，可以了解到窟前地面大柱穴和小柱洞地层和包含物。

附图 2.10　第 12 窟西壁建筑形象（［日］《云冈石窟》第九卷）

附图 2.11　窟檐建筑复原前后对比图（底图引自宁波《三维激光扫描技术在云冈石窟的应用》）

因此，本书认为，窟檐建筑不是开敞的，它当设置门窗围合，形成一室内空间，供人日常生活和从事宗教活动（附图 2.11、2.12）。

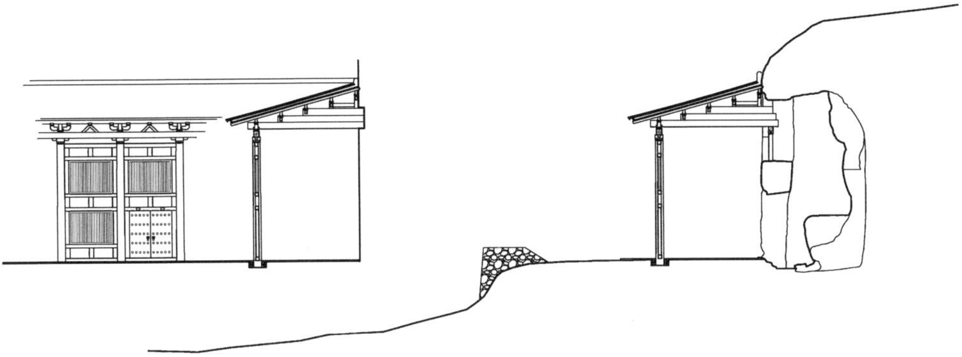

附图 2. 12　复原剖立面示意图

（6）施工过程

通过以上复原研究，可大体回溯窟檐建筑工程的施工过程：

首先在窟前地面开挖础穴，在础穴中立柱。

其次在立柱和窟面周边搭建脚手架，在窟面上开凿大型梁孔和横梁槽。

然后搭建窟檐建筑，施工过程中也在石窟壁面上开凿千佛龛和小型龛像。

最后拆除脚手架，将地面搭架所凿的小型圆槽填土夯实，整平地面。

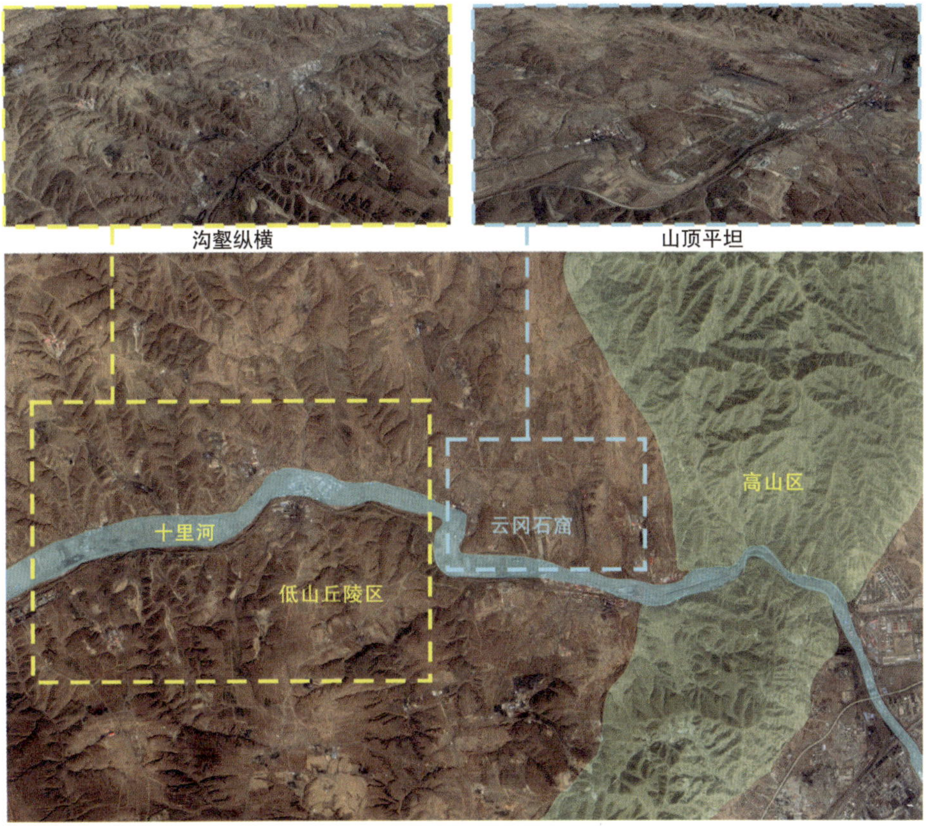

图 2.2　十里河流域（云冈石窟）地形图

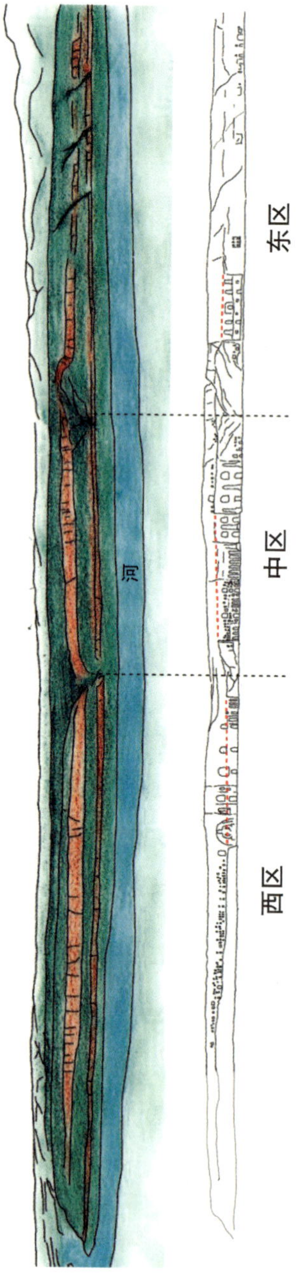

图 3.32 武州山原貌复原示意图

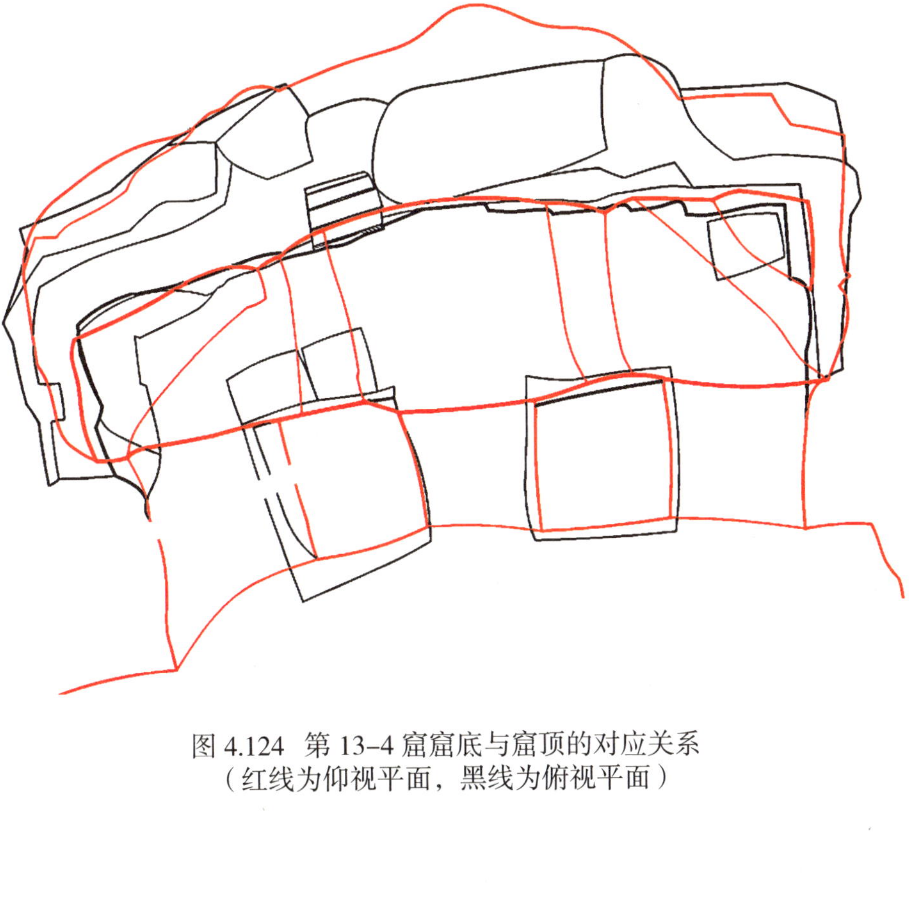

图 4.124 第 13–4 窟窟底与窟顶的对应关系
（红线为仰视平面，黑线为俯视平面）

西壁　　正壁　　东壁

图 4.135　第 13–29 窟各壁面现状

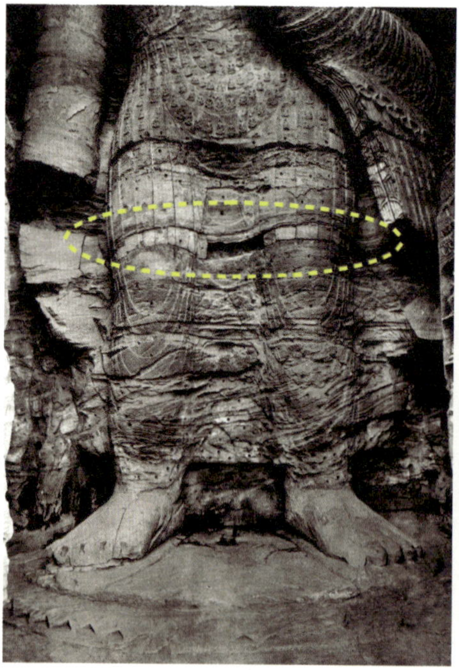

图 5.9　第 18 窟主尊岩层裂缝修补方法

图 5.10　第 19 窟岩层裂缝修补方法

考古新视野

考古新视野

青年学人系列

2016 年

彭明浩：《云冈石窟的营造工程》

于　薇：《中古中国佛教舍利供养研究》

刘　韬：《唐与回鹘时期龟兹石窟壁画研究》

朱雪菲：《仰韶时代彩陶的考古学研究》